版权声明

Copyright © 2016 The Guilford Press

A Division of Guilford Publications, Inc.

Published by arrangement with The Guilford Press

保留所有权利。非经中国轻工业出版社"万千心理"书面授权,任何人不得以任何方式(包括但不限于电子、机械、手工或其他尚未被发明或应用的技术手段)复印、拍照、扫描、录音、朗读、存储、发表本书中任何部分或本书全部内容,以及其他附带的所有资料(包括但不限于光盘、音频、视频等)。中国轻工业出版社"万千心理"未授权任何机构提供源自本书内容的电子文件阅览、收听或下载服务。如有此类非法行为,查实必究。

The activity kit for babies and toddlers at risk:
How to use everyday routines to build social and communication skills

给父母的婴幼儿活动计划
如何利用每日活动发展孩子的社交和沟通技能

[美] 德博拉·费恩（Deborah Fein）
莫莉·赫特（Molly Helt）
琳恩·布伦南（Lynn Brennan）
玛丽安娜·巴顿（Marianne Barton） 著

倪萍萍 译

图书在版编目(CIP)数据

给父母的婴幼儿活动计划：如何利用每日活动发展孩子的社交和沟通技能／（美）德博拉·费恩（Deborah Fein）等著；倪萍萍译. —北京：中国轻工业出版社，2018.5（2024.5重印）

ISBN 978-7-5184-1786-5

Ⅰ. ①给… Ⅱ. ①德… ②倪… Ⅲ. ①婴幼儿–人际关系–能力培养 Ⅳ. ①G610

中国版本图书馆CIP数据核字（2017）第311768号

责任编辑：戴　婕　　　责任终审：杜文勇
策划编辑：戴　婕　　　责任校对：刘志颖　　　责任监印：吴维斌

出版发行：中国轻工业出版社（北京鲁谷东街5号，邮编：100040）
印　　刷：三河市鑫金马印装有限公司
经　　销：各地新华书店
版　　次：2024年5月第1版第3次印刷
开　　本：710×1000　1/16　印张：19
字　　数：180千字
书　　号：ISBN 978-7-5184-1786-5　定价：58.00元
读者热线：010-65181109
发行电话：010-85119832　010-85119912
网　　址：http://www.chlip.com.cn　http://www.wqedu.com
电子信箱：1012305542@qq.com
如发现图书残缺请拨打读者热线联系调换
240539Y2C103ZYW

致　　谢

我们首先应该感谢的，也最该感谢的是这些年来结交的自闭症孩子，以及具有其他神经发展问题的孩子的父母。他们对孩子的了解，为孩子付出的耐心和奉献，以及他们具有的智慧教会了我们很多。我们还要感谢所有早期干预专家以及其他专业工作者，他们的无私奉献和精湛技能令人钦佩。在此，我们还要感谢美国吉尔福特出版社业务精专的编辑以及其他工作人员，很高兴能与你们合作出版这本书，特别感谢 Kitty Moore、Chris Benton、Carolyn Graham 以及市场营销员 Lucy Baker。

Deborah Fein：我要感谢 Harriet Levin。我俩已经共事近30年，他的临床技能令我心生惊叹。从他那里我学到了关于幼儿的很多知识。我还要感谢我的丈夫 Joe，他无比耐心和明智；感谢我的女儿 Liz 和 Emily，她们是我生命中的光。同时我为能在这个人人相互支持的学院（心理学）和学校（Connecticut 大学——加油！！！）工作心怀感恩。最后，我还想对我睿智而慷慨的合著者和同事说：感谢 Molly，作为一名专家，她卓越的创造力和身为家长的丰富经验给本书的很多活动增添了亮点；感谢 Lynn，他是一名优秀的行为分析师，是我见过的最好的行为分析师；感谢 Marianne，她温柔的智慧和对依恋的理解是独一无二的。

Lynn Brennan：感谢所有的合著者，特别是 Deborah Fein，她善良、慷慨、乐于助人、博学、广智、严于律己。感谢 Deb，在过去的6年里，能和他一起共事使我在个人和专业成长上都向前迈进了一大步。最后还要感谢我的丈夫Kevin，我的儿子Ben，他们是我的一切。

Molly Helt：感谢我的儿子Matty和Jack，陪伴他们成长的时光给了我写本书活动的灵感。我爱他们，这一点溢于言表。我还要感谢我的丈夫Marc。他总是鼓励我，让我相信凡事都能有好结局。我要感谢我的父母，他们指引我如何成为一个好家长，也令我确信成为一个好家长的重要性。最后，我还要感谢我睿智博学、无私奉献的合著者们，他们帮助了无数的家庭和孩子，也激励我继续前行。我想特别感谢Deborah Fein，她是我的导师、楷模和朋友。不论在过去还是未来，她的睿智、慷慨和优雅都会一直激励着我。

Marianne Barton：感谢我的研究生们，他们的旺盛精力和执着让这项工作变得如此有趣，也让我们每个人都谨慎思考。感谢我的丈夫David，他在任何方面都是我的最佳合伙人。感谢我的女儿Megan和Kelsey，她们是我快乐的源泉。还要感谢所有合著者，特别是Deborah Fein，这么多年来，在那么多项目上，她一直是个灵感丰富、善于决断、慷慨大方的合作者。

作者的话

本书中的一切活动既适用于男孩也适用于女孩，既适用于男性家长，也适用于女性家长和其他照料者。出于简便和易于理解的考虑，在解释如何跟宝贝对话时，我们更多地使用了"妈妈"这个词。当然，你也可以用其他的词，如爸爸、奶奶，或其他任何词汇。在活动中，我们用了"宝贝"这个词来示范如何跟孩子对话。在真实生活中，你可以将其自然地替换成孩子的名字。最后，在这本书中我们会自然地交替使用"他"和"她"。

目 录

引言　这本书是为你而写的吗？……………………………………001

第一部分
帮助婴幼儿学习与发展

第1章　什么是发展迟缓，如何在日常生活中利用游戏帮助孩子？……011
第2章　基本原则………………………………………………………027
第3章　应当遵循的12条规则…………………………………………043
第4章　语言、眼神接触和想象力……………………………………057

第二部分
为危机学步儿童设计的游戏和活动

第5章　起床和入睡……………………………………………………071
第6章　穿衣、脱衣和换尿布…………………………………………083
第7章　就餐……………………………………………………………095
第8章　洗澡……………………………………………………………111
第9章　家务劳动………………………………………………………119
第10章　外出……………………………………………………………129
第11章　室内游戏………………………………………………………141
第12章　户外活动………………………………………………………155

第三部分
专为危机儿童设计的游戏和活动

第13章　0—3个月 ·· 167

第14章　3—6个月 ·· 185

第15章　6—9个月 ·· 203

第16章　9—12个月 ·· 223

第四部分
更多的建议和工具

第17章　几个要教的词汇、短语、手势和手语 ············· 249

第18章　问题行为的预防 ··· 265

附录　活动目录 ·· 275

资源 ··· 287

引 言

这本书是为你而写的吗？

"我的孩子两岁了，但还不会说话，对我说的话也不太理解。我们正在等待专业人员对他进行语言评估。在等待的这段时间里，我能做些什么呢？"

"我的宝贝18个月了，他表现出自闭倾向，不看我们，也不会说话，更不会用手指点。我们知道这些都是自闭症谱系障碍的特征，但要等到6个月后他才有资格接受评估。在这段等待的时间里，我们可以做点什么？"

"我们的孩子被诊断为自闭症谱系障碍，心理学家建议我们进行密集治疗，但我们仅争取到每周一小时的治疗时间，我们还能做些什么来弥补缺少的治疗时间呢？"

"我们6岁的孩子患有自闭症。现在，我们又有了一个6个月的小宝贝。我们希望给这个小宝贝最佳的起点，我们该怎么做才能为他提供更丰富的成长环境呢？"

"我们在这个孩子9个月的时候领养了他，但他不像其他宝贝那样常常微笑或跟人对视，我们可以做点什么为他提供更丰富的成长环境呢？"

这本书正是为上述家长或有相似经历的家长准备的。在过去多年中，我曾收到成千上万的家长的来信，也曾与成千上万的家长交谈，这些家长都希望自己能够帮助具有自闭症谱系障碍（autism spectrum disorder, ASD）危机或发展危机的孩子。可能你的孩子已经有了初步诊断，或者儿科医生已经对孩子的社交或语言沟通发展表示担忧，也可能你的孩子具有ASD发展危机（出生时低体重，或者经历了早产、结节硬化病，抑或有个自闭症的兄长），但你想要确保自己为孩子提供刺激丰富的成长环境、健康成长的开端。你可能遇到了常见又可以理解的烦恼：需要等上几个月才能进行诊断评估，或是被排在早期干预长长的等待名单上，更有可能被告知只能"先等等看再说"。但是，你不想浪费任何时间，不论孩子是几个月还是几岁，你都急切地想知道自己在家里可以做点什么来促进孩子的发展，减少孩子的迟缓。

自闭症谱系障碍是一种发展障碍，以社会沟通和社交互动障碍为核心特点。在所有障碍类型中，这一障碍应该是定义和描述最为清晰的。正因如此，大量成功干预的文献集中于自闭症研究，至少是带有些许自闭特征的儿童研究上。自闭症谱系障碍也与一些其他发展障碍有共同之处，如广泛性发展障碍、发展性语言障碍。比如，一个有语言发展障碍的孩子会在告知成人他需要什么上存在困难，同样，没有指点或手势辅助，他们也难以理解语言。再如，广泛性发展迟缓的儿童同样可以通过额外练习提高学习、思维和语言技能。年龄大于6个月被领养的孩子，也可以从培养依恋和社交关系的额外互动时间中受益。本书介绍的游戏与活动对多种发展危机的孩子都有帮助，也可以让他们充满快乐。事实上，我们认为这些活动对正常儿童也有助益。

本书针对的是0—3岁的儿童，但你也可以继续用书中的思想去帮助年长一些的孩子。

如果孩子正在接受专业干预，请与治疗师商量，看看哪个活动可以最大限度地帮助孩子泛化治疗中所学的内容，也就是将他在治疗中学到的技能应用到其他情境中去。当然，最终选择哪个活动主要取决于你。

> **新术语**
>
> 在新的诊断分类系统（DSM-5）中，自闭症谱系障碍指所有与自闭症有关的情况——包括自闭障碍、待分类的广泛性发展障碍（PDD-NOS）、阿斯伯格障碍、非典型自闭症——这些名称在先前的分类系统使用。在本书中，"自闭症谱系障碍"或"ASD"与"自闭症"指的都是与自闭症相关的障碍。我们采用这个术语的目的在于，让读者明白我们指的是这一障碍的宽泛定义，这一方面是因为这些障碍在童年早期很难作细致区分，另一方面是因为本书的活动能够帮助所有有自闭相关障碍的儿童。

"危机"是什么意思？

我们认为以下两类儿童可能有发展迟滞或发展障碍的危机。

第一类是已经表现出一些令人担忧的行为或发展迟缓的儿童。比如，一个1岁半的孩子对你说的话不加注意或者也不太理解你对他说的话，亦或是没有任何自己的词汇，又或者在语言发展上迟了几个月。如果12个月大的孩子还不会指点，不会跟人对视，那他可能在社交上存在迟缓。如果2岁的孩子还是以不正常的方式注视某个物体或不与你互动，那你就要引起重视了。几个月的轻度迟缓也许是暂时的，孩子可能会追上来，尤其是当迟缓只出现在单一领域中时。例如，如果你18个月大的孩子表现出与年龄相符的行走、操作物品、与成人社交互动、对他人话语的理解水平，但只是不会讲话，相较于多领域的迟缓，那么这很可能只是一个暂时性的问题。

如果孩子表现出多方面的迟缓或多个令人担忧的行为，那么孩子很可能已经有了某种诊断，如ASD，发展性语言障碍，或者广泛性发展障碍（一项迟缓影响多个领域发展）。但很多儿科医生和治疗师并不愿意在孩子3岁前就作出诊断，即使这些迟缓已经非常明显。在这样的情况下，我们会说孩子有自闭症危机或发展障碍危机。因此，当我们说到"危机"儿童时，我们指的是那些表现出可观察的发展迟缓或令人担忧的行为的儿童，不论其是否接受了某种诊断，不论迟缓是轻度、中度还是重度。

第二类被认为有危机的孩子并有没有表现出任何明显的迟缓或令人担忧的行为，但有其他一些原因让我们认为他们可能具有某种发展迟缓的危机。 这些原因包括：

- 哥哥姐姐有诸如自闭症的发展障碍。
- 明显早产或出生时低体重。
- 医生告知会给孩子带来危机的难产经历。
- 经诊断，孩子携带与发展障碍有关的基因或伴随某些神经症状。
- 可能会增加自闭症患病风险的疾病（例如结节硬化病）。
- 对领养的孩子而言，在生命早期缺乏良好的发展刺激，或者早期发展史不明。

如果你知道你的孩子有某种危机，并且你并不想被动地等待那些迟滞变得越来越明显，你想要积极行动，在孩子生命早期就为他提供力所能及的丰富刺激。那么，不论何种疾病引发了孩子的这些迟缓，本书中的方法都可以帮助你的孩子学习新的技能。

在这本书中，我们关注的主要是与社交和语言功能相关的迟缓。本书并不涉及精细动作（拿握物品）或粗大动作（移动身体）等内容，因为这些涉及高度专业化的领域，需要专业指导和干预。因此，本书中所提到的也是我们所关注的危机，主要与自闭症、发展性语言障碍和广泛性发展障碍相关。在第1章中，我们将更为详细地描述发展障碍在生命早期各阶段的表现。具有自闭症或其他发展障碍危机的孩子也可能在感觉或动作能力上存在困难，比如一些自闭同时伴有视觉障碍或视听障碍，而另一些自闭同时伴有行动障碍或行动迟缓。这些孩子需要非常专业的帮助，尽管促进依恋和行为教学的原则也能运用到他们身上，但我们所列的一些活动或目标（跟随成人对远处物品的指点，与成人的眼神接触，倾听成人语言）对他们来说并不适用。其他的一些活动或目标可能用得上，但需要特别的教学方法，如果你的孩子是这种情况，请咨询儿科医生或干预服务提供者，他们会提供更好的活动方案来帮助孩子。

如果对孩子的发展感到担忧，你能做点什么？

千万别坐以待毙！

首先，如果你对孩子某个领域的发展或行为感到担忧，请与儿科医生预约。你可以要求医生对孩子进行ASD筛查（如果孩子已经超过16个月），或进行其他发展障碍的筛查（任何年龄都可以做）。你也可以要求转介到州立的早期干预项目，孩子在那里可以得到进一步的评估。如果确实发现了某种迟缓，孩子可能有资格接受早期干预服务。听听医生怎么说，他可能会告诉你，你所担忧的事儿在这个年龄段的孩子身上属于正常情况，不必担忧。如果你还是不确信医生的说法，你可以要求进行其他的筛查以及转介到早期干预专家或其他专家那儿，如发展行为科医生或儿童心理医生。相信自己作为父母的直觉（你能最好地描述孩子的行为），从其他人那儿收集有关孩子的信息（家庭成员、日间照料者等），同时也应该相信给孩子作诊断的医生的经验。将这些人组合成一个团队，你可以最大程度地满足孩子的需求。如果孩子已经确诊是自闭症，那么你的孩子在所在州就有资格接受早期干预服务。如果有可能，要请一位获得行为分析师资格证、与年幼孩子有相处经验的人作为孩子项目的督导。在本书最后的资源部分，我们提供了行为分析师证书委员会的联系信息，这可以帮助你找到目标人选。

其次，你可以考虑使用本书中的发展促进活动（developmental stimulation activities）。当然，早期干预的专业人员具备专业的知识和经验，能为你的孩子提供最佳的服务，你应该抓住机会利用你能得到的专业服务，不论是直接为孩子进行干预，还是提供在家活动的教育建议。但是，专业工作能够提供服务的时间往往不多。既然如此，至少本书中的活动你可以立刻用起来，以弥补未来几个月乃至几年中缺少的干预时间。

为什么要把这些活动加入到你的生活中？近期，有关自闭症的研究表明，他们对熟悉人脸（如父母）的关注远远优于对陌生人脸的关注（这一结果也可以运用到其他孩子身上）。类似的，他们对熟人情感与情绪沟通的理解优于对陌生人情感与情绪沟通的理解。例如，近期一项研究表明，观看动画片时，自闭症儿童不受陌生人笑声的影响，但当妈妈和他们一起笑时，他们发出笑声的概率就会增加。对陌生人和熟悉人面部和声音反应的差异在社交—情感障碍儿童身上表现得更为明显。这一点也让你成为了社交障碍儿童生活中最重要的人，你是孩子的第一任老师，也是最重要的老师。

相较于一周只对孩子进行1～2次干预的专业人员，你更可能获取孩子的关注，促进孩子的社交学习。虽然你可能感到难以获取孩子的关注，有可能时常感到沮丧和无助，但请相信，你是孩子生活中的关键人物，你有能力帮助孩子前进一大步。更重要的是，我们能用特别的方法促进你与孩子互动，这一事实并不意味着你过去做错了什么。普通孩子不论周遭的环境如何都能够茁壮发展，而社交和情感障碍的儿童常常需要额外的语言和社交技能训练才能发展这些技能。他们需要某种训练，让他们接收到的语言和社交信息对他们而言变得额外清晰。

另一个采用本书活动的原因是：这些活动对你和孩子而言都很有趣，它们不会占用你忙碌的生活太多时间，因为这些活动均利用日常的照料和游戏安排。从孩子醒来到入睡，你有很多机会去发展语言和社交技能、模仿、装扮游戏。这本书包含了能够在你帮孩子穿衣时用得上的游戏，在就餐时用得上的儿歌和歌曲，在游戏以及其他时间能促进发展和学习的方法。我们尽量保证指导语简洁和直白，这样活动就容易记忆，方便你全天候使用。这些对很多孩子都有帮助，因为我们在临床上尝试了成千上万个小时，它们都是基于可靠的科学研究。本书有100多个活动供你选择，所以你不断重复的那个活动往往是你孩子最喜欢和最愿意参与的。我们希望这个游戏宝盒能够在你未来的生活中经常为你所用。

本书的编排

本书的第一部分解释了为年幼危机儿童设计活动的理论基础。这些事实和原则在你日后与宝贝共度的时光中会发挥非常重要的作用，帮助你选择最好的活动以吻合孩子的喜好，确定什么可以带来改变。第1章介绍了0—3岁婴幼儿的发展里程碑，因此你可以清楚地知道孩子现在所处的水平以及下一步的目标是什么。（理想情况下，你可能已经从专业人员那里获得了这方面的信息，但这可以帮助你更好地了解、学习具体信息，帮助你理解孩子身上发生的变化。）第2章介绍了早期干预背后的两个重要理念：一个是父母与儿童之间的依恋理论，另一个是行为干预的基本理论。这两者你最好牢记在心，它们可以帮助你更好地理解本书的其他部分。在第3章中，我们提供了一些激发儿童在家发展的基本原则和纲要，你可以利用它们去获取和维持孩子的注意，教授他一些重要的技能。第4章介绍的是你想尽早教给孩子的很多重要的东西，比如如何模仿他人，如何用简单的语言和动作沟通等。

在第二部分，每一章都聚焦了大多数家庭每天或每周的特定常规活动，例如起床和入睡，洗衣服，做饭，玩耍和整理，穿衣和就餐。我们在每一章都介绍了你能在这些常规活动中穿插的游戏和活动，列出了其中涉及的目标技能或特定技能。

第三部分关注的是特别幼小的孩子，0—1岁的孩子，或是迟缓特别严重或只能以极小年龄水平参与活动的孩子。绝大多数孩子在1岁之前不会被确诊为某种障碍，但你仍可能担心孩子，因为你的另一个孩子有诸如自闭症谱系障碍或广泛性发展障碍之类的障碍，或者这个孩子的孕期情况不理想或经历了难产，又或者这个孩子是早产儿。你希望尽可能丰富孩子的发展环境，给孩子一个尽可能优异的开端。这些章节介绍了一些你在早期可以做的活动，包括如何改编第二部分介绍的学步儿童的活动以适应小小孩的需要。如果你的孩子还不到 1 岁，你可以先从这部分的活动着手，随着孩子长大，慢慢过渡到第二部分的活动中去。

第四部分为你提供了一些额外的工具。首先，你可能发现第17章充斥着特定的词语、短语、手语和手势。它们适合3岁以下儿童，当你着力于语言和沟通时，你可以挑选一些你所需要的。第18章建议了一些可以教授的沟通技能，以及其他一些预防问题行为的策略。本书的附录列出了每日常规中的各个活动（小小孩和学步儿童的），你可能还想将这部分复印下来，这样你就能把它贴在常规活动的发生场所，以提醒自己可以为孩子做些什么。在本书的最后还有一张资源列表——提供能帮你查找信息的书籍、机构等。

我们希望本书中的活动能够为你与孩子游戏、教授孩子提供新的策略。我们相信在活动中，你和孩子之间的互动会丰富你与孩子的关系，会发展孩子的社交和沟通技能。最重要的是，我们希望你和你的孩子能找到共同享受生命早期的快乐时光的方法。

第一部分

帮助婴幼儿学习与发展

第1章

什么是发展迟缓，如何在日常生活中利用游戏帮助孩子？

当父母开始怀疑自己的孩子与其他孩子不太一样时，他们的第一个疑问便是"到底什么是发展迟缓"。回答这一疑问的最佳人选是儿科医生或儿科专家，如发展/行为科医生、儿童心理专家。但一般来说，在孩子3岁以前，一些发展领域，如社交—情感功能、语言、思维遵循一些共同的原则。这些原则非常宽泛，即便是正常发展的儿童也不一定会完全遵照列出的所谓"正确时间"而发展出每一项能力。它包含一些特例，例如从国外收养的孩子，在第一年时由于尚未适应语言环境，常在言语沟通上存在迟缓，直到第三年，他们的发展才能追上同龄伙伴。但是，如果你的孩子错过了多个发展里程碑，请你及时向儿科医生咨询。

3个月

当孩子3个月大时，他应该能：
- 咕咕做声，或者发出多种元音。
- 盯着某个物体，并追视其移动轨迹。
- 当趴着的时候能抬头。
- 当感到舒服时会微笑。

- 当照料者满足其需要时，孩子通常会停止哭泣。

6个月

当孩子6个月大时，他应该能：
- 掌握更为丰富的面部表情，会发出包括笑声在内的更多不同的发声。
- 能够预期你的一些行为——当你双手伸向孩子时，可能是要给他挠痒；当你把一勺吃的递到他嘴边时，是要喂他吃东西；当你去开冰箱门的时候，可能是去给他拿奶瓶，等等。
- 当他想要你抱的时候，会伸开双臂。
- 开始模仿你的一些面部运动（如吐舌头）。
- 开始吃固体食物。
- 睡眠开始变得有规律可循。
- 能独立坐（至少接近会坐）。
- 最重要的是，他会关注人脸和观察他人的行动，对人越来越关注。

9个月

当孩子9个月大时，他应该能：
- 对引发母亲关注的源头感兴趣（妈妈在往哪里看？妈妈手在往哪里指）。
- 当面对陌生情境时，会先观察母亲的面部表情（妈妈对这个陌生人怎么看）。
- 做出一些有意义的手势（摇手表示再见，拍手），会跟着诸如"如果感到高兴你就拍拍手"、"身体音阶歌"等歌曲做出有意义的动作。
- 对陌生人和熟人有明显不同的反应，会通过"亲亲"（在脸颊上嘬一下）或者碰鼻子等来表示对你的喜爱。

- 初步知道客体永恒性（知道东西看不到了但仍然存在），会对"躲躲猫"一类的游戏感兴趣。
- 当呈现两个物品时（两件不同的T恤，两本书，两种食物），能够伸手去拿自己喜欢的那个。
- 开始理解分享和轮流（如让你咬一口他的食物）。
- 能够在你和其他事物（如一个你和她正在玩的玩具）之间来回切换注意。
- 尽管还无法开口讲话，但已经知道一些词汇的意义。
- 当她想让你继续某个活动时，会通过看着你、扭动身体或发出声音等方式来告诉你。
- 会用微笑回应父母的微笑，至少偶尔如此。

1岁

当过1岁生日时，大多数宝贝都能表现出以下社交和沟通技能：

- 认识自己的家庭成员。
- 对熟人和陌生人表现出不同反应。
- 喜欢被熟悉的成人或兄弟姐妹拥抱。
- 当受到伤害或惊吓时，会向熟悉的成人或兄弟姐妹寻求安慰。
- 在1—2岁之间，很多孩子不愿意和父母分离，当和不熟悉的成人在一起时会哭泣或抽泣，当父母离开时会放声大哭。
- 每天，孩子会跟你有很多次的目光接触。当然，如果孩子感到害羞或跟你捣蛋时，或当孩子正忙着其他事情的时候，他会避免和你目光对视；但当和熟悉的人互动良好时，应该有很多的目光接触。
- 他们喜欢"躲躲猫"一类的轮流游戏。
- 孩子能够明白当成人手掌向上伸出双手时，是希望孩子能给他们某个东西。孩子或许不会如你期望的那样做出反应，但他们知道你是什么意思。

- 他们一般会喜欢模仿你的面部表情，如开心、伤心、惊讶，或模仿简单的动作和声音。很多孩子在这个年龄还不能很好地模仿成人或大小孩，但他们会觉得这样做很好玩。
- 1岁大的孩子应该能看向你所指的地方，尽管他们并不擅长这样做。如果不是很远，他们应该能够看向你指点的物体，看向你所看的地方，特别是当你表现出非常感兴趣的样子时。
- 很多孩子开始指点他们想要的东西，这项技能最迟应该在15个月左右发展起来。他们也应该能指点想要让你看的事物。
- 当他们对某样东西感兴趣时，他们会拿在手中给你看，或把东西拿到你这边，跟你分享他们的发现。
- 当他们无法确定是否应该害怕某个新的声音、新的物品、新的人时，他们会看看父母的表情，看看大人对这个陌生的事物有什么反应。
- 当你冲宝贝笑的时候，大多数时候他们会回应你一个微笑。
- 你的宝贝应能做出几个明显的不同表情，如开心、害怕、难过。他能够和家庭成员建立情感联系，1岁时能通过拥抱、依偎或亲吻来表现这种情感联系。
- 他们对周围一切都感兴趣，对周围的人和物都给予很大关注。
- 不只是物品，周围的人对他们来说也很重要。他们开始关注别人有何种感受，因此，当你和他们在一起时，他们知道你什么时候开心，什么时候不开心。
- 当你开怀大笑或表现出明显的高兴情绪时，宝贝有时也会跟着微笑或者大笑。他们喜欢成人发出笑声，如果你因为他们做的一些事情而发笑，他们很可能会再做一次，以便再次看到你哈哈大笑。当你做一些出乎意料之外的事情去逗他们时，他们也会觉得很有趣，甚至会想让你再逗他们一次。宝贝应该能用微笑表现他们的愉悦，至少偶尔会这么做。

- 当宝贝1岁时,他们能够认出自己的名字。尽管他们不总是对别人叫自己的名字有反应,特别是当他们沉迷于某件事情的时候,但他们知道自己的名字,当你叫他们的名字时,他们偶尔会看你。
- 他们会关注人们的交谈。这个年龄的很多宝贝能够遵从一些简单的指令,比如当宝贝拿着球时,你伸出双臂对她说"扔球"或"给我",或者"别!",她应该能听得懂。当然,她可能并不想照你说的做,或者还没有能力达到你的要求,但是,你能够分辨出她是否理解你说了什么。很多1岁的宝贝能够理解简单的指令(如"放下","给我","扔"或"放到上面"等词汇和常见物品名称的组合短语——也就是说,1岁的宝贝能够区别"给我球"和"给我勺子")。
- 1岁的孩子能够听懂你的语气,他们能够根据你的语气判断你是开心还是生气,他们能明白你是在问问题,还是表示惊讶。
- 刚过完周岁生日的宝贝开始会说一些词语。如果还不会,他可能会发出巴拉巴拉的声音,听起来像在说话。
- 一些宝贝直到15个月才开始说话,正常发展的儿童在12 - 18个月之间会发出第一个可辨认的语音。这些声音听起来跟成人的语音会有差距,但你知道"笨笨"表示苹果,"佳佳"代表姐姐的称呼。

在思维和注意力发展上,你将会在孩子1岁时看到以下变化:

- 孩子对她周围的环境非常感兴趣。她会关注声音,如电话铃声,至少偶尔会这么做。她对探索环境感兴趣,喜欢到处爬或到处走,去看看新东西。但这时,她会时不时看看周围,确保有个熟悉的大人在她身边照顾她。有些孩子胆子特别大,会以特别活跃的方式探索周围的环境;而另一些孩子则较为谨慎,喜欢待在熟悉的成人周围,只有当熟悉周围环境之后,才会小心翼翼地进行探索。
- 1岁的孩子知道即使东西从眼前消失了,它还是存在的。因此,当某样东西从他们的椅子上掉下去后,他们会寻找,至少会找上几秒钟。如果你的 1 岁孩子的某个玩具藏在布下面，他们会撩起布，找到自己的玩具。如果他的玩具从宝宝椅上掉了下去，或者从学步车上掉了下去，他们会试着把玩具拿回来。

- 很多孩子在这个时候还不会玩装扮游戏，但是你可能会看到一些扮家家游戏的萌芽，如把玩具电话拿到耳边，好像跟别人在打电话，或者他们会把空杯子凑到嘴边，假装在喝水。

18 个月

在这个年龄段，孩子应该已经具备 1 岁时的绝大部分技能，孩子能够更好、更频繁地表现出上述技能，包括指点，看人脸，看人眼，注意他人讲话，说简单的词汇，模仿。在任何时候，如果孩子失去了先前掌握的技能，应该引起你的警觉和担忧。你应该立刻带孩子去看专家，做评估。18 个月大的孩子应该能：

- 经常指点，既用来示意你他们想要某个东西，也用来跟你分享他们感兴趣的事物。当他们指点某物时，他们会回过头来看看你，确定你是不是看对了他们所指的东西。
- 当成人关注他们，观察他们活动时，他们会非常享受。
- 会注意到成人的感受（尽管他们还不能体验某些情感）。他们希望成人是快乐的。当成人特别是照料者伤心、生气或恐惧时，他们也会感到沮丧。
- 对他们想要的事物非常确定。他们开始对自己的判断非常肯定，成人很难将他们的注意从想要的事物上引开。
- 喜欢帮成人做事情，尽管他们可能帮不上忙，如帮你扫地或做些厨房清洁，等等。
- 对其他孩子感兴趣，有时会喜欢在其他孩子旁边玩，尽管他们还不知道如何跟别人一块玩。（18 个月的孩子并不喜欢跟别人分享他的东西！）
- 能够模仿简单的动作，如拍手。当成人把手放在脑袋上时，他也会跟着做。还会模仿与物相关的动作，如敲鼓。
- 对语言感兴趣，尽管他们还不太能理解成人的话语，但当大人跟他们讲话的时候，他们会予以关注，至少有时会这样做。
- 理解多种词汇、短语和指令。他们能够理解一些身体部位的词汇，如"你的脑袋在哪里"，衣物名称，如"帽子"，人物称谓，如"妈妈"，食物名称，如"饼干"或"果汁"，简单的动作，如拍手，简单的形容词，如"傻乎乎"或"大"，以及高度情感化的感叹词，如"耶"和"哎哟"。
- 能够使用简单的手势，如飞吻或挥手告别。
- 能够说一些你能理解的词汇。通常这个年龄的孩子能用语言来索要某物，如"饼干"，"上面"，"再一次"，"还要"。他们还能运用语言跟你分享他们感兴趣的事物，如孩子可能指着消防车说"看"，或者试着说"消防车"。他们通常对父母有个特定的称谓，并且有时会用这个称谓来称呼成人。
- 大多数情况下，他们能够理解成人呈现两个物品并要求他们做出选择的情景，他们会伸手去拿，或者指点他们选中的那个物品。
- 开始真正理解假装游戏或过家家游戏，他们会发现假装做一些事情很好玩，比如假装用空杯子喝水，给毛绒动物或玩偶喂食。
- 对学习新技能感兴趣，当自己能去做时会感到很自豪。
- 如果之前跟镜子有过接触，能够理解镜子的作用，理解镜子里面的是自己。

2 岁

在2—3岁期间，你会看到那些在1岁和1岁半提到过的技能，这个年龄的孩子也还在持续发展，如眼神接触、模仿、理解语言和口语、假装游戏、对他人感兴趣、对他人的感受感兴趣。请注意，如果你发现孩子先前掌握的技能消失了，应该立即向医生求助。

2岁的孩子也能够做到：

- 对学习穿衣、脱衣、自己吃饭等更多的技能感兴趣。
- 喜欢模仿成人做更复杂的事情，如梳头或者擦桌子。
- 假装游戏的技能越来越好，因此他们可能会假装给洋娃娃或玩具动物喂饭，假装哄他们入睡，假装打电话，假装自己是某个小动物。
- 喜欢学习新技能，并且乐于向成人展示他们已经学会的技能。
- 与成人积极互动，跟成人讲话，看成人的脸部表情，向成人展示某物或展示某物给成人看，想要看看大人在干什么，对大人予以关注，喜欢跟成人玩。
- 对其他孩子感兴趣，喜欢看他们玩，有时会在他们旁边玩，但除了追逐或摔跤这类体育游戏之外，他们与其他孩子游戏的技能还非常有限。
- 在跟其他孩子玩的时候比较以自我为中心，想要其他孩子的玩具，保护自己的玩具，不太会跟别人分享，特别是他们喜爱的玩具。
- 这时候，孩子能理解的语言更多了。如果你问"杯子在哪里"或者"猫咪在哪里"，他们能够指出对应的实物或者图片。
- 知道好几个身体部位的名称（例如，当你问"耳朵在哪里"、"鼻子在哪里"、"眼睛在哪里"、"脚在哪里"、"脑袋在哪里"、"肚子在哪里"、"头发在哪里"、"嘴巴在哪里"时，孩子能够指出对应的身体部位）。

- 无需手势辅助就能遵从诸如"把钥匙给我"或者"把碗放在桌子上"等指令（年幼一些的孩子可能需要你伸出手指指钥匙，而 2 岁的孩子则不需要这样的辅助）。当然，他们可能拒绝跟你合作！但如果他们关注到了你，并且愿意合作，他们就可以完成你要求的简单指令。
- 能说的话更多了。这个阶段的孩子能够将一些单词组成短语甚至短句（比如，他们会说"还要果汁"，或者"大帽子"，或者"去逛超市"，或者"妈妈杯子"）。
- 在 2 岁半接近 3 岁时，孩子开始说更多的短语和句子。他们能够说出书本上的图片名称，如动物和常见的生活用品。他们可能会用"我"来称呼自己，或者用自己的名字称呼自己。他们会说"我饿了"，或者"我要果汁"，或者"苏苏饿了"。
- 对什么是他们的东西（或者他们认为是自己的东西！）表现出强烈的占有欲。因此，你可以经常听到 2 岁的孩子嚷着"我的，我的"，或者"我的饼干"，或者"我的拼图"。这会把事情搞得很棘手，但这是小朋友的天性。
- 特别坚持获得自己想要的事物，坚持按照自己的方式做事。如果孩子不想干某件事或者不想其他人玩他的玩具，他们一定会让你知道。你可能会听到一个 2 岁的孩子经常说"不"！
- 理解选择这一概念，能够更加一致和快速地做出选择，他们会说他们要什么，或者指点给你看。
- 开始理解排序或分类的概念，因此他们能够拿出一些东西，如三种不同大小的套环，把它们按照大小套在小棍上，或者拿出三个不同大小的球，把它们按照大小排列起来。
- 能够拿着某物玩几分钟，然后才失去兴趣，接着玩其他的东西。这时他们的注意维持时间还很短。
- 对学习生活自理方面的技能非常感兴趣，如试着自己脱掉袜子，试着穿上裤子或鞋子。这一阶段孩子还无法独立完成这些事情，所以他们可能会因为无法独立完成而感到沮丧，甚至因此大发脾气。
- 假装是个大人。有时候他们会偷偷穿上成人的鞋子或者衣服出现在你的面前。

3岁

到3岁时，孩子更具有社交性，发展出更为成熟的沟通和语言技能：
- 继续与成人保持良好的眼神接触和共同注意。
- 由于想要取悦成人，他们会观察成人是否对他们的所作所为感到满意。
- 想要在其他儿童身边玩，会积极地和他们玩或跟他们讲话，尽管他们可能需要你的帮助才能跟其他孩子玩起来。举例来说，他们可能会不经对方同意就拿走对方的玩具，甚至会打其他孩子。
- 开始理解轮流跟其他孩子或成人玩的概念，尽管在等待这一环节上表现得还不是很好。
- 更为频繁地参与更复杂的假装游戏，因此他们可能会假想出整个情境，如将洋娃娃放入摇摇床里，再给他一个奶瓶，还给他盖上毯子，并说"晚安啦"。
- 开始理解表示两个事物连接关系的一些词语，比如理解"我到商场去"和"我从商场回来"的区别，把球"放在桌上"和"放在桌下"的区别。
- 能够说很多不同的事物，如能使用约3~5个词语组成更长的短语或短句。
- 会问一些问题，如"爸爸在哪里"或"那是什么"。
- 会问也会回答诸如"你饿了吗"或"你叫什么名字"这类问题。
- 除了满足他们的需求之外，他们还会对身边的事物做出简单评论，如"爸爸在那里"或"狗狗在这里"。
- 不仅知道物品和动物名称，还能理解表示动作的词语（如睡觉、跑

- 步、吃饭、跳）。
- 能够分辨男孩和女孩，并能命名男女。
- 能够用"正在"与动词进行搭配，"我正在玩"，"我正在唱歌"，而不是仅仅说玩或者唱歌。
- 会说一些代表感受的词语，如"开心"、"伤心"、"害怕"或"生气"。
- 开始理解物品的功用。因此，如果你问"勺子的作用是什么"或"你用勺子干什么"，他们会说"用来吃饭"或"吃饭用"，如果你问"床用来干什么"，他们会回答说"睡觉"。
- 他们会指着某个物品说"红色"或"黄色"，尽管此时他们可能并不能准确使用这些词语。
- 了解有关动物的一些常识，如猫或狗的叫声，奶牛和马生活在农场里，鸟会飞，鱼会游。
- 开始理解有些东西可以放在一起，比如你给他们一些红黄相混的纸片，他们会将卡片按照颜色分成两部分，他们也会将动物的卡片放在一起，将人物的卡片放在一起，将鸟的卡片放成一堆，将狗的卡片放成另一堆。
- 能够穿脱简单的衣物，尽管他们会搞错正反面。
- 能够在纸上做一些标记，有可能也会画一些简单的形状，如圆圈。

用本书的活动为孩子的发展加油

根据你的观察和上述介绍，如果你怀疑孩子可能有些发展上的落后，那么正如简介中介绍的那样，请你去咨询儿科医生。同时，你可以运用本书中任何一项活动与孩子进行互动，这些活动旨在刺激儿童发展出本章所列出的能力。

"这些活动能在多大程度上帮助孩子发展？"

大量的临床经验和研究表明，这些活动确实可以帮助孩子发展，但我们无法保证这些游戏到底能对每一个孩子产生多少效果。我们不敢如此担保是基于以下几个原因。

第一，每个孩子都不一样，并具有不同的潜能。这句话你可能已经听过很多次，简直就像废话。尽管如此，但这话实实在在。一些孩子可能发展速度很慢，另一些孩子尽管在刚开始的几年中明显落后，但之后，特别是经过密集的、高质量的、有效的专业干预后能够追上同龄人。除此之外，早期的专业评估尽管能告诉你当时孩子在哪些领域具有跟同龄人不同或一致的能力（如思维能力、运动能力、语言理解、语言表达、与人互动），但除非你的孩子已经被诊断为某种基因或神经障碍，这些评估还是无法告诉你，当孩子接受干预之后又会如何变化，甚至你的孩子有了确切诊断，而他的发展也无法准确预言。接受了数年高质量干预之后，或许才能较为准确地预判孩子未来的发展速度。但是如果孩子还很小（不到3岁），或是没有接受过密集干预，预测孩子的发展会非常困难。

第二，除了孩子不同领域之间的发展差异之外，不同障碍类型之间也存在明显差异。一些障碍类型的孩子会比另一些障碍类型的孩子具有更好的发展可能。一些发展障碍如自闭症，具有广泛的发展可能，其中一些孩子在生活中面临多重的挑战，另一些则在社交生活、校园和成人期间可能获得某种程度的成功。其他一些发展障碍，同样是无法进行语言表达的孩子，那些具有与同龄孩子相当的语言理解能力的孩子，比那些在语言理解上相对落后的孩子更有可能追赶上同龄人。其他障碍，如那些涉及广泛性发展迟缓的孩子，其发展会更慢一些。我们认为，早期在依恋、注意和语言学习上具有困难的孩子均可以在某种程度上从刺激丰富的学习机会中获益，由于孩子的生物学基础不同，每个孩子的进步都会很不一样。生物学原因会引发依恋、注意和语言学习困难。同样的，早期环境剥夺也会引发类似的困难，如早期生活在条件极差的孤儿院的孩子。通常很难预言孩子的发展潜能，除非借助复杂的评估和诊断，否则这项任务几乎不可能完成。

第三，本书中介绍的活动和游戏总结了关于如何帮助孩子学习技能和与父母建立依恋的大量临床经验和广泛的文献资料。然而，我们尚未将这些活动作为一个整体，完全让父母实施，检验他们在不同障碍类型孩子身上的有效性。我们希望自己能够做这样的研究，但与此同时，我们也希望为家长提供我们从临床经验中得出的最有可能激发儿童发展的活动。在第3章中，你会发现一些可以提高活动有效性的原则。如果我们对自己的孩子或孙辈的发展感到担忧，我们可以选择这些活动。

"这些游戏和活动会对孩子造成伤害吗？"

我们设计的活动和游戏与你在日常生活中与孩子游戏时、教孩子学习时、向孩子表达爱意时做的活动非常相似。这些活动不仅以长期为人们所熟知的行为学习方法为基础，更以家长与儿童之间的天然情感联结为依据，这一点将在第2章中进行说明。这也意味着，如果这些活动由你来完成而非陌生人来实施，会取得更好的效果，因为每个孩子都希望与父母建立联结，相信你的孩子也会享受这种联结。我们唯一担心的是：如果你对孩子的发展非常焦虑，你可能通过种种方式将这种焦虑传达给孩子，迫使他完成自己还无法完成的任务，或是因为孩子未按照你的预期完成任务而表达出失望与气愤。（事实上，当孩子的里程碑发展落后时，家长常常会感到焦虑甚至抑郁。如果你也正在经历类似的情况，我们强烈建议你寻求家长团体或专业治疗师的帮助。只有当你自己得到了足够的支持，你才能为孩子提供最好的帮助。）**让这些活动变得有趣，将你的热情和爱意传达给孩子，对孩子有耐心，同时也请牢记学步儿童的注意时长和努力非常有限，这些建议会非常有用。**

"我该如何将书中的思想和专业干预结合起来呢?"

正如我们之前所提到的,我们遇到过无数想要帮助孩子发展沟通和社交互动的家长,但出于种种原因,他们还没有机会让孩子接受密集的早期干预。如果你非常幸运地拥有一位技能过人的早期干预提供者,请你一定问问他们对本书中活动的意见与建议。如果他们提出以其他活动来补充或替代本书中的活动,也请你试试他们的方法。

发展障碍的孩子到底需要多少时间的干预才能得到充分发展?对于这个问题,目前还没有足够的研究来给出一个明确的时间。但有关自闭症谱系障碍的研究则得出了相对一致的结论:密集干预会比分散治疗更有效,"密集"指的是每周20个小时以上的干预。我们推测这可能是由于孩子越有机会与人互动,越与周围环境接触,就越可能发展得更好。自闭症孩子一个人游戏的时候会遇到困难。比如,当给孩子一辆玩具车和赛车轨道时,正常发展的儿童会将玩具车放在轨道上开,并发出"呜呜呜"的发动机轰鸣声,而自闭症谱系障碍儿童则会对车子上旋转的车轮额外着迷,并盯着同一个地方反复看,就是为了看看车轮的转动,这会影响孩子的发展机会,甚至会对孩子产生危害。因此,如果你的孩子已经接受了每周20个小时以上的干预,这些活动会帮助你让孩子快乐起来,让孩子在一天中的剩余时间里有目的地参与活动和学习,如洗澡、就餐和外出的时候。

如果没有机会接受每周20个小时以上的专业干预(美国大多数州和地区都是如此),你可以利用这些活动和游戏以及干预人员的建议来补足缺少的干预时间。你也可以根据孩子当前的干预目标,选择那些与孩子当前目标领域相关的活动,以帮助孩子发展。第4章介绍了学习的具体目标,本书的第二部分则介绍了每个活动指向的具体技能和概念。我们在每个常规活动中都提供了多种活动选择,不仅旨在鼓励你学习和采用这些活动,更是想让你吸收所提供的范本活动中为孩子提供学习机会的模式和概念。这样你自己就可以根据孩子的专业干预项目设计活动,修改活动和游戏以适应孩子的技能学习需求。

"我如何确定额外的刺激确实有帮助？"

你可能会注意到孩子对你的关注越来越多，他开始跟你互动，和你玩游戏，听你讲话。他可能开始预测你接下来会干什么，愿意跟你分享他的快乐，通过向你展示物品，看着你的眼睛，朝你微笑等方式跟你分享。她开始表现出轻微明确的情感，比如根据具体的事回应出恰当的微笑、大笑，或者放声大哭。随着时间的推移，他对你讲的话了解得越来越多。如果你的孩子正接受早期干预，你可以问问治疗师，孩子在哪些发展领域正在进步，哪些领域没有。如果你的孩子接受了正式的发展评估，你可以在6个月之后再次进行评估，让专家给你一个客观的反馈，确认孩子在哪些领域取得了进步。

第 2 章

基本原则

依恋与行为教学

在本章中,我将解释两个极为重要的概念:依恋和行为教学。接下来,我将解释如何将这两者结合起来使用,以及如何将行为教学用于增加诸如自闭症谱系障碍等社交—情感障碍孩子的依恋。

行为教学/学习[渗透在应用行为分析(Applied Behavior Analysis,简称为 ABA)中]和以社会互动促进依恋发展构成了早期干预的基础。大多数有效干预中都有两者的身影。行为主义的方法可以刺激依恋形成,增加孩子与其照料者之间的情感联系,让孩子对教学做出更多回应。

依恋

与首要照料者的关系,通常被称为依恋关系,对孩子的发展起着重要的作用,尤其是与孩子享受丰富的人际互动的能力有重要关系。虽然我们知道自闭症谱系障碍或其他发展障碍的孩子也能发展出对照料者的依恋,但他们有时无法跟普通儿童一样,利用这些依恋来进行你来我往的社交互动。

根据定义,依恋指的是一种强烈的情感纽带,它是各个年龄的人对其生活中特定人的感受。20世纪中叶，英国心理学家John Bowlby在其理论中就强调了婴幼儿的第一段情感关系——孩子与照料者的关系的重要性，他指出，这是孩子未来心理功能的基础。这些纽带常常在出生后的几个月内就开始萌芽，并通过婴儿与照料者的不断互动继续发展。依恋关系有以下作用：当我们的依恋对象在身边时，我们就感到愉悦；当我们感到沮丧的时候，靠近依恋对象会让我们感到愉悦。一些类型的发展迟缓会表现出依恋发展上的差异，而另一些障碍则没有表现出这些差异。举例来说，研究表明尽管大多数自闭症儿童或具有自闭症相关障碍的孩子以及其他发展障碍的孩子的依恋发展与普通儿童不同，比如，尽管他们会寻找父母，但是拒绝和父母有眼神接触。感知觉障碍、自我管理障碍或注意缺陷的孩子也可能有类似的经历，但他们和正常发展的孩子一样都能和照料者建立牢固的联系。有些孩子在表现出诸如寻找父母和照料者这样的依恋关系时会发展得略晚于普通儿童。但毫无疑问，大多数自闭谱系障碍儿童和其他迟缓的儿童都与他们的父母和其他照料者发展出了特别的关系；他们努力留在照料者身边，当伤心时会主动寻找照料者。事实上，这种纽带的力量表明，父母是孩子最好的老师。和其他孩子一样，很多具有自闭症谱系障碍危机的学步儿童、具有注意缺陷多动症危机的学步儿童、具有认知发展迟缓的学步儿童将他们的依恋对象——父母——当作安全的避风港和熟悉的主阵地，如此他们就可以探索世界。当他们在外部世界受到伤害时，他们会回到这个港湾寻求安慰。

从6—12个月起，正常发展的儿童就开始利用依恋关系参与一来一回的社交互动。对于6个月之后才被收养的孩子，需要花更多的时间建立依恋联结，通过大量时间进行面对面的互动和积极情感的激发与分享，可以帮助加速依恋的建立。婴儿和照料者有大量的时间进行面对面的互动，很多发生在我们在后面所介绍的日常活动中。比如，就餐时，坐在宝宝椅上的7—9个月大的婴儿会花大量时间观察父母的表情，还会模仿他所看到的表情，也会慢慢理解父母的表情。同样重要的是，婴孩开始理解他的经验世界和父母的经验世界有所不同。照料者通过向孩子指出其没有注意到的事物来教孩子。例如，一个母亲会兴奋地指着窗外一只孩子没有注意到的小鸟让孩子看，鼓励孩子朝她指点的方向看去，找到那只小鸟。这就是在教孩子：妈妈看到了一些你不曾注意到的趣事儿，而且还可以通过某种方式分享给你。通过这个简单的例子，你现在知道分享注意或"共同注意"在学习的过程中有多重要了吧。

妈妈指着小鸟说："看，小鸟！"如果孩子看到了妈妈所指的东西，他可能开始学习什么是小鸟，更重要的是，他还将妈妈作为学习丰富知识的引导者。

随着时间的推移，孩子不仅会努力观察父母在看什么，还会努力跟父母分享经验，因为她开始意识到有时父母并没有注意到她在看的事物。刚开始时，婴儿会在与他们互动的人以及他们感兴趣的事物之间来回看，但很快孩子就发现指点能够更有效地将成人的注意引向他们感兴趣的物品。通常在9—12个月之间，孩子会发展出指点这一技能，但有些孩子到15个月才发展出这些技能。儿童会用指点或眼神，最终用语言将人们的注意引向他们感兴趣的物体，这是共同注意的一种形式。这一交互性社会互动的重要成就通常在儿童1周岁左右出现。共同注意可以通过以下途径发起，儿童举起某物，指点某物，在成人和物品之间来回看，儿童对成人发起的指点和目光指示做出回应。儿童在1岁左右能发展出这些技能，并且这几个技能都至关重要。

儿童也能够利用依恋关系来调整他们的情感，如害怕、痛苦、失落等。我们之前就提到过，当孩子受到伤害或惊吓时会去寻找他们的照料者。随着孩子慢慢长到摇摇学步，他们会更微妙地利用依恋关系来控制情感。当处于不确定情境时（如陌生人来家里或听到不熟悉的声音时），孩子会根据照料者的表情来评估新情境的安全性。当沮丧的时候，学步儿童会用与照料者相关的物品来安慰自己。在托儿所，当孩子伤心或担忧时，幼儿会用那些能让他们想起照料者的物品，或者带有照料者照片的钥匙扣来让自己感觉舒服些。

现在我们已经知道，从1岁开始，伴有自闭症谱系障碍危机的婴幼儿比普通儿童更少跟人有眼神接触，反过来，我们也知道缺少眼神接触是婴幼儿在社交和情感里程碑上落后的危机因素之一。也就是说，那些随后被诊断为自闭症相关障碍的孩子更可能表现出缺少先前所描述的互动交流。他们很少注意父母的面部表情，很少模仿表情，很少理解表情，同样也较少模仿简单行为，如拍手和用双唇打嘟。他们较少回应父母对他们的注意吸引，用眼神切换（在父母和物品之间来回看）或指点的方式吸引父母注意的行为就更少了。一些具有自闭症谱系障碍风险的孩子，当父母不在身边时，会努力用父母的照片或与父母相关的物品来安慰自己。尽管具有自闭症谱系障碍危机的孩子与父母之间有明确的依恋，但当他们渐渐长大，他们却无法利用这种依恋关系来发展社交技能、其他思维和语言技能，也无法管理他们的情绪。其他有发展障碍的孩子也遇到类似的情况，如从照料条件很差的孤儿院中收养的孩子。

我们试图在发展早期将孩子的注意引向成人的表情，在与成人互动中刺激孩子发展积极的情感，通过与父母快乐共处和分享积极情感，引导孩子以理解和发起共同注意（跟随父母的眼神或指点，以及发起眼神转换和指点）等方式来解决以上问题。这些互动交流活动我们会在第二部分和第三部分进行详细介绍。虽然具有自闭症及相关发展危机的孩子存在眼神接触和情感分享神经机制方面的困难，但这些经过精细设计的活动可用于帮助这些幼儿，像普通儿童一样利用依恋关系来扩展情感学习的宽度。自闭症谱系障碍儿童不像普通儿童那样能主动利用自身的这些重要经验，他们需要我们有意识地引导才能将他们的注意转向我们需要他们关注的活动，需要积极引导才能与他们进行互动。

因此，行为策略依赖儿童与照料者之间的情感联系才能在教授儿童轮流中发挥作用。教师和孩子之间的情感联结越牢固，孩子就越愿意跟随教师的指令，更重要的是，教师对孩子的表扬以及情感和情绪的示范就越能被孩子所吸收。正是出于这些原因，父母成了孩子最重要的老师。行为策略还利用孩子的偏好来作为选择奖励活动的重要参考，并用这些奖励活动来培养和巩固形成依恋的行为，如眼神接触和引发共同注意的指点。通过采用行为教学法，父母可以系统地教授这些重要技能或是当行为消退时进行强化。反过来，不论眼神接触和采用共同注意的经验分享是自然地出现于生命的第一年，还是后来才有意地教授和练习，均可以加强依恋。

行为教学

现在我们来谈谈行为教学背后的基本概念。如果你想要更深入地学习行为教学，请你查阅本书最后资源部分。

行为教学是基于儿童学习的科学。这些原则也同样应用于成人，甚至其他动物训练上，但我们会将焦点聚焦于你希望孩子学会的那些事儿上。

最基本、最重要的理念是：教师（包括家长）必须奖励他们希望孩子经常重复的那些行为。我们接下来要谈到的其他一些理念也基于这一基础理念：奖励所教授的行为。

比如，教孩子当别人跟她挥手说再见时，她要挥手表示再见。孩子已经会挥手，但是当妈妈希望她挥手再见时，她却不常挥手再见（随后我们会介绍当孩子连手都不会挥时，该如何教授）。因此，孩子的母亲决定进一步增加她挥手再见的频率。妈妈首先着手的是当孩子跟人挥手道别时，另一个人应该饱含热情，给予孩子很多关注，会伸出手来跟孩子挥手，甚至会轻轻给孩子挠痒，送上一个飞吻（如果宝宝喜欢的话）。如果当孩子跟人挥手告别时，妈妈正好抱着她，妈妈也可以在表扬她时轻轻抱紧她或跟她挠痒痒玩。比如妈妈可以说，"耶！你会挥手再见了"或"挥手说再见的女孩真好看"，并及时给她轻轻挠痒，甚至可以给她一个小小的奖品。这里的关键是：不论何人跟孩子挥手再见，只要孩子也跟对方挥手再见，那接下来的结果对孩子来说都十分有趣。这一结果也给在注意和学习情感线索上有困难的孩子一个额外的信号——这个行为应该多次重复。随着时间的推移，当有人跟她挥手再见时，她就很可能会挥手说再见了。

很多父母都会很自然地强化孩子的新行为，如一个微笑，眼神接触，做出评价等，因为父母看到自己孩子学到新技能的时候都很开心。但一些有自闭症谱系障碍的孩子不觉得这些是奖励，或者这些不足以激励他们建立新行为或巩固已有行为。我们随后会讨论如何提升奖励和社会互动对自闭症孩子的激励性。

为什么当孩子做了我们想要他们做的事时，我们得奖励他们

一些人会觉得奖励孩子做我们要他们做的事有些不舒服，特别是一开始的时候。他们会认为孩子自然就应该做一些父母要求他们做的事，这根本就不用进行奖励。如果婴幼儿总是愿意做我们叫他们做的事，那当然是最好了，但是他们却常常不愿意这样做。很多研究已经表明：采用小小的奖励是增加儿童表现我们所希望的行为的最佳教学方式。所以，为什么要阻断你自己或你孩子成功的道路呢？

尽管我们可能并没有意识到学习确实依赖奖励，这不仅仅适用于孩子，也适用于所有人，但每个人都用这样的方式学习。如果教师在上课，她的学生兴致勃勃地看着，专心致志地听着，孩子们这样的回应就是对老师教学的鼓励，鼓励教师继续用这样的方式教学。如果你给家人准备的饭菜他们都非常喜欢，那么你就更可能给他们准备这样的饭菜，因为他们的喜欢就是对你的鼓励。我们在乎的人对我们的鼓励是对我们最好的奖励。仅仅是了解到别人知道你做了很艰难的事情的这种满足感也是一种奖励。当然，工资也是一种有力的奖励。

我们想说的是：所有的成人和儿童都倾向于继续做能得到奖励的事。有时候奖励是钱财，有时候奖励是他人的支持，有时候是妈妈给的一块饼干，有时候仅仅是一种你做对了事情的满足感。做我们能得到奖励的事是

由我们的大脑机制决定的。那些年幼的孩子还不怎么懂语言，或者不能对成人的支持予以注意，那么一些好吃的或挠挠痒什么的，就是最好的奖励。

在行为之后立即给予奖励，可以强化该行为

孩子喜欢的任何事物都可以作为奖励，但很重要的一点是：奖励强化的是刚刚发生的事。当在儿童做了某事之后立即给予奖励，那么结果就是孩子更频繁地做那些事。我们也把奖励称为"强化物"，因为它能够强化之前的那个行为。当我们强化某个行为的时候，这个行为就更可能在未来再次发生。在本书中，有时我们用"强化物"一词来指代在孩子做出你所期望的行为后立即给予的奖励。我们非常强调的是——时机。奖励要成为强化物就必须在你想要强化的行为之后立即给予。比如，孩子给你咬了一口他的饼干，你刚要说"谢谢你分享给我"时，孩子就把手中剩余的饼干扔到地上，如果你这时继续表扬他，那么你可能强化的是刚刚发生的行为，也就是把饼干扔掉。

对一些孩子而言，一开始来自父母的表扬、鼓励和热情并不是有效的奖励，因为这些孩子对此毫不在意。但如果我们在表扬孩子时，或者刚表扬完之后，给予孩子一点吃的，那么随着时间的推移，表扬本身也能成为一种奖励。接下来，我们就可以利用表扬来增加理想行为或教授新的技能。

因此，当我们再次讨论之前那个教孩子学习挥手再见的例子时，我们要注意，不论孩子跟谁挥手再见，那个关心他的成人都应该热情地表扬孩子（挥手真棒！呀，你跟爸爸挥手再见了），然后立即给孩子挠挠痒（如果他喜欢）或者给一点吃的，如一块饼干。在这个例子中，饼干和挠痒痒是有效的强化物，但是，一段时间之后，孩子会越来越享受表扬，表扬本身也就成了强化物。

利用自然强化

有一些强化物自然地发生。自然强化物指的是行为的直接结果。举例来说，如果孩子通过讲话、指点或盯着看的方式来索要某个东西，你把东西拿给他就是一个自然强化。或者说，当你给孩子喂一勺吃的，孩子通过言语、手势或者转开头的方式拒绝时，你拿开勺子也是一个自然强化，因为你移除了孩子不想要的东西。下次，当孩子收到一些他不想要的东西时，他就更可能以这种方式来表示拒绝。如果孩子打不开某个东西，比如果汁瓶，他通过说话、手势或者期望的眼神把东西拿给你等方式向你寻求帮助时，你帮他打开了就是对寻求帮助这一行为的一个自然强化。这些强化物十分理想，因为孩子周围的人不假思索就会这么做，并且也很容易持续。当自然强化对孩子有效果时（其能够增加理想行为），你应该采用。

一些玩具自带强化物，这可以帮助孩子正确地使用玩具。比如孩子玩动物拼图，每次当她拼对了时，在放置拼图的地方就会发出对应动物的叫声。如果孩子喜欢，想要再听这些声音，那么她就会学着去拼图，动物的叫声就成了一种自然强化，因为在拼对拼图后它会自动发声。

另一种强化物虽然不是理想行为的自然结果，但常常自然地出现。比如说，当孩子捡起玩具并把玩具放好时，你会激动地表扬他，并且面带微笑，这就增加了孩子下次帮你整理玩具的可能性。如果确实如此，那就太好了，因为孩子身边的人也会不假思索地这样做，这样的强化很容易持续。然而，诸如自闭症谱系障碍的孩子就需要额外的强化来引导他们的行为和技能朝正确的方向发展。对一些孩子而言，配有一小块吃的，挠痒痒或者吹泡泡的表扬具有更好的效果。如果你发现你的孩子需要合理使用非行为的自然结果的强化物才能更好地学习，如一块吃的，玩最喜欢的玩具或活动，那么你就应该使用这些强化物，不论以何种方式。这些强化物不仅可以增加理想行为，而且随着时间的推移，由于它们与社会表扬和快乐的表情一起使用，它们还能教会对微笑和表扬没有自然回应的孩子回应和享受自然出现的社会奖励。

在行为增加后，逐渐撤除奖励

有时父母拒绝奖励良好行为的另一个理由是：孩子会依赖奖励，没有奖励他们就什么也不愿意做。解决这一担忧的方法是：当孩子学会了新技能并且越来越熟练时，逐渐减少给予的奖励。最终，孩子不会每次都需要奖励。通常来讲，使用某个技能带来的最终结果不是自然地获得某个奖励，就是成为某个导向自然强化行为链的一部分，要不就是行为变得自动化或几乎不需要付出努力。这在典型发展中经常出现。比如，在如厕训练过程中，只要孩子如厕成功，很多普通儿童的家长会提供很多强化——表扬，告诉奶奶，给个好吃的。过一段时间之后，这些强化会逐渐撤除，成功地如厕成为一种习惯。在如厕训练中我们采用渐进的方式，因为我们知道这个任务难度很大，孩子不会有很强的动机去学习它。对有沟通和社交技能迟缓的孩子来说，那些对普通儿童自然而然的事情，如挥手再见，就像这个一样艰难。

当孩子练习你教给他的技能时，你不必每次都给予奖励，但即使你每次都给予奖励，孩子也会最终只需要小小的、偶尔的奖励。当你在教授新技能或是让孩子的行为更频繁时，请你在刚开始时每次都给予她最喜爱的奖励。奖励可以是任何她喜欢的事物，比如一小块饼干或糖果，或是抱着孩子转一圈。当这个技能她能够较为轻松地完成，会做的次数变多时，试着每次都热情表扬但只给她较小的奖励，如轻轻挠痒，或是降低奖励的频率，两次或三次才给予奖励。如果孩子还是表现良好，试着继续减少，但是请你一定要非常小步伐地撤除奖励。

选择孩子真正喜欢的奖励

你应该给孩子什么样的奖励呢？你应该从孩子喜欢的物品入手，因此，首先你必须将孩子看成一个独立的个体。你知道孩子喜欢什么吗？请你思考一下。可能是他喜欢玩的玩具或物品；可能是某个活动，如荡秋千、滑滑梯或玩沙子，或者看你给他吹泡泡。一些孩子喜欢强烈的刺激，那样才能引起他的兴趣，如被高高地举在空中，坐在别人膝盖上快速抖动，非常热烈的欢呼或者快节奏的高声音乐，而另一些孩子则会觉得这样的刺激令人害怕，他们喜欢温柔的嗓音、柔软的触摸、轻柔的音乐。当然，有的孩子一会儿喜欢这个，一会儿喜欢那个。你必须敏感地发现孩子在兴奋、瞌睡、冷静或无聊时喜欢什么，这样你就可以找到孩子真正喜欢的事物并将它作为强化物。当孩子自由玩耍时，你应该仔细观察孩子喜欢哪个玩具或活动。

有时，对孩子而言最强有力的强化物是食物，所以请你想想孩子最喜欢吃什么，特别是那些他认为是特殊待遇的食物。很多孩子都有非常喜欢吃的或喝的东西，所以，刚开始时请你确定至少用两样食物来进行奖励。对很多孩子而言，喝一口果汁就是奖励。关于使用食物和饮料作为奖励，以下几点值得引起重视并需牢记在心：

你绝不能控制孩子的基本营养需求。时常检查孩子是否补充了基本食物，同时也确认一下自己的营养摄入情况。如果有一种孩子非常喜欢但又不是基本食物的零食，如饼干、糖果、薯片，那么你可以将它们作为奖励。

如果你将某种食物存起来，并且只作为强化物，那么别让孩子在其他时候可随意得到，只有这样，它才能成为好的强化物。

不论何种奖励，你都不必给孩子大量提供。事实上，如果你给孩子很少一点奖励，他很可能对奖励的兴趣会更持久。请记住，轻而易举获得的或者数量很多的东西，我们会很快厌倦。所以，别给孩子整块饼干，就只给他一小块。

如果强化物使用得太频繁，孩子会很快厌倦。如果你感觉孩子对这个强化物逐渐失去了兴趣，就请转向另一个强化物。比如说，在某个活动刚开始时，你采用薯片作为强化物，接着用喝一口果汁作为奖励，最后又转为用吹泡泡或转动轮子。请记住：你必须找出对你孩子有效的强化物，你还必须注意，当它们不再奏效的时候，就该换一个强化物了。

如果你想记录对孩子有效的强化物，可以使用表2-1。你可以在每一个潜在强化物旁边标注其看起来最有效的时间。比如，食物奖励在饭后1～2小时后最有效，这时孩子有点饿。最喜欢的歌曲在孩子疲劳时最有

表2-1　孩子的强化物

食物	饮料	活动（荡秋千，坐车，吹泡泡，最喜欢的歌曲或音乐）	玩具和书本	感知觉或动作（摇摆，弹跳，挠痒痒）

效。荡起来的活动在孩子清醒和警觉状态下最有效，当孩子疲劳的时候摇晃他，他会很恼怒。留意孩子喜欢什么，什么时候喜欢，尽可能让强化物发挥出最大作用。选择强化物还需要留意一点：不用那些孩子喜欢但具有破坏性，或者让其他成人和孩子反感的事物，如开关电灯。同样的，别用那些会让孩子孤立的活动，因为孩子很可能重复做这些孤立的活动，比如把玩具排列起来或者看转动的轮子。我们会在之后进一步谈到这些自我沉迷的活动，为什么这些活动不理想以及如何用更具互动性的活动来替代这些行为。

教授新技能

现在我们来谈谈当你打算教孩子新技能的时候该做什么，有时候孩子压根儿不知道该怎么做。比如，有时候你想要孩子模仿简单的动作，如高举双手。你希望孩子能成功试一试，这样你好有机会奖励他。如果孩子压根儿就不知道该怎么做呢？我们假设孩子不知道如何模仿，因此你无法展示你想要他做的，你不得不帮助他做出你想要他完成的动作。这样的帮助或指导被称为"提示"。大多数的帮助就是你通过身体辅助帮助孩子完成你让他做的动作。比如，如果你说"这样做"，并举起你的手，你可能需要轻轻抓起他的双手，举高，通过这种方式向孩子展示如何做。请时时确保你温柔地这样做，你总归希望在辅助孩子时，孩子是感到舒适的。如果你发现孩子开始做你要求的，那么站远一些，减少一些帮助。比如，你说"这样做"，高举双手，然后轻触他的手腕或者手肘，轻轻向上推，孩子举起了双臂。太棒了！他需要的辅助比较少了。可以再试几次，朝孩子伸出手臂，这样的辅助就足以让孩子模仿你。常常只给孩子刚好能满足他需要的最少帮助，要不然他可能会每次都依赖你的辅助。给予越来越少的帮助这一做法被称为"消退你的帮助"或"辅助消退"。通常在消退至只需较少辅助之前，孩子需要在相同辅助下重复练习很多次，因此别指望太快消退你的帮助，通常你应该给孩子足够的帮助让孩子充分体验成功。只要孩子做了你要求的事，就热情地表扬他，再配上另一个强化物（如果孩子已经喜欢听表扬了，那么光表扬就够了）。不论孩子需要的帮助是多少，只要孩子做了你要求的事，哪怕他还需要身体辅助才能完成，你都应该给予强化，因为立即跟随强化物的行为更可能在未来出现，所以请将你教授的行为与强化结合起来。最好的教学应该给予孩子很多成功的机会，即使当孩子需要辅助才能成功时，也应如此。较好的做法是向孩子展示如何正确完成某事，然后再逐渐撤销帮助。这比先让孩子错误地尝试，再纠正孩子的错误做法要好得多。

教授由多个部分组成的动作

以下我们想强调关于行为教学的最后一点：万一你要教孩子的不是像举手这么简单的事，而是更复杂的事呢？可能你会认为跟人挥手再见是一件简单的事，但其实它包含几个部分——你必须先分析出其中有几个部分或步骤。你可以自己完成这个分析，慢慢观察，认真关注必须完成的每一个步骤。以下以挥手再见举例：

(1) 看着那个跟你挥手的人

(2) 举手

(3) 挥手（摆动手指或左右摇动手掌）

(4) 把手放下

虽然"挥手再见"确实由四个部分组成：看、举手、挥手、把手放下，但其中举手和挥手两个步骤可以作为一个步骤进行教学。很有可能在挥手之后孩子会自然地将手放下。因此，在这种情况下，你只需要教授两个步骤：看和挥手。

(1) 首先，我们让孩子看向那个跟她挥手说再见的成人。我们会要求成人凑近并热情地跟孩子说再见，大声点，好让孩子听见，获取她的注意。我们想要抓住孩子看成人的时机，一旦孩子那样做，成人就应该立即表扬她，给她挠个痒痒作为奖励，或者也可以将挥手变为挠痒。对那些规避直接看人眼睛的孩子，成人在挥手时应该将手摆在自己眼睛附近，这样可以提示孩子看成人的眼睛。我们将这个称为制造眼神接触，我们将会在本书的后面谈到。由于该成人是唯一可以确定孩子是否跟他有眼神接触的人，那么他就应该是表扬和奖励孩子的唯一人选。孩子可能需要进行几组练习之后才能学会看那个跟她挥手的人。别着急，慢慢来。

（2）一旦孩子能够比较好地完成，具有一致性（指的是经常这么做，但偶尔也会做不到）时，我们就要增加下一步：挥手。这时候，由于孩子已经学会了看那个跟她挥手说再见的人，我们就提示她把手举起来，挥动手臂，并且立即给予表扬或奖励。你可能不必教她在举手时应该把手肘往下放，因为孩子会很自然地这样做。

请记住，每一个步骤中都只提供最少的辅助。孩子很容易依赖你的辅助，这样他就无法独立学会技能，因此你的工作就是当孩子能越来越独立地完成技能时给予他奖励。但我们需要慢慢来，逐渐减少给予帮助。这需要你非常耐心！

组合起来

行为策略在一定程度上依赖于孩子和照料者、孩子和教师／治疗师的关系。如果孩子依附于照料者，在他们那里寻求舒适感、愉悦感、安全感，得到需求的满足，那么由他给予孩子奖励会更有效（事实上，很多父母能够教会自己的孩子用诸如微笑、笑声、拥抱或者表扬等强化物，这远比治疗师利用这些关系要早得多）。优秀的行为教学根据孩子的偏好选择强化活动和强化物（如玩具和食物），满足孩子的情感需求，确保他们享受你所提供的经验。此外，优秀的行为教师令人感到愉悦。优秀的教师向他们的学生传递快乐、舒适，以及其他明确的情感，他们会用幽默和温暖传递出这些情感。这是一种强有力地刺激情感依恋的方法。

另一方面，社交互动可以融合在行为教学中，并通过强化诸如眼神接触等支持社交互动的行为，进而强化社交互动。优秀的行为治疗师努力帮助孩子强化和建立依恋理论所告知我们的基本技能，如眼神接触，面部的非语言沟通，快乐的分享，注视和指点引发的共同注意，对照料者语言的关注，这些技能对孩子的发展具有积极作用。在本书中，行为教学和依恋情感的激发都是中心和重心。

第 3 章

应当遵循的 12 条规则

到目前为止，我们已经解释了两条教授危机儿童的重要基本方法——培养依恋和采用行为教学原则。接下来，我们将谈到更为具体，也更为重要的几点规则。这几点规则，我们需要在教孩子或跟孩子玩时牢记在心。在第 4 章，我们会介绍你想要孩子学会的事情。当这些都准备就绪了，那么你也就具备了在玩耍中利用日常活动激发孩子发展的前提，也就为第二部分和第三部分做好了准备，第二部分和第三部分的游戏和活动旨在教授以上介绍的内容。

1. 尽早开始

在第 2 章中，我们多次谈到教授孩子关注成人的重要性，以及如何教授这一点的几个常见方法。其聚焦于增加社交互动（特别是眼神接触），帮助孩子享受成人的陪伴并从中找到快乐。这些在童年非常重要，尤其在孩子还非常年幼、各项发展刚刚起步的时候。

你可以这样想：你是一艘从纽约驶向欧洲的轮船的船长，你只是稍稍偏离了航向。如果快要驶到欧洲海岸线时才开始稍稍调整航向，那么可想而知，当你靠岸的时候，你会发现自己只对整个航线做了微小的调整。但是，如果你在刚起航的时候就对航向做调整，那么当你靠岸的时候会发现自己调整了很多。

儿童会以各种不同的方式对本书中介绍的活动做出反应。一些反应依赖于他们大脑的生物学基础。换言之，一些孩子在出生时就有明显的神经学缺陷，这些生物学的缺陷程度影响着孩子对教学做出的回应。尽管一些孩子能比其他孩子学得更快或是做出更多的改变，但不论他们做出怎样的改变，都可能需要依赖于在生命最早期就开展的干预。因此，尽快投入时间和精力就成了一项回报丰厚的投资，别让专业人员或其他父母"等等看"的建议阻碍了你对孩子发展的尽早干预。如果你对孩子的发展感到担忧，特别是在孩子与成人关系的建立上，那么你就应该尽早着手本书中介绍的活动。即使你的孩子最后被认为完全是正常发展的，这些活动对孩子来说也是非常具有教育意义和有趣的。

2. 利用有趣的活动帮助孩子脱离过度自我迷恋的状态

我们不希望任何一个孩子局限在其小小的世界中，整日沉陷在自己的思考里，做着重复的、刻板的动作或活动，用电视上看来的台词、听到的歌曲以及书上看来的句子自言自语，长时间盯着没生命的物品以打发无聊的时间，而忽略身边的人。这些情况在具有自闭症谱系障碍危机的孩子身上非常常见。当孩子表现出自我沉迷的倾向，或者看起来远离那个照料他的成人时，成人可能会放任孩子如此，原因如下：这可以让成人有时间做自己的事，孩子不需要成人的关注或者当成人打断孩子的那些活动时，孩子会变得很沮丧，这让成人误以为孩子应该那样做，但这是错误的。你越是让孩子沉浸于自我沉迷的活动，他就越会变得自我沉迷。

你要做的是：抓住每一个吸引孩子注意的机会，让自己成为快乐的源泉，让与你互动成为快乐的享受，这样你才能打败那些让孩子沉迷的活动。我们非常理解你有家务要忙，有工作要做，但是你需要尽可能多地花时间与孩子进行快乐的互动，或者让其他温暖又乐于回应孩子的成人尽可能多地与孩子快乐互动，这一点非常重要。相较于其他孩子，一些孩子可能会更容易从自我沉迷的活动中脱离出来。对于那些难以脱离自我沉迷活动的孩子来说，你可能很难成功，不过，尽管你成功的次数有限，但你与孩子互动的每一分钟都是孩子学习技能和增加依恋的机会。

我们接下来将会向你介绍一些帮助孩子脱离自我沉迷状态的方法。很多治疗师将自我沉迷活动称为"刻板行为"。其包括：

- 盯着灯光、阴影或流水看；
- 在眼前转动手指；
- 拍手臂和手掌（特别是当孩子不那么兴奋的时候）；
- 摇晃身体，来回踱步或来回跑动；
- 反反复复做某事（如往家具后面扔东西，开关灯，开关门和抽屉）；
- 把玩具和物品排列起来，再蹲下来平视这些物品；
- 手臂肌肉紧张，扮怪相；
- 拍打或旋转小东西，看着它们掉到地上。

以上的一些行为难以与普通学步儿童的重复行为区别开来。学步儿童也喜欢反反复复做同一件事，或者以相同的方式反复读某个故事。当兴奋的时候，他们也会拍手臂。但是，如果你的直觉告诉你，你的孩子做这些事的方式有些异常，或者他以孤立的方式做这些事，当你想要打断他这样做时，他会阻挠你。虽然你不会因孩子做了自我沉迷的事就责骂或惩罚他，但你的确希望孩子能从自我沉迷的活动中脱离出来，做一些更有意义的事。比如，我们最近遇到了一位极具天赋的治疗师，当时他正对一个2岁的孩子进行干预。孩子当时拿着透明的围巾对着灯光看，沉浸在自我沉迷的活动中。那位治疗师便从围巾的另一面看过来，跟孩子玩起了躲猫猫的游戏，将孩子的注意力引向游戏和治疗师，很快孩子就开始享受社交互动的乐趣。

有时候模仿孩子在做的事情能够很好地吸引孩子的注意力，当孩子在玩喜欢的玩具或唱喜爱的歌曲时，或是在重复做一些你也能一起做的活动时，你可以试一试。你需要确定的是孩子喜欢你模仿他。如果孩子根本没注意到你在模仿，那么你做的也就没什么意义了。然而，你最好不要模仿孩子的自我沉迷行为，这样的行为有：躺在地上看车轮子来来回回转动，或在眼前不断地拍某个纸片。

用相同的材料或玩具，比如那个玩具或那张纸，来创设一个孩子和你可以一起玩的活动，这是一种可以鼓励孩子与人互动的方式。举例来说，如果孩子正盯着车轮看，那么你可以尝试将孩子的注意转移，通过将玩具车推下斜坡，假装两辆车竞赛，这可能是个不错的注意。又比如，孩子在眼前抖纸片玩，你可以利用这个来玩躲躲猫，你也可以用纸折一架纸飞机，让纸飞机飞起来，并让孩子去追。如果孩子喜欢抖一些柔软和易弯折的东西，你可以用它来给孩子挠痒，或者把东西放在自己头上来逗孩子玩。

- 如果孩子正在按电动玩具或电子书上的按钮，你可以试着给每个按钮都配上一个滑稽的行为。比如：当他按某个按钮的时候，你可以跳舞。当他按另一个按钮的时候，你可以给他挠痒痒。如果他又按了另外一个，你可以假装摔倒。很有可能，他会开始一边按按钮，一边充满期待地看着你，准备嘲笑你的行为。如果这个游戏正中孩子下怀，你可以尝试角色互换，你来按按钮，让孩子来做滑稽的动作。
- 如果孩子喜欢把橱柜的门反复开关，你可以在橱柜里放一些特别的东西，将这个活动转化为寻宝活动（泰迪熊是不是在里面呀？没有。泰迪熊是不是在里面呀？是的）。
- 如果孩子喜欢把玩具从宝宝拦门里往外扔，你可以坐在对面，试着用篮子接住玩具。当接住玩具时，你可以大声欢呼（"他射中了，得分了！"），当没有接住的时候，你可以故意失落地叫嚷（"哎哟"）。很有可能孩子会喜欢这个游戏，那样你就不必再试着抓住这些物品，你可以放下篮子，跟他一起玩，将这个变成投篮游戏。你可以把篮子放远一些，轮流跟孩子扔玩具玩。

你可以采用这个常用规则：当和孩子玩耍时，至少每20秒去吸引孩子的注意；除非你有特别的事情要忙，别让孩子有20秒以上的时间什么社交互动也没有，即使互动十分短暂也是好的。

　　一些具有自闭症谱系障碍危机的孩子似乎很喜欢排列东西，比如小的动物玩具或者玩具汽车。如果你的孩子有这种情况，你可以利用这些玩具和孩子玩一些其他的游戏。比如，播放一点音乐，假装动物们在一起跳舞，或者搭一个轨道，让汽车和动物们相互赛跑。一位极具创造力的母亲曾利用孩子对排列空瓶子的迷恋，开发了一款扔保龄球的游戏。当他们把瓶子排列起来之后，他们轮流将充气皮球扔过去，将瓶子击倒。当孩子愿意轮流并击倒很多瓶子时，妈妈会大大地表扬他。在此过程中增加暂停可以极大地增加游戏的趣味性（"球来了……球来了……倒了！！好了，该我了！"）。互动性的游戏比自我沉迷的活动要有趣得多。当你无法将重复行为转变成社交游戏时，你可能会仅仅想着减少孩子接触刻板活动的机会，比如在孩子一直按的开关上粘上厚厚的胶带，将孩子总是盯着看轮子的车子藏起来。重要的是，当看到孩子有自我沉迷的行为时，打断孩子，特别是当这些行为高度重复时，你更要将他引导到其他活动上。以上所举的例子都旨在将孩子的注意力从重复而孤立的活动中抽离，增加孩子与人的互动，特别是与你的互动。

3. 利用自然的互动和常规活动

　　利用自然出现的常规活动来教授孩子技能非常重要，理由如下。首先，常规活动是孩子已经知道的，觉得舒服的和熟悉的。这样我们可以从常规活动着手，在不破坏常规的基础上介入活动，在常规中塑造新的技能和行为。这可以是就餐、沐浴、入睡以及其他常见活动。其次，学步儿童可以在一日生活的多种不同场景中学习新的技能。在真实生活中，在变化的情景中学习新技能可以帮助孩子"泛化"所学到的技能。当技能得到泛化时，孩子会更愿意使用这些技能，也会在新的情境中和不同人相处时，表现出这些技能。这减少了孩子只在固定伙伴、固定背景或固定地点使用新技能的可能性。

采用自然的常规活动也能给孩子提供大量练习新技能的机会。除了由治疗师提供的为时不多的集中指导之外，父母能够教授、展示、支持孩子发展新技能，将它作为一天中与孩子自然互动的一部分。如果你的孩子正在接受治疗师提供的几个小时的集中教学，那么你可以利用这些活动，大大增加孩子在一天中的学习机会。**请务必咨询孩子的治疗师，如果她有明确的目标，请问问她具体目标是什么，请教她哪些领域的学习活动可以帮助达成那些目标。**在学习社交技能，如语言、模仿和非言语沟通，这些和其他学习任务一样，都需要经常练习才能帮助孩子学得更快。

最后，同样重要的一点是，父母常常会报告：将互动性的常规活动融入日常的照料活动中创造了频繁的积极互动，这样的互动是他们所期望的理想互动，也是对孩子成长非常重要的经历。随着时间的推移，这些互动可能为孩子提供更多与照料者分享快乐、一起欢笑的机会，帮助孩子减少压力，增加她的情感表达，最重要的是，加强孩子与他人的依恋，这反过来又可以帮助孩子发展更为复杂的互动和社交技能。

即使你的孩子已经有专业的干预师为他提供密集教学，你也应该好好利用每日常规活动中自然出现的教学机会。这可以极大地增加你教孩子的机会，也让孩子有更多机会去练习技能，去学习和扩展各种可以与你分享的快乐互动。

4. 将常规活动变得有趣

一旦孩子学会了某个常规活动，那么在活动中可以添加一些不同的、出人意料的事。他可能会觉得那样令人惊讶，也很有趣，这可以很好地吸引孩子的注意力。比如说，你可以试着在浴缸里只放两三厘米深的水，或者用漏勺给孩子喂汤,当孩子注意到的时候,你可以自我解嘲一下:"哎呀!妈妈真是太傻了!居然忘了放满水!"或者"妈妈太傻了,这个勺子可没用"。这不仅可以将孩子的注意力引向你在做的事情,还可能帮助孩子发展幽默感。

5. 末尾填空

这个技术是在某个事物的最后或者中间空出一些词句,让孩子来填。比如在给孩子穿衣的时候,你可以说,"袜子穿上,袜子脱下!"当你快速把袜子脱下时,用升调来讲,将中间的词拉长以吸引孩子的注意进行眼神接触,创造一个暂停。接着是帽子,当你把帽子给孩子戴上或摘下时,可以说,"帽子戴上,帽子摘——下!"接下来,当你把鞋子穿上时,说:"鞋子穿上!"然后把鞋子脱下时用疑问的语气说:"鞋子_____。"如果孩子试着说"脱下"或者"脱"、"下",应给予孩子热情的鼓励,并用其他的穿脱衣物再反复几次。每次只要孩子试着说"脱下"或者"脱"、"下"时,就对他们给予奖励。奖励可以是孩子喜欢的挠痒痒。当然挠痒痒只是举个例子,奖励可以是孩子喜欢的任何强化物。

你可以用这个技术来教授很多其他的概念,比如"里"和"外"(用一块丝巾和一个卷纸轴),"开"和"关"(用一把雨伞),"上升"和"倒塌"(例如搭积木和把积木推倒)。想要获得更多的词汇和概念,请参阅第17章。

歌曲跟这个程序也能很好地搭配。如果孩子有喜欢的歌曲,并且听了很多遍,你可以把最后一个歌词留白,或者将一个熟悉的词语在中间留白,当孩子能自己补充的时候就奖励她。如果孩子没有主动补充,你可以等待3~4秒,确定孩子不会再填写了,你就自己补充。一些孩子的记忆力非常好,很擅长这个,尽管他们可能不知道自己补充的词语的意思。如果你能将孩子填的词语同生活实际联系起来,那就锦上添花了——比如,"五只小猴跳(当孩子说'跳'的时候,你们一起做出跳的动作)上____(当他说'床'的时候，你可以指着床）。一只小猴摔下来，撞到 ____（当孩子说出'头'的时候，你可以摸摸自己的或孩子的'头'）。"

6. 帮助孩子在游戏中接纳他人

当你和年幼的孩子一起玩耍时，你会想让他以相同的方式接纳你，哪怕只是看看你。如果你的孩子已经知道如何模仿，那么你可能会发现，当你在他旁边玩着和他手里一样的东西时，他会模仿你。有时候仅仅是在孩子身边玩同样的玩具，在模仿孩子的游戏和展示他还没有尝试的新玩法之间来回切换，这就足以让孩子在游戏和你之间切换注意了。

有时候，我们觉得坐在孩子身边，对他的游戏行为进行解说，如"你在旋转车轮，你把车开起来了"，就算得上跟孩子玩得很好了。但是这样并不能鼓励孩子进行一来一回的互动。当你和孩子玩耍时，试着思考："如果我在其他房间，他还会继续做同样的事吗？"如果回答"是"，那么你就得努力让孩子能不时寻找你，对你的面部表情和行动进行关注。比如，你的孩子正在玩某个玩具，他连续玩了一分钟以上，期间没有寻找你或看向你，你可以说"轮到我了"，轻轻拿走他的玩具，把玩具放在你的头上，露出大大的微笑，或者做一些其他滑稽或愚蠢的事。当他看向你的时候，把玩具还给他说"轮到你了"。或者你也可以试着做玩具的"保管员"。比如，当玩橡皮泥或者拼拼图时，你可以将所有的彩泥模具或拼图放在你身后或两腿间，而他必须看向你或者指点才能得到。

7. 用孩子喜欢的东西吸引孩子的注意力

你可以着手观察哪个场景中孩子对你的注意力最佳。是你将分心的东西移走，和她安静玩耍的时候吗？是在玩涉及很多动作或感知觉刺激的游戏时吗？是给她荡秋千时，让她玩蹦蹦床时，用毯子裹着他时，或是和他在泳池里游戏时？是你跟他玩新游戏时，还是玩熟悉的游戏时？

一些孩子想要跟人互动，但会觉得太过刺激，变得过度兴奋。因此当介入新游戏时，你要创设一个没有分心物的环境，或者让你的互动变得可以预测，这样会对孩子有帮助。比如说，一些孩子喜欢先得知他们要被触摸，并对此预热（如"数到三，我就来抱你了，1，2，3"）之后才接受拥抱、亲吻和被抱起来。另一些孩子需要大量的兴奋才能将他们从自身的兴趣中转移出来，引导他们进行社交互动。让自己变得有趣，确保你获得孩子的关注，你可能不得不夸张一些——用夸大的手势，夸张的表情，语调上扬，音量变大。这会吸引孩子的注意力，也能帮助孩子理解你想要跟他沟通。婴幼儿的大脑以不可思议的速度在发展，当她醒着的时候，每一小时她都在学习。你的目标是帮助她尽可能多地学习社交互动。**这就意味着创设她最想要跟你玩耍的情境，并且这样的情境在一天中出现得越多越好。**

在一天中，你要观察孩子：
- 她有没有固定喜欢的某个玩具？
- 洗澡时喜不喜欢玩泡泡？
- 看到家里养的狗会高兴么？
- 她有没有特别喜欢的食物？
- 她喜欢音乐吗？音乐会让她害怕或不舒服吗？
- 她喜欢有东西在手臂或者腿上吗？或是会将东西推开？
- 新东西会让她更集中注意力吗，还是会让她过度兴奋？
- 她喜欢黑暗舒适的空间吗，如帐篷或小堡垒？
- 有她喜欢或讨厌的某种触摸吗？
- 她喜欢被高高举在空中或在大腿上抖动吗？或者这会让她感到不舒服或恐惧？

孩子喜欢的活动、食物和物品在获取孩子的注意力上发挥着重要作用。这些活动和物品提供了很多机会，让你帮助孩子发展依恋，学习技能，减少自我沉迷的思维和活动。例如，你的孩子喜欢润肤乳，那么当你给孩子涂润肤乳时，你就可以利用它来教授孩子身体部位的名称，每涂一个部位就告诉孩子该身体部位的名称。请牢记：利用孩子感兴趣的事物并不是让孩子停留在自我沉迷的活动中，而是要用你所知道的孩子喜欢的物品和活动来吸引孩子的注意力，让孩子停止自我沉迷。

如果你的孩子对某个玩具或活动没有什么兴趣，请别轻易放弃——有时候用一种愉悦的方式重复邀请孩子加入游戏，也许就能帮助你获得他的注意。如果孩子实在是没有兴趣，那就试试其他活动。

8. 主题日

教授概念还有一个好方法——举办主题日。

- 任何一种颜色都可以作为主题。比如，举行"红色日子"时，全家都穿红色的衣物，吃红色的食物，去杂货店里指出其中所有红色的物品，玩很多红色的玩具，用红色的颜料、红色的蜡笔或红色的彩泥制作一份艺术品。

- 任何一种动物都可以作为主题。你可以将某天的主题词限定为"鱼"。你带着孩子去水族馆或者宠物商店看鱼，剪一条铝箔做的鱼在洗澡的时候给孩子玩，吃金鱼饼干当点心，去图书馆阅读有关鱼的书。如果你今天的主题词是"毛毛虫"，可以读绘本《好饿的毛毛虫》(*The very hungry caterpillar*)，看一段毛毛虫破壳而出的卡通，去外面抓一只毛毛虫，把毛毛虫放在罐子里，放一些土和叶子，观察一会儿。用毯子将自己裹起来，假装毛毛虫破茧而出，像蝴蝶一样挥动双臂，在屋里飞来飞去，唱"生气的毛毛虫"这首儿歌（生气的毛毛虫卷起了树叶，做了一个小小茧，然后睡了长长一觉。当她睡觉的时候，她梦见自己会飞。然后她醒了，她变成了小蝴蝶）。如果你的主题词汇是"狗"，去看看狗，用纸板盒子为毛绒玩具狗做一个狗窝，用狗的贴纸装饰狗窝，读一读 Sandra Boynton 的绘本《小狗》(Doggies)，玩"小狗，小狗，你的骨头在哪里？"的游戏。[这个游戏除了孩子之外，还需要两个人，每个人都唱着"小狗，小狗，你的骨头在哪里？有人从你家偷走了。楼上楼下打电话，小狗小狗快醒醒，赶快去找肉骨头"（如果孩子的注意维持时间很短，你可以只唱第一句）。然后让孩子闭上眼睛，猜猜玩具在谁的背后。]

- 喜欢的食物也可以作为主题。比如孩子喜欢蛋，你可以用多种方式来做含有蛋的菜肴，吃这些菜肴，给蛋涂颜色，把塑料蛋藏起来，让孩子去寻找，把蛋收集在篮子里，在蛋里面放一些图片或纸条，读一读、演一演《矮胖子》(Humpty Dumpty)的绘本故事，孵蛋，拜访一下鸡窝，或者找一个鸟窝或一张鸟窝的图片，将鸟蛋指给孩子看。

- 你可以创设与季节相关的主题，如在春天进行花的主题日，在秋天进行叶子和南瓜的主题日，在冬天进行雪的主题日。春天，你可以去寻找花朵，采摘花朵，剪纸花，或者读有关花朵的书。秋天，你可以带孩子去南瓜地里走走，唱"一根藤上五个南瓜"的歌，炒南瓜子，做南瓜饼，玩"藏南瓜"或"传南瓜"（随音乐快速传南瓜，乐声停就停止）的游戏，把纸盘染成橘黄色做纸南瓜。冬天，你可以在雪地里玩，抓雪花，堆雪人，把雪搬进屋里看雪融化，读绘本《一个下雪天》(A Snowy Day)。

- 你也可以就像平时一样，只做稍许调整来配合主题日。比如，如果主题日的主题是"狗"，那么就读一些有关狗的图画书。如果你平时就跟孩子玩将东西藏入沙箱的游戏，那么这一天你就可以将狗骨头或小狗造型的玩具放进沙箱里。你可以把平时唱歌的歌词稍作改变（如唱"小狗爬过高山"替代"小熊爬过高山"）。当你俩打闹的时候假装成一个狗妈妈，一个是狗宝宝。当读睡前故事的时候，对书中出现的任何有关狗的事物予以关注。在短时间内对同一概念不断重复，常常能够帮助孩子更快地学会这个概念。

9. 教授孩子符合当前水平或略高于当前水平的技能

请摸清孩子现在知道些什么或孩子会做些什么，聚焦于教授略高于孩子当前水平的技能，但别太高。比如，你的孩子还没有词汇和手势，那么下一步你就要教她简单的动作（如"帮忙"和"完成了"，见第17章）或简单的词汇及表达（用 baba 来索要或指代她的瓶子）。如果她已经会使用简单的动作和手势，也会发一些声音，但还不会说真正的词汇，那么你就集中教她理解和说一些单词，如"吃"、"果汁"、"妈妈"。如果他已经学会了很多单词，但还不能将词汇联结起来，你就可以集中教他一些简单的词汇联结，如"想要再见"、"要果汁"或"吃完了"。当你在教孩子说这些词汇的时候，从那些孩子喜欢的东西入手，这样孩子就可以用来发起请求，这可能是一个好主意。因为索要那些她非常喜欢的东西对激励孩子来说很有效，因此她会非常努力地去说这些词。

最好花一些时间在孩子当前的大致水平（如果她有一些词汇，那么你就再多教一些词汇）和略高于她当前水平的技能上，但别教那些比她当前水平高几个月乃至几年的东西，那样孩子可能会觉得很挫败。

这一规则同样也适用于你跟孩子说话时采用的词汇。如果她说"果汁"，你可以说"还要果汁"或"好吃的果汁"、"红色的果汁"。如果她会说"更多果汁"，你可以说"你想要更多果汁，快拿去"。你用的语言应比孩子当前的语言表达水平略高一些。

10. 别太快让孩子独立

鼓励孩子依赖你，这看起来可能有点奇怪。但是，当孩子学习社交互动的速度很慢时，我们希望给他们尽可能多的练习机会。如果孩子很早就独立，那么我们每天的生活就会容易一些——孩子自己玩，不会总是要这要那，不需要成人太多关注——但这并不一定是好事。当孩子需要成人来得到食物和衣物时，当孩子需要愉悦感时，帮助孩子享受与成人在一起的愉悦，增加对成人的关注，这对孩子有好处。因此，如果有可能，跟孩子玩一些需要成人帮助才能玩的玩具，如吹气球和吹泡泡，堆或推倒积木。拿走那些孩子一个人就能玩的玩具，如可以旋转和点亮的玩具。通过将玩具和零食放在孩子不能自己打开的透明储藏盒中或他够不到的地方，促使孩子用他会的方式请求帮助。如果孩子会一点词汇，那么你可以通过示范（"要帮忙吗？"）来提示孩子发出请求，或者可以稍稍地帮助他指点他想要的东西，你则处于他可以看见并能跟他发生眼神接触的地方，如果孩子指点了，你就帮他拿。

很多电子玩具是社交孤立的玩具。孩子可以从平板电脑（ipad）等设备上学到很多东西，你也需要时间给孩子做饭，但是，当你把孩子交给ipad的时候，孩子没法学习与人互动。学习与人互动是孩子发展中第一位的事情。

11. 让其他家庭成员也参与进来

如果家里有其他的成人（如父母中的另一人，其他亲人、保姆、亲近的好朋友等）或大一点的哥哥、姐姐能够与她一起玩这些游戏，这对孩子更加有益。这可以帮助孩子建立其他的亲近关系，学会运用你教授的技能和情感。和不同的人玩游戏，做常规活动可以帮助孩子泛化他所学到的技能；与不同的成人练习这些技能可以让孩子掌握得更灵活，运用得更多，并且运用到不同的场景中。在你没空的时候，其他成人或哥哥姐姐也可以跟孩子做这些有趣的活动，让孩子保持社交性。

如果你家或者亲戚家有和孩子一样大或差不多大的另一个孩子，那么让这样的孩子一起参与游戏，对你孩子的发展将非常有帮助。在同一时间，给这两个孩子一样的玩具，其目的在于：如果你的孩子会模仿他人，她就有了一个年龄相当的良好的模仿对象；如果你的孩子还不会模仿他人，你可以提示她模仿另一个孩子玩玩具的行为，当孩子能够模仿的时候就表扬她。在理想情况下，她会发现用新的方式玩玩具也非常有趣。有时候，对其他成人不感兴趣的孩子会对同龄孩子感兴趣。

12. 别忘了你刚学的行为教学规则

在教孩子让他对与你互动感兴趣时，别忘了用上我们在第2章讲到的那些行为教学规则。当孩子不和你玩游戏、不模仿你、不看你的动作时，应提示孩子去做——不必每次都这样做，但要常常这样做。比如说，如果你正在玩一个你俩都应该拍手的游戏，如唱歌，这时你可以轻轻抓住孩子的手帮助他拍手。如果孩子没有看你，不跟你进行眼神交流，你可以通过与他面对面地做，将孩子喜欢的东西凑近你的面部，以此提示孩子关注你，与你进行眼神交流。然后，等孩子做出你想要的行为时，不论他需不需要提示，都给予孩子热情的表扬、他喜欢的东西或他喜欢的活动，如挠痒痒，在你腿上骑大马，或是给他一小块好吃的。给予提示，立即奖励理想的行为，会让这些行为在以后更可能出现。

第4章

语言、眼神接触和想象力
重要的学习目标

在前两章，我们介绍了几个教授孩子新技能的一般策略。现在我们将讨论你希望孩子在生命早期学会的最重要的东西。在本章我们将介绍学习的六个重要目标。在第二部分，我们会介绍可以用于特定日常活动的教学游戏，我们也会进一步告诉你每个游戏的具体目标是什么。

成人是愉悦的，令人满足的，让人感到舒服的：社交交往

正如我们早前所说，你最想要儿童学会的事是：成人是重要的，令人满足的，可以与之快乐互动的。你能够分辨孩子是否跟成人建立了联结，因为当建立联结之后，孩子会寻找成人，见到成人之后会微笑，当开心的时候会走向成人或靠近成人。而且，当孩子受到惊吓，感到伤心，觉得饥饿，受到伤害时，他知道他生活中那个重要的成人会让他感觉好起来，所以他会觉得成人是令人满足的，令人快乐的，当不开心的时候想和他们待在一起。当孩子觉得跟成人建立了联结，对成人感兴趣的时候，他们会希望那个对他们而言非常特别的成人给予他们关注，关注他们在做的事。孩子享受给成人展示东西，期待成人的反应。当成人和孩子相互看着对方，

我们说他们俩有眼神接触。眼神接触是参与社交非常重要的一个部分，我们将它作为一个独立的教学目标，在之后会具体讨论。

要弄清应学些什么，我们先来做个两分法：

（1）他们要学习物是如何运作的。孩子必须学会这一点：当他们把握在手中的东西放开后，东西会掉到地上。如果东西是玻璃做的，会碎掉；如果是布做的，不会碎。如果你把东西藏在毯子下面，然后把毯子拿开，东西还在那里。绝大多数孩子会对物品给予关注，关注这些物品是如何运作的。在学习这类知识时不会遇到太多困难，尽管有些孩子可能学得慢一些。

（2）他们要学习人是如何运作的。这部分也非常重要。孩子要知道：其他人跟他们一样——有感情，会思考，会记忆，他们会基于情感和需求而有所行动。孩子必须通过倾听他人学会理解和使用语言。他还需要学习站在他人的角度看问题。比如说，如果他知道妹妹饿了，当妈妈把饼干放在桌子上时，他应该能预料到妹妹会把饼干拿走并吃掉。

如果孩子对物感兴趣，但对人不感兴趣，那么他可能不会主动学习第二类知识，或者说学得非常慢，学得不好。对3岁以下的儿童和还不具备这类技能的大一些的儿童而言，学会对你以及他人进行关注非常重要。唯有这样他才能学会人是如何运作的，学会享受和人在一起。因此，你应该集中精力让孩子享受和你在一起的时光，对你予以关注，倾听你说话，即使他还听不懂你在说什么。做到这一点，你可以强化（奖励）孩子关注你、与你沟通的行为，调整你跟孩子说话的语言和非言语沟通，以便孩子理解你要沟通的内容，由此让自己成为快乐和舒适的源泉。如果你的孩子总是沉浸在自己的思维和活动中，或者总是反反复复做一些奇怪的事，不太对他人给予关注，那么不论什么时候都请你温柔地获取他的注意。让自己处于孩子能看到的地方，陪伴他，逗他开心，用能够取悦他的方式来获取他的注意力。这可以强化他对你进行关注，做你要求的事，发起与你的沟通。

他越是能关注你,情况就越乐观。但以下这一点非常重要:不要通过朝孩子大喊大叫或逼迫他做不喜欢的事来获得他的关注,因为你希望他学会的是——有成人在身边是件快乐的事。你不会希望他是因为害怕才对你给予关注。与此同时,在你进行诸如穿衣、喂食、洗澡、游戏等日常活动时,你可以教他一些新的技能,但不必太过兴奋,以一种温柔、渐进的方式来教授。**这一阶段孩子最重要的学习任务是学会建立联结和沟通,这是让年幼的孩子学会对你所说的给予关注,对你的感受给予关注,让你知道他的感受,让你知道他需要什么。**

尽管本书的大多数理念和建议旨在通过日常活动教授孩子多种技能,但这类教学更为重要的一面是,增加孩子与他人积极互动的时间。出于这一考虑,教授孩子对人进行关注是一个好的着手点。

另一个与此相关的教学点是**激发孩子愉快的情感**。很多具有ASD发展危机以及其他发展障碍危机的孩子面部都不太表露太多愉悦的表情,特别是当他们与人互动的时候,他们看起来并不快乐和激动,甚至有些冷漠,虽然偶尔他们也会露出微笑。对一个不太表现出积极情感的孩子,尽可能通过做那些让他微笑甚至大笑的事来激发他多种积极的情感,这非常重要。你还希望他将快乐的情感体验与他生活中的重要他人联系起来。此外,具有ASD危机的孩子,甚至年龄大一些的孩子,有时候难以理解有关情感的语言,或者难以命名他们的情感,因此,另一个需要教的技能是帮助他们了解自己体验的是何种情感。一种方法就是模仿孩子的表情,并告知他这是何种情感。

眼神接触

眼神接触是社交互动中特别重要的部分。接下来我们将介绍一个让你能与孩子更频繁地进行眼神接触的方法:将眼神接触作为获得快乐的开关。比如:孩子坐在秋千上,这是她喜欢的活动,而你站在孩子的对面。

你抓住秋千，然后推开秋千，如此进行几次。几次之后，如果孩子没有看着你，你就抓住秋千不放，等待眼神接触。一旦孩子看向你，你就放开秋千，她会很开心。反复这样做，一旦她看向别处，你就抓住秋千不让它荡，如果孩子看向你，你就立刻让秋千再次荡起来。对其他玩具你也可以用这种方法，特别是那种孩子还不能一个人玩的玩具。吹泡泡，骑脚踏车，转陀螺等特别适合这个方法，音乐活动也适用这种方法。你可以用电子设备播放音乐或自己唱，如果孩子喜欢音乐，也看着你，那么就继续播放或者继续唱。如果孩子的眼睛移开了，那么暂停活动，直到孩子再次看向你，你再继续。如果你喜欢，也可以在继续的时候加上一两个词，用简单的语言突出重点，如"唱"、"走"或者"开始"，这样你可以与此同时教孩子一些语言，至少让孩子接触一些新的词汇。

你可以跪在地上，让自己的眼睛和孩子的眼睛处于同一水平（具体参见图4-1），这样孩子更容易看向你的眼睛。当你足够近的时候，即使孩子眼睛往上看也能看到你，因此你不必非常苛刻地要求眼睛对着眼睛。但也请注意，别离得太近，孩子可能会感到不舒服。

对回避眼神接触的孩子你还可以采用另一个技术，这一技术我们在第3章中提到过：将奖励物放在鼻子前，如图4-2所示。当孩子看向奖励物时，她很可能也会看向你的眼睛。一旦她跟你发生眼神接触，请马上表扬她看得好，并给予她奖励。不论采用何种方法，请你记住，将礼物放在眼睛附近也是一种提示。最终，你会希望孩子自然地跟你进行眼神接触，无须提示。因此，随着时间的推移，她自发的眼神接触多了，就把奖励物移开一些，试着通过呼唤孩子的名字而非利用奖励物，来提示儿童进行眼神接触。

用手握着奖励物，用整个手掌包住，别让孩子看见。等待孩子的眼神接触，然后惊喜地展示给孩子，告诉她："我有东西给你。"而且，你当然不必每次都给孩子奖励物或者表扬他。事实上，一旦她开始用眼神接触回应你，开始主动发起眼神接触，你最好用更自然的方式回应她——比如，告诉孩子她的眼睛很漂亮，跟她眨眨眼，或者给她一个大大的微笑。

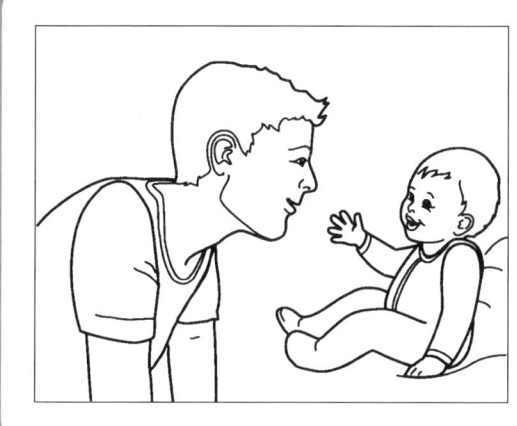

图4-1 当进行眼神接触时，低下身子，与你的孩子处于同一水平。

但是——有件事你必须牢记：我们并不是在暗示孩子应该总是看着你，那样其实很不自然。孩子到底该多大程度上看你呢？你可以观察其他婴幼儿与父母的互动，看看他们相互看向对方的频率如何，特别是父母和他们玩耍时，或者参与诸如就餐和换尿布等活动时，婴幼儿看父母的频率。

学步儿童通过在父母和她感兴趣的物品之间转换注视来分享经验，这一点特别重要。这有时被称为共同注意或分享注意。当幼儿或学步儿

图4-2 通过将孩子喜欢的奖励物放在鼻子前来鼓励孩子进行眼神接触。

童和照料者一起读故事时，你会发现她在图画书和照料者面部之间不断切换注视点。当你看到学步儿童跟着父母在逛超市时，或者去一个陌生而令人感兴趣的地方时，如公园或海滩，你应该能看到这样的分享注意常常出现。

如果你孩子的眼神接触不那么好，你可以将本书中介绍的活动作为开启孩子快乐的开关，借此增加孩子的眼神接触。（在第二部分，我们明确指出了哪些活动特别适宜于此。）当孩子看了你一眼又转头看向其他地方时，让此刻的快乐活动继续一会儿，不必停下活动要求孩子看着你。当你觉得在这个活动下孩子注视你是很自然的事，而孩子却没有注视你时，请先停止活动，让自己站在孩子面前，待孩子和你眼神接触后再开始活动。

其实很难准确确定眼神接触到底应该持续几秒，需要隔几秒再次进行眼神接触，因为每个活动对眼神接触的要求不同，也取决于活动环境中其他吸引孩子兴趣的事物数量。比如，如果你们面对面坐着，你在给她喂饭，跟她讲话，周围没什么其他吸引她注意的事物，那么孩子在吞咽和咀嚼的时候差不多会有3～8秒的时间连续看着你，这之后孩子会看看碗，看着喂向她嘴巴的那个勺子，然后再继续跟你进行眼神接触。另一方面，如果孩子已经吃饱了，特别是有另一个人在场的时候，或者宠物狗或猫在一旁的时候，那么孩子会将注意力分给其他她感兴趣的东西，这时孩子跟你的眼神接触会比你一开始喂她的时候少得多。

如果你们去到一个新的地方或者令孩子特别兴奋的地方——比如，动物园或者玩具店——孩子对她看到的东西十分感兴趣，那么你应该期待她会时常回过头来看你，跟你有个短暂的眼神接触，跟你分享一个大大的微笑，或者看看你在看哪儿，但是孩子看向新东西的时间会比跟你眼神接触的时间多得多。

我们仍然需要再次强调眼神接触在婴幼儿发展中的重要作用。尽管我们不希望你逼迫孩子一直跟你进行眼神接触，但是在确保她跟你一起玩，而你感到在当前活动中互动是自然的前提下，我们确实希望你能鼓励孩子经常跟你有眼神接触，并延长跟你眼神接触的时间。

非言语沟通

当然，我们每天都会利用常规活动来帮助孩子发展简单的沟通技能，比如，请求做完某个活动，请求继续某个活动，索要某个玩具或零食，在两个事物中做出选择等。当孩子还没有简单词汇或手势来表示请求时，他们会抽泣或者大哭。让他们了解跟照料他们的成人沟通是达到目的的有效且简便的方法，这一点很重要。这对那些没有语言或学习语言经历着巨大困难的孩子来说尤为重要。有些人可能会将语言这一概念与沟通混淆起来，这是因为绝大多数人用语言进行沟通。然而，那些还不理解词汇的孩子，那些不能说出词语的孩子，仍然可以通过眼神接触和手势来跟人进行沟通，比如指点，摇头表示不，点头表示是，微笑表示开心，皱眉表示不喜欢，或者用手势语，把手臂举起来，手掌朝向自己，通过转动手腕把手掌朝外来表示"做完了"（见图4-3）。

只利用眼神接触、面部表情和手势的信息沟通常常被称为"非言语沟通"。尽管词汇非常管用，但它们在这类沟通中并非必要的。

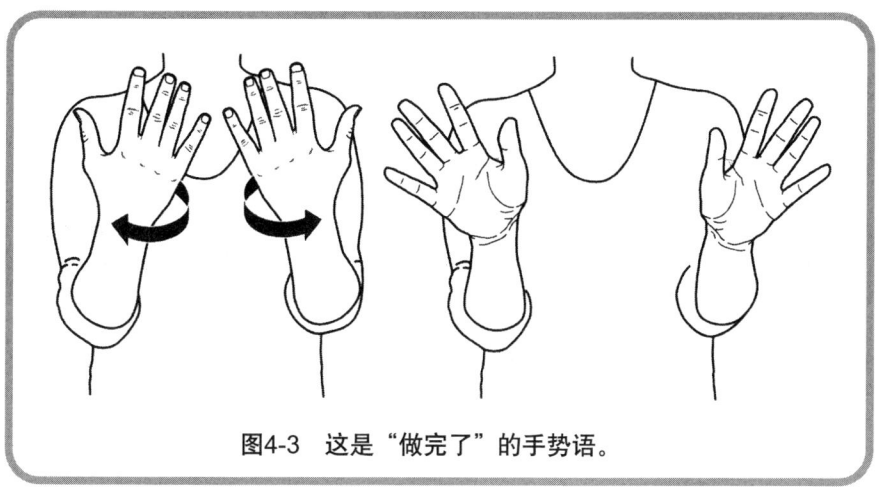

图4-3 这是"做完了"的手势语。

语言

除了教授基本的非言语沟通之外，每天当你跟孩子在一起时，你还有很多机会用有趣的方式教授孩子语言。当说到教授语言的时候，我们指的是说出语言和理解语言两个方面。我们将会为你提供很多这两方面的意见，当孩子听别人说话的时候，我们会建议你如何教孩子理解语言，接着为你如何教孩子自己说出这些语言提供建议。

非常年幼的孩子喜欢重复，在重复之下也能学得更好，因此，你可能需要列出你应当着手的简单词汇列表（不需要很多——可能一开始就是5～10个单词），并在一天中寻找机会使用它们。你可以查阅第17章中的词汇和短语，希望它们能给你灵感。这并不是说一天中你不需要很多其他词汇，我们建议你选择5～10个词汇牢记在心，将这些词作为你教学的重点内容，这样你就会有意识地寻找机会帮助孩子学习这些词汇。在本书的第二部分，我们将举大量的例子来说明这一点。描述孩子正在做的事情是一种帮助孩子学习语言的好方法，比如你可以说："你正在吃，嗯，在吃饼干！"但是正如模仿孩子的行为一样，只有孩子注意到你的时候，这才会有效果。如果他根本没注意到你正在评论他做的事情，那么他不可能学到语言，可能他学到的是忽略你。**因此，确保自己引起了孩子的注意，让自己靠近孩子，这样他更容易注意到你，但是也别说太多！** 别过度重复，这样孩子更可能忽略你。相反，试着只说一遍，确保在你对他说话之前，你引发了孩子对你的关注。做到这一点的最好方法是，确定孩子看着你，如果没有，那么先让孩子跟你进行眼神接触，然后再说话。如果你要求孩子做某件事情，比如只说一次"到这儿来"。如果在3～5秒内孩子还没有反应，给孩子一些提示，即使孩子需要你的帮助才能完成，你也要表扬他。

通常，成人跟孩子讲话时会用抑扬顿挫的夸张语调（你可以用"上上上，下下下"来练习这个）。这些夸张的语调可以帮助你吸引孩子的注意，所以，别犹豫，大胆用起来，尽管刚开始的时候你会觉得这样做有点傻。如果你的孩子大一点了，但还不怎么会说话，这种夸张的语调仍然可以帮助他学习语言。年幼的孩子也喜欢简单的旋律，喜欢反复听这些旋律，所以别犹豫，给孩子唱一些你认为傻傻的歌，说一些呆呆的儿歌。如果你愿意，还可以自编一些。这是一种向孩子介绍简单语言的绝好方法。

还记得我们说过可以将眼神接触作为快乐游戏的开关吗？你也可以用语言和手势来这样做。如果你认为孩子已经为学习说简单词汇做好了准备，那么当孩子说出那个词时，你可以立即奖励孩子他要求的事物。这可以向孩子展示语言的力量。比如，你的孩子喜欢挠痒痒，你可以说："我来挠痒痒了，挠痒了，挠痒！"紧接着就开始挠痒的活动。每次说到"挠痒"这个词的时候，你的手指就做出挠痒的动作，每说一次挠痒，手就靠近孩子一些，每次都说得更大声一些，并暂停一小会儿，当第三次说"挠痒"的时候，你才真正给孩子挠痒。让活动尽可能充满欢乐和紧张感。当孩子对这个活动的程序熟悉之后，你可能会看到孩子在你说第三个"挠痒"之前会对你特别关注。当你看到他这么做的时候，试着停下来，充满期待地看着他，看看孩子是否会自己把这个词说出来。如果他说出来了，给他好好挠挠痒！如果他没有，你可以提示他"说'挠痒'"，或者只帮助他发出第一个音"n"。因为语言很难提示，如果孩子不能跟随你的提示，那就暂停一会儿，然后再来一次，继续像你先前那样做，自己说三遍"挠痒"，然后给他挠痒。让这个活动充满欢乐，时不时地试一试，在说第三个"挠痒"之前暂停一下，看看孩子会不会自己把词填进来。如果孩子还没有准备好说词语，那么还是要奖励孩子试图和你沟通的非言语行为。比如，在你说完第二个"挠痒"之后，他可能会靠近你或者把手伸向你，这就表明他在参与，对接下来要发生的事情感到很兴奋。不论哪种方式，你都是在教他与你互动是快乐的，这也是最重要的一点。

模仿

模仿是一项绝佳的基础技能。如果孩子能够模仿你的动作,那么他学习装扮游戏,学习词汇,学习挥手,自己吃饭,自己穿衣,拼图或扔球等都会容易一些。在一天当中,你可以向孩子展示简单的动作,如在给孩子穿衣服的时候,你举起双手向孩子示范该怎么做(见图4-4)。当你准备给孩子穿上衬衣时,将自己的双手举起,用愉快的语调说:"举手!"如果孩子模仿你,给他大大的表扬,在他肚子上吹一口气,或者做一些他喜欢的事情,然后再给他穿上衬衣。如果孩子没有试着模仿你,那么轻轻握住她的手,将她的手举起来。接着跟孩子自己完成这个动作一样地表扬她。在给孩子穿上衬衣之前,再试几次。如果每次给孩子穿衣服和脱衣服的时候,你都这样做,那么过不了多久,孩子在你举手的时候就会模仿你。

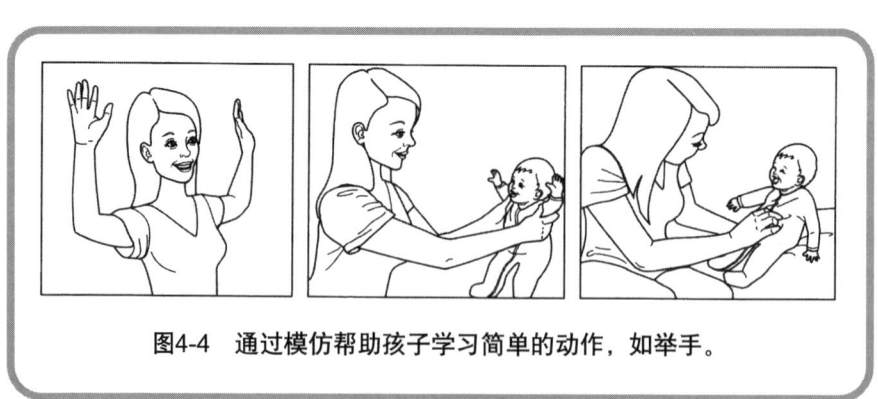

图4-4 通过模仿帮助孩子学习简单的动作,如举手。

假装游戏

另一个需要重点去学习的事是帮助孩子理解和享受假装游戏。你可以通过示范简单的装扮行为来做到这一点,如用一个孩子可以看见的空杯子假装喝水;或是在就餐或点心时间,假装给洋娃娃或毛绒动物玩具喂饭；又或者在入睡之前，你可以将孩子的某个洋娃娃或者毛绒动物放到床上，亲亲这个玩具，祝它晚安！当你这么做的时候，你要确保这些假装游戏对孩子来说很愉悦，确保你和孩子都很享受玩假装游戏。

接下来介绍另一个向孩子介绍假装游戏的方式。如果某些事情能够激起孩子强烈的情感反应，不论是积极情感还是消极情感，用洋娃娃"立即重演"这个事件，帮助孩子理解刚才发生了什么，帮助他理解"假装"这一概念。比如，如果他摔倒了，撞到了膝盖，哇哇大哭，在他膝盖好一点之后，你可以用洋娃娃将这一幕演出来，让洋娃娃摔倒和哭泣，你亲一下洋娃娃受伤的地方，帮助孩子也亲亲洋娃娃受伤的地方，给娃娃贴个创可贴，然后说："他感觉好多了。"如果妈妈滑到了，眼镜也掉了下来，你俩因此哈哈大笑，你们可以随后用娃娃或毛绒动物玩具重演这一幕。利用孩子的强烈情感反应可以帮助他更快地学习假装游戏。

我们在第二部分的日常活动和游戏中标出了每个活动和游戏的目标领域，这些目标领域包括之前在本章中介绍的社会交往、眼神接触、非言语沟通、语言、模仿和假装游戏，一些活动的目标还涉及"思维"技能，如相似的东西可以归为一类或当某个东西看不到时也仍然存在。在一些地方我们还将列出"行为"，它指的是帮助孩子在某些情境下与你合作，诸如配合个人清洁或逛超市时待在成人附近。第三部分是有关一岁以内的孩子活动的章节，学习的目标列在每一章的开头，比如，对于头3个月的孩子，你希望孩子明确他是安全的、是被爱的、应该被予以重点关注的。

你可以一边读这些活动，一边找机会将这些活动融入你的生活，也请你记住这只是我们的建议。你可以修改活动，用于生活中的其他活动，别犹豫，你还可以编写你自己的游戏和活动。你是理清孩子准备学什么、喜欢哪个活动的最好人选。

第二部分

为危机学步儿童设计的游戏和活动

第 5 章
起床和入睡

起床和入睡是每天都要发生的事情,对大多数学步儿童来说,每天至少要发生两次,这也给了你进行以下活动的机会。孩子睡眼惺忪或者昏昏欲睡准备睡觉时,他们一般会感到很舒服,很安静。但是——有些孩子,在这种时候也会变得非常烦躁,如果这样的话,请你根据孩子的心境变化调整自己所提供的刺激,确保刺激是让人舒服的,你对孩子提出的要求是简单的。

 1. 早上好,艾摩! 　　　　　　　　　　　　　　　　　　　**语言**

早上起床或午睡起床时有大量的时间重复练习语言。当你把孩子从床上或摇篮里抱出来时,你可以抱着他在房间里走走,停在他最喜欢的毛绒动物、洋娃娃、公仔、家人照片前跟它们打招呼,跟它们每一个都说一声"早上好"。比如,你可以说:"早上好,艾摩,早上好,泰迪,早上好,汪汪,早上好,奶奶(如果你有她的照片),早上好,爷爷。"如果你在每天早晨起床或午睡起床时都这样做,孩子就会对这个常规活动越来越熟悉。你可以尝试一下"末尾填空"程序(见第 3 章),看看孩子能否自己把它们的名字说出来。比如,起床后,你可以抱着孩子走到奶奶的照片前,说:"早上好,＿＿＿＿。"然后停下来,用期待的眼神看着他,看他是否能说出"奶奶",如果他做到了,为他欢呼,抱紧他,给他一个他最喜欢的表情。如果孩子没有说出那个词,你可以试着这样提示他,"早上好,(暂停一两秒)na……"看看他能不能说出来。如果他做到了,大力表扬他,抱紧他或给他挠痒痒,或者其他你认为他会喜欢的事。如果你觉得"奶奶"这个音对孩子来说太难,想一个你认为孩子可以发出来的音,如 nana 或 nini。如果你认为孩子可能已经会说其他的词,如"teddy"和"狗狗",那么可以先试试那些词。如果他还不会填入词汇或声音,这也没关系。重要的是,让孩子不断听到这些词,继续问"早上好"的活动,让孩子接触这些语言。

一条关于起床的建议

一些孩子在刚起床的几分钟会非常迷糊和混沌,他们需要花上几分钟才能完全清醒过来。如果你的孩子饿了,给他用奶瓶喝一些牛奶或果汁,这样他就不会因为感到不舒服而不关注你。如果他很烦躁,试着安抚他,帮助他安静下来。你可以抱着他在房间里走,进行你的常规活动——问好,但别在他还没清醒过来时就急着进行这个活动。确切的活动时间取决于孩子的习惯,但你可以作如下尝试:将睡着的孩子从摇篮里抱起来,让孩子在你大腿上坐一会儿,当孩子醒过来时,如果孩子饿,给他一瓶奶或者果汁,然后抱着他在房间里走走,进行打招呼的常规活动。第一次完全由你来打招呼,第二次孩子更清醒些了,那么将名字省掉,让孩子来填空。

 2. 爸爸,晚安——晚安!　　　　　　　　语言/社会交往

晚安时间(或是午睡之前)也是一个进行语言重复练习的好机会,能帮助孩子更了解家中重要的人。该活动的目标是帮助孩子学会在睡前跟家中任何一个人、最喜欢的玩偶道晚安,飞一个晚安吻或给个晚安拥抱,练习在睡前听或说他们的名字。跟起床类似,在入睡前建立一个道晚安的常规活动。比如,你可以抱着她走到每一个家人面前说:"亲亲爸爸,晚

安,爸爸!亲亲哥哥,晚安,哥哥!"(当然,在这种情况下你可以直接用哥哥的名字。)如果你认为孩子已经准备好了,就试着采用填空程序,看看孩子是否能把名字填进来。

当你说"亲亲爸爸"时,你可以让她身体微微往前倾,这样她就可以靠近爸爸,给他一个吻。爸爸这时候应该也回她一个吻,给她一个轻轻的拥抱。提示孩子如何亲吻很难,但是爸爸的亲吻可以提供示范,你可以通过将孩子的手臂轻轻举起环绕在父亲身上,温柔地提示她给爸爸一个拥抱。当你抱着她走向她的小床去睡觉的时候,继续带着她在她的卧室里转一圈,跟洋娃娃、毛绒动物或者照片道晚安。在卧室里走动时,停在孩子最喜欢的玩具前,让孩子给它们一个吻,抱抱它们,说:"泰迪熊,晚安"。她也可以拿一些玩具到床上陪她睡觉。如果这时孩子已经很累了,感到不安或者焦躁,那么就把这个活动的时间缩短,试着以对她有用的方式安慰她——唱一首她喜欢的儿歌、摇篮曲,抱着她,给她读最喜欢的故事。当你给她唱歌或读故事的时候,让她和她喜欢的玩具一起躺在床上。

 3. 起来,起来,走喽!　　　　　　语言 / 非言语沟通 /
　　　　　　　　　　　　　　　　　　　社会交往 / 眼神接触

早上起床以及小睡之后起床的那段时间是练习"起来"这个词的好时机。当你走进卧室,看到孩子站在他的小床上,请给他一个热情、明媚的笑脸,告诉他你见到他是多么高兴。然后,你可以伸出双手,以一种愉快的带着疑问的上升语调说:"起来?!"如果孩子没有伸出双手,轻轻地给他一个身体辅助,把他的双手举起来,这个姿势的意思是"抱起来"或者"我要起来"。立即把孩子抱起来,给他一个热情的拥抱。抱起孩子是一种自然强化,因为你给予孩子的正是他所想要的。确保你在把孩子抱出小床的时候,孩子跟你有眼神接触,哪怕接触时间很短。为了让孩子跟你有眼神接触,你应该跟孩子面对面站着,这样他看你会比较容易。在你抱孩子时，如果孩子没有看你，你就把自己挪到他看的方向再抱他。在孩子早上起床和午睡后起床时，常常这样做。过不了多久，当他想要从小床里出来的时候，就会伸出双手看着你。

在其他空余时间，你也可以用类似的方法。假设孩子喜欢你把他抱起来在空中荡。为了教孩子理解"起来"这个词的意思，你可以用愉快的疑问的语调说："起来！"然后立即用身体提示将他的双臂举起来，意思是"抱我起来"，"我要起来"。接着立刻把孩子抱起来，荡在空中，强化他想要起来的要求（即使他需要提示才能做到）。照这样做几次，当第三次或第四次的时候，就像你之前一样问："起来？！"这时，你不用身体辅助他做出想要起来的动作，而是等上一会儿，充满期待地看着他。如果孩子举起了手臂，哪怕只是一点点，你就立马把他抱起来，把他荡在空中转一圈，可以这样说："起来，起来，走喽！"以这种方式，孩子"起来"的动作变成了开启快乐的开关。如果孩子没有举起手臂，那么就再次给予提示，轻轻地帮助他举起手臂，继续像之前那样做，反复几次。你也可以试着慢慢撤销你的提示。比如，你可以试着把手伸向孩子，做出仿佛就要抱起他的动作，看看孩子是否会举起手臂。如果他举起来了，那真是太棒了！立刻把他抱起来，如果孩子喜欢，抱着他在空中转一圈。如果没有，那么就回过头给予身体辅助，时不时地延迟给予辅助的时间，直到你发现孩子开始自己举起手臂。如果你每天这样做，坚持几天，你会发现孩子很快就学会在你说"起来？！想要起来？！"或者"你想要起来？！"时举起手臂。

如果他能够模仿声音或者词汇，你也可以试着让孩子在你准备抱他起来的时候说"起来"这个词。简单地把手臂伸向孩子，就好像你打算抱他起来，说："说'起来'。"当你这么做的时候，你应该把重点放在"起来"上。你可以把"说"读得又快又轻，简短停顿，然后用夸张的嘴巴动作说"起来"，要慢，要清楚，要大声。注意：在"说"和"起来"之间有一个明显的响度区别。这很有可能会帮助孩子理解当你说"说"某个词的时候，你是想让他重复说后面的那个词。

4. 毯子游戏　　　　　　　　　　　　　　　**社会交往 / 语言**

　　另一个孩子非常喜欢的活动是"驾驶毯子"。你可以这样玩：在地上放一条毯子，让孩子坐在毯子上面，你拉着毯子，这样孩子就可以开着毯子在房间里走。你要把毯子拉得慢一些，以免孩子摔下来。如果孩子喜欢，可以微微加速，但要以孩子喜欢的速度行驶。过段时间就停下来，提示他说"走"。你可以用几种不同的方法来做——在你开始拉毯子的时候，你可以说："走？"或者提示她第一个音"Z"，或者说："准备！出发！走！"最终过渡到填空程序，看看孩子能不能自己说出"走"。一旦孩子熟悉了"准备！出发！走！"这个常规，你可以只提示"准备……出发……"，然后停顿，看看孩子能否把"走"这个词填进来。如果她什么也没有说，在你拉她前进之前，你可以要求她做一个走的手势。如果孩子可以模仿你做出以下"走"的手势——将双手食指竖起，然后往下指，就好像双手指着前方的动作（见图5-1）。

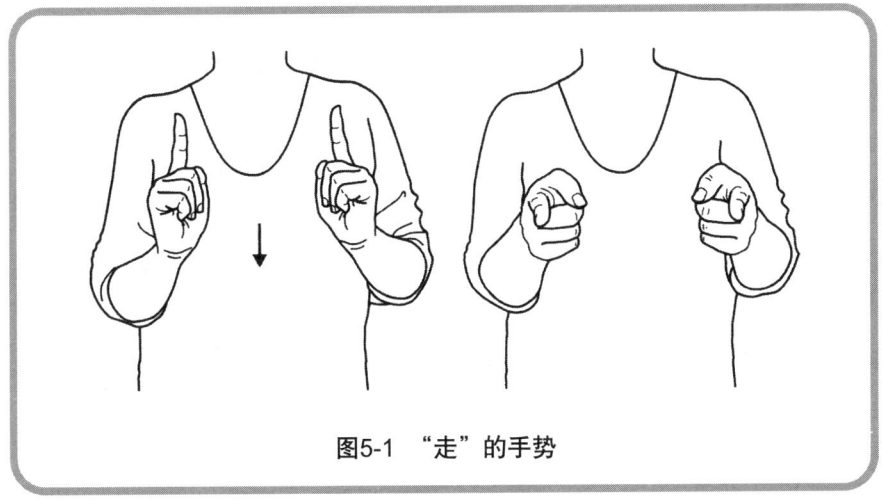

图5-1　"走"的手势

如果孩子完成这个手势有困难,你可以自己创造一个代表"走"的手势,比如用一个手指,或者把拳头举过头顶,无论什么都可以。不论在何种情况下,只要孩子试图跟你沟通"走"这个词,你就应该立即拉着毯子带她走一会儿,然后再停下,说"准备……出发……"或者"准备……出发……Z",看看她会不会做出走的手势或者说出"走"或"Z"这个音。如果她这么做了,你要表现得很兴奋,当你拉着毯子往前的时候可以这样跟孩子说:"走,你说了走。"如果她没有说"走",停顿几秒,自己填入"走",然后拉着她。如果你在入睡时间做这个活动,那么随后应该做一些放松的安静的常规活动,如读故事书或者唱儿歌,那样她不会因为太兴奋而不愿意睡觉。

5. 让我们走得快。让我们走得慢。　语言 / 非言语沟通

一旦孩子开始说:"Z"或者"走",你就可以开始增加"快"和"慢"的教学。拉着他慢慢走,说"慢……慢",一定要慢慢说出"man"这个词,慢慢地,平静地,然后将毯子加速,一边加速一边说:"现在我们变快了!"(只以他喜欢的快速度前进。)用兴奋的语调快速地说"快!"。在说这两个词的时候语音和语调要有所区别,突出两个概念之间的区别。你可以用填空程序,说"我们慢了",然后加速说"我们……",看看孩子能否说出"快"。你也可以说:"你想要快还是慢?"让孩子来做出选择。如果孩子什么都没说,你可以再问问:"你想要快么?"如果孩子看着你,或者扭动身体,或者点头,或者以其他方式表示想要,你就说:"好,快!"快速拉着他前进。再一次提醒,走得快是刚才孩子请求的自然强化物。这也可以运用在其他活动中。比如,当出去散步的时候,你可以拉着孩子的手说"快",然后开始快快地跑,接着说"慢",慢慢地走。当你背着孩子的时候,你也可以这么做,说"慢"就慢慢走,说"快"就跑起来。

6. 关灯！　　　　　　　　　　　　　　　　　　　语言

在睡觉之前，通过走到各个房间去关灯，你可以教孩子"亮"和"暗"的概念，也可以教不同房间的名称。当你和孩子一起走进某个房间，如果灯没亮，先把灯打开，说："现在亮了"。当你们离开房间的时候，把灯关掉，说"现在暗了——晚安，浴室"，或"现在暗了——晚安，客厅"，等等。当然，当孩子对这些晚间常规活动越来越熟悉的时候，你可以在不同的点作暂停，看看她能否补充完整，如果孩子能够用正确的词补充完整，或是试着说出这些词，那么就要积极鼓励。你可以说："厨房，对啦！这就是厨房！晚安，厨房。"如果你的孩子已经开始要说这些词，但还不能很好地说出来，你可以给她一些提示，如"晚安，……"，如果她还是没有正确地回应，你替她补充完整："晚安，厨房。"如果她做到了，你当然要热烈地表扬她，给她一个紧紧的拥抱，或者挠挠痒，或者其他她喜欢的事。

 ## 7. 睡前故事　　　　　　　　　　　　　　　　语言 / 社会交往

每天睡前读睡前故事对孩子而言是一个极佳的常规活动。大多数书也可以用做午睡故事。这一活动有很多的积极意义，但最为重要的是，当你抱着孩子一起读他最喜欢的故事时，如果孩子享受这样的时光，这可以帮助他向往睡觉或午睡，而不是总想推迟，而且他可能在平静和安全中入睡。

对那些语言学习有困难的孩子而言，选择一些语言重复的故事书更适于教他们新的语言。比尔·马丁和埃里克·卡尔写的《棕熊，棕熊》和玛格丽特·怀兹·布朗写的《晚安，月亮》是两本非常经典的含有重复性语言的故事书。还有很多其他的书，比如有关数数或字母表的书，桑德拉·博因顿的书。如果你反复给孩子读3~4本故事书，孩子也很喜欢，那么你可以指着某个图片，在你说那些词语之前先暂停一下，看看孩子能否自己把这些词语补充完整。如果你觉得孩子需要一些帮助才能说出这些词语，你可以试着提示词语的第一个音，如"晚安，月……"或"棕……"当你发音的时候，也要让孩子看着你的脸，特别是当孩子会模仿动作之后。

当你读完《晚安，月亮》之后，你可以继续1～2分钟，打开手电筒，关掉一些灯光，一边用手电筒照在房间的不同地方，一边说："晚安，小床，晚安，故事书。"孩子会很乐意拿电筒照他想要道晚安的东西，或者照那些你道晚安的器具。

在你开始读故事之前，拿2～3本故事书在孩子面前，看看你的孩子是否会伸手去拿其中一本。如果他这么做了，就说："哦！你选了《晚安，月亮》！太棒了！"对9个月以上的孩子，当孩子伸手拿书的时候，你可能需要试着轻轻地将她的手指塑造成指点的动作。

 ## 8. 自制书本　　　　　　　　　　　　　　　语言

如果你的孩子喜欢书，试着为她独家定做几本自制书。你可以通过自制书本来帮助她认识自己，了解世界。这里有很多种可能。以下是一些采用我们刚才谈到的重复语言方法的例子。

食物名称

如果你打算教孩子他最喜欢的食物的名称，你可以给这些食物拍照（或者从网上下载并打印，或者干脆自己画一个），制作一本名为《宝宝吃什么？》的书。这本书每一张纸的正面印的都是孩子的照片，并写着"宝宝吃什么"。当然，你也可以用孩子的名字来替代宝宝二字，然后这一页的背面是孩子喜欢吃的某样食物，并写着"宝宝吃"加上该页食物的名称。比如，你的孩子叫麦吉，那么这本书上的文字可以是"麦吉吃什么？麦吉吃香蕉"，"麦吉吃什么？麦吉吃酸奶"，"麦吉吃什么？麦吉吃麦片"，"麦吉吃什么？麦吉吃冰淇淋"。"好吃！"你要做的就是准备一些A4白纸，将它们对折，把边对齐，这就是你的书了！

这本书将提供很多教授食物名称的机会，还有教授"吃"这个字以及孩子名字的机会。一旦孩子熟悉了这本书，你就可以试着在句子的不同地方暂停，看看孩子能否自己独立把句子补充完整。当你指点图片的时候，提示孩子第一个音，如果孩子没有说，那么你就自己补充完整。如果她尝试了，即使没有说对，你也要给予她积极的回应。比如你说："麦吉吃什么？麦吉吃……"（暂停一会儿，指指香蕉。）如果孩子说"香"或者"蕉"，你说："对啦，麦吉吃香蕉。"你这是在示范正确地说这个词，更重要的是，你用热烈的回应强化了孩子尝试说词语的行为。

衣物名称

你可以制作一本叫做《宝宝穿什么？》的书，来帮助孩子学习衣物的名称。这本书里可以有她穿着睡衣、泳衣、外套等的照片，也可以仅仅是衣物的照片，如果这样对孩子来说更简单的话。用相同的方式读这本书，偶尔暂停一下，看看她是不是会把缺失的词语补进来。

家庭成员的称谓

你还可以制作一本《谁爱宝宝？》的书，来帮助孩子学习家庭成员的称谓。一页上写着"谁爱宝宝？"，背面可以放上一张奶奶的照片，并配上文字"奶奶爱宝宝"。

动作词汇

如果你打算教孩子一些有关动作的词汇，你可以做一本《宝宝在干什么？》的书。书上有她吃饭、喝水、滑滑梯、荡秋千、睡觉、洗澡、读书等照片。

有关孩子的信息

你甚至可以制作一本《宝宝介绍》的书,书上是有关孩子的基本信息,如姓名、年龄、家庭成员,她喜欢的东西,等等。书上还可以添上其他很多内容,尽情发挥你的想象。

如果你的孩子不喜欢书本,一开始你可以尝试用互动式的书本(这类书本你可能只有去买了!),这种书上有折叠的内容,会有东西忽然跳出来,有声音按钮等。如果孩子有特别迷恋的人偶或东西,如鱼、火车,你也可以尝试有这些内容的书。你可以买,也可以用杂志上剪下来的图片,或者网上下载的图片来做这样的书籍。

不论怎么说,都要让入睡时间变得愉快和明朗。你总归是希望孩子能想着愉快的事入睡的!

 ## 9. 记住这一天:快乐的回忆　　　　语言 / 思维

当你坐在孩子床头准备哄他入睡的时候,你可以提醒他这一天中最特别的部分:"你今天去看了你朋友",或者"你今天从大滑梯上滑了下来",或者"爷爷奶奶今天来看你了"。如果你的手机带有拍照功能,你每天可以拍一些照片,在睡觉前给孩子看看,帮助他回忆这一天的快乐时光。请一定提醒孩子他跟爷爷奶奶在一起很开心,爷爷奶奶跟他在一起的时候也很开心。如果你有孩子微笑或者大笑的照片,或其他大人微笑或大笑的照片,一定拿给孩子看,告诉他:"奶奶很开心!"简单点——帮他回忆的事不超过3件。当入睡或晚睡时间到了,早晨起床的时光对孩子来说就有些遥远了。

10. 摇篮曲和晚安　　　　　社会交往 / 非言语沟通

在孩子睡前的最后时刻，给她唱首摇篮曲。音乐可以让入睡时间变得十分舒缓，特别是当你每晚都唱一样的歌曲时。你还可以用三幅不同的图片（见图5-2）来代表三首不同的摇篮曲，比如，你可以用星星来表示《小星星》，用摇篮来代表《摇到外婆桥》，用太阳来表示《你是我的阳光》。你指着代表对应歌曲的图片，然后唱那首歌。你可以把代表歌曲的图片放到床上，要求孩子做出选择并提出请求。你可以帮助他指点他想要听的歌曲图片或者把图片放到你手上，然后再唱那首歌。如果他点了某个图片，但你唱那首歌的时候孩子不喜欢，你就把图片再放回到床上，让他指点另一个图片，你再试着唱另一首歌。一旦孩子学会了图片和歌曲的对应关系，你就唱他点的那首歌，即使孩子已经对这首歌感到非常厌烦了。这样做是为了教孩子当他请求要某样东西时，你就会奖励他那样东西。

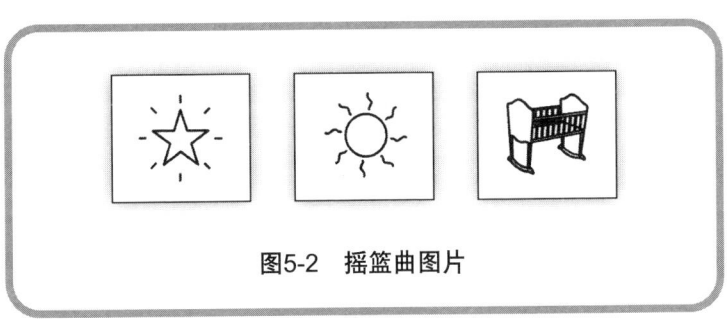

图5-2　摇篮曲图片

第6章

穿衣、脱衣和换尿布

穿衣、脱衣和换尿布这些常规活动在一天中会发生很多次,这也提供了教学和游戏的好机会。由于孩子每天都很有可能看到相同类型的衣物,这对他们学习语言(如袜子、鞋子)会非常有帮助,同时对学习客体的恒常性(当妈妈躲在我的衬衫后面时,妈妈还是在的)也非常有用。

 1. 你好——再见 语言 / 假装游戏 / 模仿

换尿布是重复练习某些语言的好机会。你可以帮助孩子理解,"你好"表明有个新来的人要进入这个环境,"再见"或者"bye-bye"表示一些人或物要离开。

跟孩子的衣服说"再见"和"你好"

当你把孩子尿湿的尿布换下来时,说:"再见,尿布!"说完便把这块尿布扔进垃圾桶或尿布桶里。当你把湿裤子放到洗衣机里时,说:"再见,湿裤子!"当你从抽屉里取出干裤子时,说:"你好,干裤子。"如果正好是换睡衣的时间,当把衣服脱掉放进洗衣篮里时,说:"再见,裤子!再见,衬衣!"为了让活动变得有趣一些,你可以让孩子把衣服扔进洗衣机里或把衣物悬在洗衣机桶上,说"再见,衬衣",然后"准备,开始",最后在真正放入衣服说"放开"之前暂停一下，制造悬念。当你把衣物从抽屉里拿出来的时候，说："你好，睡衣！"你甚至还可以做一些更无厘头的活动。当你和孩子都把手臂弯起来的时候，你说"你好，手臂"，然后当你们把手臂伸直的时候，或者把孩子手臂伸直的时候说："再见，手臂。""你好，膝盖！再见，膝盖！"也是可以经常玩的一个游戏。

跟毛绒动物或洋娃娃说"你好"和"再见"

在给泰迪熊或洋娃娃换尿布或换衣服时，你也可以用同样的语言。比如，你可以说："你好，泰迪！你要换尿布吗？"然后给泰迪熊换一个纸巾尿布，用点水弄湿尿布，说："泰迪熊需要换一块新尿布了，再见，湿尿布！"紧接着把尿布扔掉或让孩子把尿布扔进垃圾桶。在给小熊换上一块干的纸尿布时说："你好，干尿布！"如果孩子玩得很开心，你认为孩子也会享受自己独立给泰迪熊换尿布的过程，你就再用点水弄湿换上的尿布，可以这样说："你看，泰迪又尿湿了！"再次邀请孩子来换尿布和扔掉旧的尿布。如果孩子需要帮助，就帮助她。当然，如果孩子觉得这个活动不好玩，就试试其他的。如果她试着给泰迪换尿布，给予她所需要的帮助，给她大大的强化物（表扬，挠痒痒，吃的）。

对物品说"你好"和"再见"

当你拿出某个东西和扔掉某个东西时都可以强化这个概念。比如，当拿出纸巾的时候说："你好，纸巾！"当把纸巾扔掉时说："再见，纸巾！"当把果汁从冰箱里拿出来的时候，说："你好，果汁盒。"当扔掉的时候，说："再见，果汁盒。"如果孩子有魔法盒或者跳偶盒子，当盒子里面的人偶跳出来的时候跟他们说"你好"，当人偶退回到盒子里或者消失的时候说"再见"。一天结束之后在你清理玩具的时候，你可以跟玩具说再见。比如，当你把积木装回盒子里时，你可以跟每一块积木说："再见，积木！"

对他人说"你好"和"再见"

请记住在跟人互动时也要强化"你好"和"再见"的概念。因此,当爸爸或者奶奶出现的时候,郑重其事地说:"爸爸来了!你好,爸爸!""奶奶来了!你好,奶奶!"当他们离开的时候,类似的,"奶奶要开车走了!再见,奶奶。"如果你给孩子很多机会听"你好"和"再见",那么她学会这些概念会更容易些。

 2. 躲猫猫游戏　　　　　　眼神接触 / 社会交往 / 思维

躲猫猫游戏在任何时候都是练习眼神接触和社会交往的好游戏。如果你的孩子还在用尿布,你可以利用换尿布的时间来玩躲猫猫。很多孩子会觉得看一个人突然从某个东西后面蹦出来非常好玩,你呢,也希望孩子跟你在一起的时候可以尽情享受欢乐。当孩子平躺着准备换尿布的时候,你可以跟她玩躲猫猫。当你把新尿布从抽屉里拿出来时,你可以躲在尿布后面,把尿布举起来,遮住脸(如果孩子在扭动,你的另一只手要轻轻按住孩子),然后用疑问的语气问:"妈妈去哪儿了?"稍等一会儿,然后从尿布后面跳出来,说"妈妈在这儿呢!"或"我在这儿!"尝试从孩子前面蹦出来,这样她更容易看到你的脸和眼睛(但也别太近了,免得吓到她)。你可以这样反复几次,特别是当孩子很喜欢这样玩时。除非你的孩子特别不安分,那样的话,你只能全神贯注地给她换尿布了!(或者你也可以把这种不安分变成一个游戏,见活动4。)除了鼓励眼神接触之外,帮助孩子享受和你在一起的时光,或许你可以对孩子换尿布更宽容一些,躲猫猫的游戏可以帮助孩子理解某样东西虽然看不见了,但这个东西还是一直存在的。这一概念称为"客体永恒性"。

3. 黏的、湿的、开、关　　　　　　　　　　　　　　**语言**

试着挑选一些简单的词语教孩子，如"湿的"、"黏的"、"开"或"关"。在那些孩子能明确这些词汇含义的语境中运用这些词语，并让孩子听到。举例来说，让孩子摸摸尿布上的粘贴条，孩子一边摸，你一边说"黏黏的"，或者让孩子摸一段胶布，孩子一边摸你一边说"黏的"。当你在给孩子换尿布并说"湿"的时候，让她感受尿布的湿。在你换完尿布洗手之后，当手还湿的时候，碰一下孩子的手，说"湿的"。

大多数孩子都喜欢往垃圾桶里扔东西。当尿布被卷好准备扔到垃圾桶里时，指着尿布桶或垃圾桶说"开"，接着通过轻轻把着她的手提示她打开垃圾桶或尿布桶。一旦盖子打开了，你一边说"再见，尿布"，一边用身体辅助孩子拿起卷好的尿布，提示她扔到桶里。让你的孩子去打开垃圾桶，扔湿尿布，说"再见"，接着是"再见，尿布！"最后是"再见，湿尿布！"请记得用表扬或其他她喜欢的东西来鼓励孩子尝试参与活动的行为。

通过告诉孩子"关"垃圾桶或尿布桶的盖子来帮助她练习词语"关"。如果孩子还不会自己关，就通过让孩子接近盖子来提示她（即使孩子需要你的帮助才能做到，你还是应该表扬她或跟她大声地说"谢谢！"）。如果你把衣服从衣橱里都拿出来了，你也可以用类似的方法让孩子来帮忙把她能够到的抽屉关起来。（当心她的小手！）

如果孩子能够预测和理解所发生的事情，她会非常专注地看你做这些事情，最终，她会参与到这些常规活动中来。因此，试着每次换尿布的时候都重复这些常规活动或语言，这样孩子就会越来越理解你教她的语言。请记住，当你要求她做这些的时候，你要表扬她，甚至为她欢呼。

4. 尿布歌　　　　　　　　　　　　　　　　　　　　**语言 / 社会交往**

你可以给常规活动编一些儿歌，这不仅可以抓住孩子的注意力还能增添与你在一起的愉悦感。一首简单的歌可以是这样的，用《两只老虎》的旋律，自己配上歌词："宝宝尿布，宝宝尿布，是干的，是干的！一起扔掉旧的，一起扔掉旧的，说再见！"如果你让孩子把旧的尿布扔到垃圾桶或尿布桶里，那么这首歌可以在你把旧尿布递给孩子之前就唱出来，然后你辅助孩子扔尿布，最后在热烈表扬孩子的时候用到"开"这个字。你可以这样说："耶！你打开了！你真是个好帮手！"一些成人会觉得编、唱这样的儿歌很傻——别担心！孩子可不这么想，她觉得这样很有趣呢！

对那些老是在换尿布的时候动来动去的孩子，你可以尝试将其转变为一个游戏。比如：当孩子在扭动身体的时候，唱一首"尿布舞"的歌曲或者放1分钟音乐，你自己呢，跳一段这样傻傻的舞蹈，然后忽然"冻"住自己，静止1秒钟，如果孩子也停下来了，赶快给他换尿布。如果你的孩子觉得这很有趣，那么，很快尿布扭扭舞会变成一个1分钟左右的舞蹈派对，你们两个相互模仿对方的节奏，共同分享欢笑。

 5. 红衬衣还是蓝衬衣？　　　　　　　　　　　　**语言 / 非言语沟通**

让孩子有机会自己选择穿什么，可以达到以下几个目的：

- 让她在穿衣服的时候更合作，更愿意穿衣服。
- 可以帮助她学习衣物的名称和颜色，以及其他描述性的语言（如条纹、波点、软、长、短）。
- 帮助她学习发起请求。
- 你给孩子的选择越多，就越能帮助她发展自我概念。（我们都在一定程度上通过自己做出的选择来定义自己。"我喜欢穿紫色的，我喜欢游泳，我喜欢听乡村音乐……"）

你可以把两件衬衫放在她床上或者地板上，问："你想要穿蓝色的衬衣还是红色的衬衣？"根据她沟通技能的发展水平，她可以通过指点、指代、描述（红色的）来跟你表达她的选择。如果她没有做出选择，将两件衬衣靠得非常近，摆在她前面，看看她是否会伸手或者触摸其中的一件。不论她选择了哪件，不论她通过何种方式做出选择，你都要热情地回应她："你选了红色的！好的。我们就穿红色的。"请务必尊重她做出的选择，即使她选得不怎么符合你的审美。

6.给泰迪先生穿衣服　　假装/模仿

在起床之后给洋娃娃穿衣服

当孩子在早晨或午睡后醒来了，你帮他穿好衣服后，你也可以让他给洋娃娃或毛绒玩具穿一下衣服。很多衣物孩子很难给它们穿上，一开始尝试用那些容易穿脱的玩偶衣物。例如，你可以用那些在袖子上有松紧条的、背后有开口的衣物。宝宝的旧衣服有时也很适合给洋娃娃穿，因为它们的尺寸比洋娃娃的要大一些，面料也很柔软，容易操作。在你给孩子穿上衣物之后，你可以说："现在让我们一起给泰迪先生穿衣服吧！"把衬衣递给他，帮助他给泰迪熊穿上衣服，再让泰迪先生激动地跟他道谢。

让泰迪上床睡觉

你也可以将这个方法运用到上床睡觉的活动上。在你把孩子放到他的小床上之前说："该睡一会儿了。让我们把泰迪先生放到床上，让他睡一会儿吧！你看，他多困啊（替泰迪假装打哈欠）。让我们给他盖上毯子，给他唱一首歌吧！"帮助孩子做一些简单的动作，如给泰迪盖毯子，并表扬孩子："你真是个好妈妈/爸爸！你哄泰迪睡觉啦！"

用泰迪来教授模仿

你还可以练习模仿。拿出两个洋娃娃或毛绒动物,你可以展示如何给洋娃娃穿脱上衣或睡衣,哄动物玩具入睡,给它盖毯子。当你做这些的时候,帮助你的孩子用他的洋娃娃或毛绒玩具模仿其中一个或多个的行为。再次提醒,表扬孩子照顾泰迪或洋娃娃的行为。

 7. 穿袜子,脱袜子　　　　　　　　　社会交往 / 语言

试着将脱衣物变成一个教授孩子一些简单概念的游戏。比如,一些非常适合在脱衣物时教的词汇有,穿－脱,衣物名称,身体部位。因此,在你给孩子脱袜子之前说:"穿着袜子。"然后脱掉孩子的袜子,说:"现在,脱掉。哦,这是你的小脚——我喜欢你的小脚!"你还可以亲亲小脚或给小脚挠痒,让活动变得更有趣。在你脱掉孩子的衬衣之前,说:"穿着衬衣。"然后给孩子脱掉衬衣,说:"衬衣,脱掉!哦,这是你的小肚子——我喜欢你的小肚子!"然后亲亲肚子,挠挠肚子,给肚子吹气。你可以将这个方法运用到任何一件需要脱掉的衣物上。如果你的孩子开始说词语,在孩子熟悉该常规活动的流程之后,你可以在脱掉孩子的衬衣时说:"现在衬衣……"暂停一会儿,等她说"脱掉!"如果她没有说,你就替她补充完整:"衬衣脱掉!"

 8. 宝宝去哪儿了?　　　　　　　　社会交往 / 语言 / 思维

穿衣是一个教授身体各部位名称的好时机,同时也是教授当物品藏起来时该物品仍然存在这一概念的好时机。跟成人的简单互动可以令孩子很开心。当你给孩子换上新衣服时,玩一个躲藏游戏。比如,你可以说:"睡衣朝宝宝的头跑过来了!"接着,你把睡衣套在孩子头顶,孩子就看不

到你了,你说:"宝宝去哪里了?"然后给孩子套好睡衣,把头露出来,说:"他在这儿,我的宝贝!哦,手臂去哪儿了?它去哪儿了?"(你越是入戏,表现得越惊讶,越夸张越好。)然后你把孩子的手臂从睡衣袖子里拿出来,说:"在这儿呢!这是宝宝的手臂",等等。如果你的孩子在穿完衣服之后对这个游戏还是很感兴趣,那么你可以试着将这个游戏延伸——妈妈或者玩具熊躲在某个衣物或者毛巾后面。如果他接受了藏起来的要求,把自己的脸躲起来或遮住,你可以开始全身的躲藏游戏:"我的宝宝去哪里了?一分钟之前还在这儿!但现在哪儿也找不到他!他在窗帘后面吗?没有。他在小床下面吗?没有。他在抽屉里面吗?没有。哦,他在这儿呢,这是我的宝贝!"当你找到孩子的时候,你要表现得充满热情和欢乐,这样可以强化这个游戏,让游戏变得更欢乐。

 9. 拿裤子　　　　　　　　　　　　　　　　　　　语言 / 思维

将孩子的袜子放在床上或地板上。你站在离孩子几步远的地方,一边对孩子说"去,帮我把袜子拿来",或"拿袜子",或仅仅只说"袜子",一边伸出你的手。如果孩子拿了袜子并交给你,哪怕只拿了一只袜子也要表扬她,给她挠个痒或是抱着她转一圈——任何她喜欢的活动都可以。如果她不理解这个词语,那么就拿一张袜子的图片给她看,这样她就能通过匹配拿床上或地板上的袜子。试着用黑白线条的标准化图片。如果这个常规活动对孩子来说变得越来越简单,那么你就可以提升任务的难度,放一只袜子和另一件与袜子非常不同的衣物(比如,黄色的袜子和红色的毛衣),问问孩子,"你能找到匹配的吗"或"你能找到相同的吗"。随着孩子在这个活动上表现得越来越好,你可以慢慢增加有难度的选项,比如,一只跟你要求孩子拿的袜子相似的袜子。

采用孩子衣物的照片

如果孩子还不能将真实的袜子和黑白线条画的袜子匹配起来,试着用真实袜子的照片。必要时进行提示,比如,你把照片给孩子,帮她把照片放到对应的袜子上,说:"你看!这是一样的"或"这两者匹配"。你甚至可以将袜子放在她手上,帮助孩子将袜子递给你,你再热情地表扬她。请记住:一定要表扬和强化理想行为,即使孩子需要很多帮助才能做到,也要如此。

用穿衣拼图

你可以买到很多不同的穿衣拼图,如果你已经有了一个,可以拿掉那张对应孩子要穿的衣物的拼图。然后,在你给孩子穿上这件衣物之后,让孩子把对应的拼图拼上。比如,你给她穿上衬衣,然后把衬衣的拼图递给孩子,让她放好(如果她需要帮助,帮助她放好)。当孩子穿好衣服,拼图也就拼好了。

10. 妈妈的衬衣,宝宝的衬衣　　语言 / 模仿 / 思维

平铺一件你的衬衣、一件孩子的衬衣在床上、矮桌上或地板上。要求孩子挑出"妈妈的衬衣"或"宝宝的衬衣"。给予孩子充分的帮助,然后用能带给孩子快乐的方式奖励他——可以是将衬衣抛到空中,用衬衣包住孩子的脑袋后再扯掉衬衣,或者用衬衣包裹自己的脑袋再扯掉衬衣。即使孩子需要帮助才能捡起对应的衣物,也要表扬他。如果孩子喜欢在你表扬他的同时给他挠痒痒,那你就按他喜欢的来。在这个游戏中,良好的提示形式是指点那件你要他捡起来的衬衣。对一些孩子而言,需要你指得非常近,甚至用指尖触碰到那件衬衣才能帮到他。如果他有需要,你也可以握着他的手帮他挑出那件正确的衬衣。最小的提示是远远地指

点，程度较高的提示是近一些指点，最为强烈的辅助形式是手把手地教（见下框）。

> **手把手的帮助**
>
> 　　有时候当你给孩子手把手的帮助时，孩子会感到沮丧。如果发生了这样的情况，你就放手，尝试其他我们提到过的辅助形式，但也别放弃手把手的帮助，因为在有些情况下，这是唯一能够保证孩子成功完成某个技能的辅助形式，而你，也希望有较多机会能奖励孩子正确练习新技能的行为。慢慢地回到手把手的帮助，试着在孩子的手或手臂上给一个简短、温柔的触摸，帮助他选出正确的物品，在孩子变得沮丧之前松开你的手。非常缓慢地增加你手把手握着孩子手或手臂的时间，这一过程可能是几天、几周，甚至几个月。跟随孩子的引导，按照你的需求来放慢节奏，确保事情能积极发展。

　　你也可以尝试将正确的那件衬衣放得离孩子近一些，把另一件衣物放得远一些，因此孩子更容易（或更可能）做出正确的选择。不论在何种情况下，你都要逐渐消退你提供的辅助，这样孩子可以独立跟随你的指令。比如，你采用指点来提示孩子，消退辅助，你的指点可以越来越远，然后可以只是看着你想让他拿的那个衬衣的方向。最终，你需要将所有形式的帮助都撤销，这样孩子就可以在没有任何辅助或提示的情况下选出那件你要他拿的衬衣。

下一步："你的"和"我的"

　　如果孩子能够一直选对衬衣，试着教孩子用"你的"和"我的"来代替名字。你可以一边说"你的"，一边用手指点孩子来提示他，一边用手掌拍拍自己的胸脯，一边说"我的"。你也可以在给孩子涂润肤乳时，给自己也涂一点，用"轮到我"和"轮到你"。在给孩子洗脸，再给自己洗脸的时候也可以用"轮到你，轮到我"。

颜色和尺码

你可以教颜色["给我（暂停）蓝色的"]，也可以教尺码["给我（暂停）小的那个"]。

 11. 滑稽的穿衣　　　　　　　　　　　社会交往 / 思维

如果孩子知道不同的衣物要穿在对应的身体部位上（裤子穿腿上，袜子穿脚上，等等），你可以试着张冠李戴地穿衣服，看看孩子是不是会觉得很滑稽。比如，在给孩子穿衣服的时候，你一边给她穿裤子、上衣，一边说："裤子穿在腿上，手臂伸进袖子里，衬衣盖住肚子。"然后你可以做一些滑稽的事情，比如一边把袜子穿她手上，一边说："袜子穿手上，哎哟！傻了！让我们再来一次。这只袜子穿脚上，另一只穿耳朵上，哎哟！又傻了！"让孩子发笑，甚至让孩子通过把袜子穿在正确部位来纠正你。你也可以穿上她的衣物来做滑稽事，比如："妈妈的衣服妈妈穿。对啦！宝宝的上衣宝宝穿，对啦！宝宝的袜子妈妈穿！（可能只能穿到你的脚趾上。）哎哟！太傻啦！宝宝的袜子给宝宝穿。对啦！"别犹豫，扮傻——只要孩子理解了正确做某事的方法，他们会觉得你故意做错事也很好玩。记住，要把事情纠正过来，这样他们可以看到正确做事的方式——这也是你期待的方式。

第 7 章

就　　餐

就餐是个可以教孩子请求某物和做出选择的非常好的时机。毕竟,当孩子准备好吃零食或正餐的时候,食物是强有力的强化。有好胃口是件好事,但是,当孩子感到非常饥饿时,如果此时你还要求她学习发起请求或做出选择,她一定会感到非常烦躁。如果你认为她非常饿,你最好就像平常一样先给她一些吃的,在消除了极端饥饿感之后,再开始教请求和选择。

 1. 请给更多奶酪　　　　　　　　**非言语沟通 / 眼神接触**

当你们坐下来吃零食或正餐的时候,试着只给孩子一点点他最喜欢的食物,比平时要少,在孩子能清楚看见的碗里放上比平时多的量。当孩子吃完了自己盘子或碗里的食物时,观察他是否会指向那个有更多食物的碗。如果孩子没有,你可以把碗靠近孩子一些,如果有必要的话,通过稍稍帮助他伸出食指来指点,指点那个有更多食物的碗,然后再给孩子添上一些食物。在你帮助孩子指点的时候,记得跟孩子对视一两秒。如果有必要的话,你可以把装有食物的碗暂时放在你的脸的下部,这样孩子看碗的时候更容易看见你,也就更容易跟你目光对视。

请给更多果汁

在给孩子饮料时也可以这么做。比如，给孩子只倒一点点果汁，而不是一整杯。当孩子喝完了之后，他很可能会想要再来一些。把盛果汁的容器放在孩子能看到的地方，通过稍稍把孩子的食指伸出来帮助他指点，帮助他指向果汁，甚至轻轻碰一下果汁盒。你可以这样说："哦，你想要更多果汁，给你倒！"你可以重复几次，帮助他指点想要的东西，然后用更多的食物或果汁奖励他，别让他等待，防止他变得焦躁。

增加一个词语

如果孩子正在学说一些词，看看你能否在他请求时让他说上一个词语或语音。如果孩子似乎急着要更多华夫饼，试着帮助他指点并说"华夫饼"。当然，不论孩子是通过看着你，指点他想要的食物，还是说一个语音或词语，都要立即给他华夫饼，这可以让他知道你很开心地看到他能这么出色地发起请求。

别一次练习太久

记住，在就餐时间教授请求，如果发现以上任何一种形式对孩子来说都很难，孩子也变得很烦躁，那么你每次只进行2～3次的练习。每当孩子请求的时候，给他的盘子里放多一点食物。孩子一天要吃好几次，而且随着时间的推移，给孩子吃饭的时候，你可以慢慢增加练习量。你不希望孩子变得焦躁，你也不想让就餐变得不愉快，而且保证他获得了足够的营养，这才是第一位的。

2. 葡萄还是蓝莓?　　　　　　　　非言语沟通

就餐时间也给你的孩子提供了完美的选择机会。是喂一勺饭还是喝一口汤，是这个食物还是那个食物，这些都是练习选择的好机会。简单地拿起两个选择项，比如葡萄和蓝莓，或者一片奶酪和一片火鸡肉，摆在孩子眼前，充满期待地看着她。你可以问："要哪个"或"你现在要哪个"。有时候，还是不要每次都问比较好。相反，她一旦建立了这个意识，仅仅是拿起两个选项就可以让孩子开始选择。如果她没做出选择，提示她指点其中任何一个你认为她想要的。比如，如果她已经吃了一口火鸡，那么她可能会想喝口牛奶。在这一情况下就可以撤除另一个选项，辅助她指点杯子说"牛奶"或"宝宝要牛奶"，然后立即给她喝一口牛奶。跟前面一样，试着在给孩子她所选的东西之前跟她有1～2秒的眼神接触，但别让她等太久。

 3. 用图片来请求　　　　　　　　非言语沟通 / 眼神接触

如果你的孩子还没准备好用词语来发起请求，试试用图片吧。你可以从杂志上剪下孩子喜欢的两种食物图片或从网上下载并打印这些图片。想要让这些图片耐用些，你可以把它们塑封起来，这些可以从文具店或打印店里买到。很多商店有卖自封的塑封纸，这样你就可以免去买塑封机了。照片的一边应有5～8厘米大小，这样孩子比较好抓握。确保图片上的食物你都有，然后把两张图片放在宝宝椅的平台桌面上，如果孩子坐在桌边，也可以直接放在桌子上。不论他指的、摸的或递给你的是哪个，就给他哪个。你可以只给他一小勺吃的或一小块手指饼干。如果他没有指点任何一个图片，也没有选任何一个图片，你可以通过轻轻地用其中一只手手把手地辅助，帮助他挑出图片，并把图片放在你的另一只手里。然后，给予孩子他"要求"的食物（即使他并不理解自己这样是在要求得到某物）。

教授眼神接触

你也可以利用这个机会来教授眼神接触。孩子已经触摸、指点或者递给你图片，但没有跟你目光对视，你就要通过把食物或勺子拿到眼睛附近，来辅助孩子跟你进行眼神接触（哪怕很短暂），然后才给孩子食物。如果几秒之后孩子还没有跟你目光对视，将那片食物拿到离孩子20～30厘米远的地方，在其目光所及的方向，那样他肯定会看到，然后将食物移近你的眼睛，这样孩子就可以追视。一旦孩子跟你眼神对视，就立马给他食物。你可以反复几次，但如果孩子感到烦躁了，就回到指点或图片交换。在孩子获得了选择这个概念之后，你可以引入几张新的图片，一次只呈现两张图片，确保每次你都准备好了食物，这样你就可以在他请求之后立刻奖励他。

 4. 图片菜单　　　　　　　　　　　　　　　非言语沟通

一旦孩子可以在两个图片中做出选择，选出特定的食物或饮料，你就可以做一份宝宝菜单，这份菜单上是孩子最爱吃的不同食物，而且也是常常可以吃到的食物（比如甜甜圈、奶酪、烤面包），然后问她喜欢哪个。示例如图7-1所示。

图7-1　图片菜单样例

如果是自己塑封的图片,你可以在图片背后贴上魔术贴,这样可以根据每顿午餐可用的食物不同进行更换,向孩子展示可以吃到的饭菜,方便快捷。即使孩子有最喜欢的食物,你想每次都给他吃,也最好不要每餐或每天都提供相同的选项。确保提供不同的食物,根据你当天恰好有的食物,每餐或每天更换图片。任何一餐的图片都不能超过六个。如果你发现孩子只选择固定的一两种食物,那么就时不时把这两个选项去掉,用其他你所知道的孩子喜欢的事物来替代,鼓励孩子做出不同的选择。如果她没有明显的选择偏好,那么你就一幅图片一幅图片点给孩子看,向她展示你能提供的食物。比如,在早餐时间你可以说:"我们有燕麦、梨、烤面包、煎饼和蛋,蛋怎么样?"然后指点蛋的图片,或者你已经准备好了蛋,将蛋的图片从菜单里拿走,拿到一勺蛋旁边,说"蛋",然后指着你的孩子说:"给宝宝。"重复几次,指指蛋,再指指孩子,每次都说"蛋给宝宝"(当然,你可以用孩子的名字来替代"宝宝")。

 5. 勺子来啦!　　　　　　　　　　　　　眼神接触

如果你还是偶尔会给孩子喂饭,那么很容易在给孩子喂一勺饭或者吃一点菜的时候要求孩子跟你进行眼神接触。舀起一勺饭或者菜,当孩子跟你目光对视的时候,就喂给孩子,同时给他一个大大的微笑。必要的时候,将勺子靠近你的眼睛部位来提示孩子眼神对视。对一些孩子来说,眼神接触很难,但即使很短的对视(短于1秒)也令人欣慰,特别是在一开始的时候。随着眼神接触对孩子越来越简单,你可以要求孩子延长眼神对视的时间,但别长于2~3秒。(计时,它比你想象的要长!)另一种提示眼神接触的方式是将勺子当作一种玩具,比如玩具火车或飞机,让勺子在空中飞,一边飞一边发出引擎声。一旦引起了孩子的注意,你就把勺子靠近你的眼睛。一旦孩子跟你对视,哪怕很短,给他吃一口,表扬他。("看得很好!")如果你的孩子很迷恋交通工具,你也可以在吃晚饭之后用玩具来继续。比如，你可以拿着一架玩具飞机在房间里飞，让它靠近眼睛来引发孩子跟你对视，你可以把玩具给他再飞一次——不论他喜欢什么。

 6. 傻妈妈！　　　　　　　　　　　　非言语沟通 / 语言

"装傻"是一种可以帮助孩子解决问题和跟你有目的地沟通的方法。比如，你可以递给孩子一块装在拉好拉链或封好口子的透明袋里的饼干，或是没给吸管的果汁罐头。这里的要点是，孩子看到容器中装着她想要的东西，但是需要你的帮助才能拿到。等待孩子用某种方式发出需要你帮助的信号。她可能会用疑问或困惑的表情看着你，或者把容器拿到你面前，以此来向你求助。

不论她以何种形式请你帮忙，立即通过帮助孩子打开并还给孩子的方式来强化孩子尝试沟通的行为。你一边这么做，一边可以说："傻妈妈！放在袋子里了！我来帮忙"或者"傻妈妈！没有吸管！我来帮忙！"我们希望通过这些情景来鼓励孩子看你的脸，试着解决如何让你知道她需要什么这一问题。

如果你每天都利用多种多样的物品进行一两次这样的活动，你就可以开始致力于让孩子做多一点才能得到你的帮助。比如，如果孩子只是看看你，你可以辅助她把容器举到你面前。如果孩子已经会这么做了，你可以辅助她说出或者做出"帮助"或"打开"的词语或手势。

如果她还不会说话或不能模仿语音或词汇，而且也不尝试请你帮忙，那你可以用身体辅助帮助孩子打出"帮助"这个手语（请看图7-2，第17章中还有其他有用的基本手语）。

让你的语言更复杂

鼓励孩子发展语言的一种方式是：采用比孩子所用的语言略复杂一些的语言跟孩子对话，这样的对话占到总体对话的一半时间。比如，如果

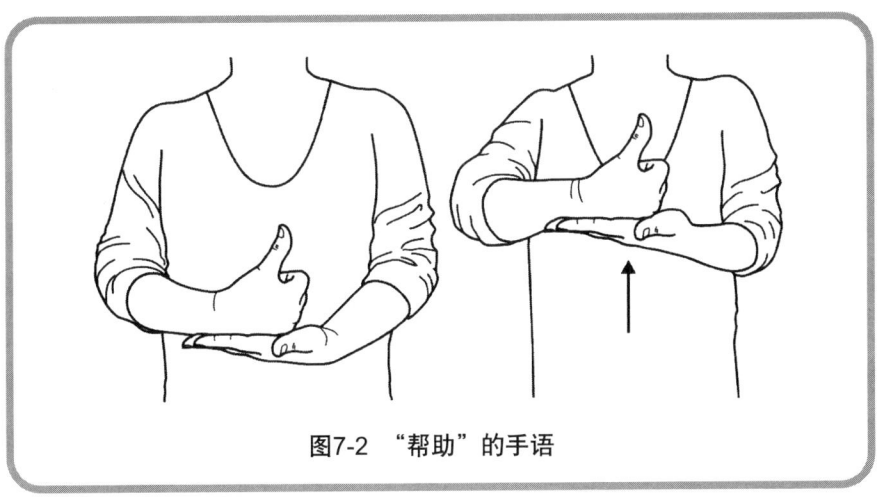

图7-2 "帮助"的手语

孩子还不会讲话,那么确保一天中你有大量的时间一次用一个单词跟孩子沟通。在这种情况下,你可以用"帮助"或"打开"这些词语。如果你的孩子已经会一次说一个词,试着用两个词的句子跟孩子沟通。比如,如果孩子说"果汁",那么你回应孩子的时候可以加上另一个词语,如"苹果汁","打开果汁","宝宝的果汁"或者"喝果汁"。在其他的时间里,你可以跟平时一样跟孩子说话,但是话要简洁。

辅助孩子用更为复杂的方式沟通

另外,你可以在孩子试着沟通的时候多说一个词语。你不要每次都要求孩子这么做,因为你不希望孩子变得沮丧,但是你可以隔一次或两次辅助孩子用更复杂的方式沟通,然后再给予孩子帮助。比如,孩子把没有开封的果汁递给你,说:"果汁?"你可以辅助他说:"打开果汁?","果汁吸管?"

7. 烫和冷　　　　　　　　　　　　　　　　　语言

你想要给孩子吃一些东西，但你觉得这让孩子直接放入口中会太烫，你可以让他用手指碰一下，说"烫"，拿回来，给他吹一吹。为了教孩子烫与冷的区别，你可以一边让孩子触摸烫的食物（当然不能太烫），一边说"烫"，然后给孩子摸冰块，说"冷"。这样反复几次之后，你可以尝试用填空程序，留一些空白让孩子来填，如"这个是烫的，这个是 ___"。如果有必要，你可以用"l"来提示。如果你的孩子不会填入"冷"，你就帮他补充完整。

 ### 8."切"、"大"和"小"　　　　　　　　　　　　语言

教"切"

当你用刀在孩子面前切下一片食物的时候，说"切"。假设你的孩子喜欢香蕉，剥开一根香蕉，把剥好的香蕉放在盘子上，把盘子放在孩子刚好够不到的地方。在她面前放一个空盘子。每次给孩子切一片香蕉，放在她的盘子上。每次你切香蕉的时候都说"切"。在她吃完这一片之后，你再切下一片。

在你切了几片之后，如果孩子模仿说"切"这个词，或者发出"q"这个音，你就将刀刚好切在香蕉上，期待地看着孩子。如果她说"切"或者"q"，甚至是"香蕉"或"x"，立即给孩子再切一片香蕉，并笑着用愉快的语调跟孩子说："切香蕉。"如果你将刀停在香蕉上的时候，她什么也没有说，辅助她说一些你认为她能够说的，然后正如她自己独立做到一样继续进行。如果她不能说"切"或"q"，继续这个活动，因为在这个具有真实意义的情境中接触简单语言对孩子也很有帮助。

教授"大"和"小"

你可以通过切不同大小的食物来教授孩子"大"和"小"的概念。把这两片都举起来说:"大的还是小的?"等等孩子,看她是否会指点其中一块,或者用语言来表明。如果孩子能够做到,就给孩子她要的那一块,并说:"哦,你要大的——给你!"或者"你选了小的"。如果孩子没有指点,而是直接伸手去拿其中一个,那么你就把另一个放下,轻轻地将孩子的手摆弄成指点的手势,这样她就指点了她伸手要拿的那块。然后,就像孩子自己指点了一样,把东西给她。

如果你的孩子能够模仿声音或词语,依据孩子选择的不同,你可以辅助她说"大"或"小"。这种方式可以推动孩子用更为复杂的技能进行沟通。但是,请你记住,别每次都这样做,只是偶尔为之。你是想要孩子更好地学习沟通技能,并不是要让孩子变得焦躁或沮丧。**更为重要的一点是,你偶尔会即时奖励孩子为沟通做出的努力,即使你知道此时他还可以做得更好。**所以,即使孩子能够模仿或者说话,但你偶尔也会在孩子只是指点了他想要的东西之后,就立即给予他想要的,而不总是要求他同时使用语言。

 ### 9. 用食物数数　　语言

你可以一次给孩子几片食物,一边放到孩子的盘子上,一边数。比如,孩子喜欢华夫饼,将一块华夫饼切成几小块。然后放两片在自己手上,递给孩子,说"2"或者"两片华夫饼",然后用另一只手一片一片放到孩子的盘子上,一边放一边数"1,2"。如果你这样一周重复几次,只数2~5以内的数,孩子就会对这些数字足够熟悉,这样他们会自己说出来。如果孩子能够模仿声音或词语,尝试用填空程序,让孩子填入最后一个数字。比如,你有三片食物,数"1,2",别数3,暂停下来,等待他来数3,然后你再将东西给他。如果他没有这样做,你就自己说"3",然后把吃的给他。暂停足够长的时间（大约5秒），孩子会着急尝试自己来说，以获得食物的奖励——吃上几口想吃的。

 10. 教有关颜色的词汇 **语言**

如果你打算教孩子有关颜色的词汇，你可以用两只透明的碗，装不同颜色的果冻来制作不同颜色的碗（你可以从两种主要的颜色开始，如红、黄、绿）。每个碗里单独放几勺。如果你的孩子能够说话，问问她想要哪个。如果她指点或者伸手去拿红色果冻的碗，你可以给她示范说"红"，如果她能够说"红"，立即给她一勺红色的果冻。如果她不能说"红"，你可以问："哪个是红色的？"如果有必要的话，帮她指点红色的那个，然后立即给她吃一口红色的果冻。你可以使用任何有两种不同颜色的食物。

 11. 厨房中的言语模仿 **语言 / 模仿**

如果你的孩子还不会说话或模仿声音和词语，你可以用普通厨房里的工具来教授模仿。孩子刚开始牙牙学语时（也就是说一些不是很像词语的语音），你就可以鼓励孩子模仿你对着空咖啡杯嘟嘟囔囔地说话，纸巾盒或者塑料容器，或者其他任何可以发出有趣回声的器皿都可以。当然，市面上也有跟这个原理相同的玩具手机，如果你有的话，可以和孩子轮流用，发出牙牙学语声。如果孩子很喜欢玩，在你准备或清理桌子的时候给他玩，让他忙上一会儿。你也可以让他直接模仿你牙牙学语的样子，你的发音要简单一些，如"ba-ba-ba"或"ga-ga-ga"。当孩子一有模仿你的行为时，你就要表扬他，哪怕他学得不准确。一些孩子喜欢听他们自己的声音，因此你可以录下孩子牙牙学语的声音，回放给他们听，这样也可以鼓励孩子发出声音。

12. 米堆藏宝　　　　　　　　　　　　　　　语言 / 思维

　　一碗生米（干扁豆或蚕豆）也可以成为教授客体永恒性的有趣方式。客体永恒性指的是理解某物离开了你的视线之后还仍旧存在这一概念。与此同时，你还可以通过将小玩偶或小玩具藏在米堆里，问"它去哪儿了"来教授孩子"哪儿"这个概念。当孩子从米堆里挖出藏着的物品时，你要非常兴奋："呀！你找到了！我们再来藏一次！它去哪儿了？"**如果你的孩子还处于把所有东西都往嘴里放的发展阶段，要当心孩子把生米吃下去或者把小玩具放进嘴里。**

 13. 合不合适　　　　　　　　　　　　　　　语言 / 思维

　　对学步儿童来说一个好玩的游戏就是看一样东西恰好能装进另一个东西里面。当孩子坐在餐桌旁的时候，可以跟他玩这类游戏。试着看什么能够恰好装入空的果汁盒里，一个空的食物储存罐，穿过卷纸轴芯，滚到了你剪了一个洞的鞋盒里。你拿的容器以及玩具的体积要足够大，这样孩子就无法将其放入嘴巴，不会造成窒息。收集能够放入或不能放入容器开口的物件。把东西一样一样给孩子，每给一样就问："能放进去吗？"或只说"进去？"给予孩子放入物品所需的任何帮助。如果能放入，就说："它进去了，合适！"如果放不进去，你可以这样说："哦！太大。"如果你的孩子有更多的语言，你可以在你的语言中加入物品的名称。比如，你正在用一个无法放入容器孔洞的玩具斑马，你可以说："你能把斑马放进去吗？"如果放不进去，你可以说："哎呀！斑马太大，不合适呀！"

14. 假装给娃娃喂饭 　　　　　　　　　　假装游戏 / 模仿

当你刚引入假装游戏的时候，喂饭是非常适合在孩子最喜欢的娃娃或者毛绒动物上扮演的，因为这是孩子非常熟悉的活动。当孩子吃完饭之后，你可以拿个娃娃或者泰迪熊放在桌边或者孩子的宝宝椅上，发出小孩的哭声，假装这个宝宝已经饿了。然后拿出孩子的碗和勺子，或者玩具奶瓶，说："哎呀，宝宝饿了！让我们一起来给宝宝喂饭吧！"接着，帮助孩子喂娃娃（或泰迪），轻轻地帮助他拿住奶瓶或者勺子，移到孩子嘴边，可以这样说："好吃，宝宝喜欢这个菜（牛奶）。谢谢！"

你的孩子可能会认为给妈妈喂饭也很有趣。你可以把身体靠向孩子，张开嘴说："喂妈妈？"如果她这样做了，你就说："谢谢你分享给我！妈妈好开心！"或者只说一句"谢谢你"。在整个过程中先给予孩子所需要的任何帮助，再慢慢撤除你的帮助。因此，一开始你可能需要给予手把手的辅助，然后可以递给他舀了一点食物的勺子，张嘴靠近孩子，可能她需要你靠得比较近才能喂你。不论孩子需要多少帮助才能完成，你都要表扬孩子。如果孩子已经做好了准备，你也已经将这个变成了一个游戏，那么你俩轮流喂对方吃饭。

 15. 假装烧饭 　　　　　　　　　　　假装游戏 / 模仿 / 语言

当你在厨房里忙碌时，如果可能的话，让孩子带着他的小碗和小勺在你身边玩，这样他可以去扮演你在做的事情。这可以帮助他理解：假装游戏是从模仿大人的行为开始的。你也可以通过指出孩子的动作教授语言，比如当孩子在碗里搅拌的时候，你可以说"搅拌，搅拌"，或者还可以跟孩子一起用勺子敲碗底，教他如何敲得快，如何敲得慢，来展示"快"和"慢"，并告诉孩子"快"和"慢"。任何时候，当你说"快"、"慢"或"搅拌"

时，如果孩子照你说的做了，你就要夸张地跟孩子说："好快呀！——真是个厉害的鼓手！"

如果孩子能连续模仿你做的几个动作，那你可以在厨房里准备一些玩具壶和锅。这样，当爸爸妈妈在厨房做饭的时候，孩子就可以在旁边一起"做饭"了。如果你没有玩具壶和锅，也没有其他玩具厨具，那你可以用小一些的壶和锅以及木勺来充当。当你搅拌食物的时候，帮助孩子搅拌他锅里的想象中的食物。假装尝一尝孩子做的美味食物，也给孩子尝一下你做的食物，问问他下一步想要加点什么进去。假如你正在炖汤，当你往锅里放胡萝卜和土豆的时候，让孩子假装往他的锅里也放入一些胡萝卜和土豆。如果他进行这些装扮活动存在困难，可以用一些玩具食物或者小片的真实食物放入他的锅里。当然，市面上也有成套的玩具餐具，如玩具锅、盘、碗、容器和食物等。如果你刚好有一套，厨房里也有地方，那么非常适合将它们放在厨房里。但一个小锅、一个木勺也能很好地达到目的。起初，你需要给予孩子很多辅助和帮助，强化孩子的假装游戏行为。假装吃孩子的食物，并发现这很美味，这就是对孩子最好的强化。当你在煮饭时，假装煮饭变得非常享受，那么他就能在你身边玩上一会儿，你也有时间好好准备晚饭了。

16. 好吃 / 难吃的食物　　语言 / 思维

如果你正在教孩子什么可以放进嘴里，什么不能放进嘴里，那么可以读一读 Leslie Patricelli 写的《好吃好吃！》（*Yummy Yucky*）一书，也可以让饼干怪或者其他的毛绒动物或木偶在厨房里走来走去，尝尝厨房里的食物以及非食物，吃到食物的时候就夸一夸食物"好好吃"，吃到不是食物的东西时就说"好难吃"。尽量用一些你可以不断重复的简单短语。比如，你可以模仿饼干怪的声音只用"好吃"、"难吃"这两个词，之后呢，你可以用自己的声音加入更多的词汇，比如："哦，饼干怪！你不能吃尿布！尿布很难吃！""呀！好吃的苹果，饼干怪！苹果很好吃！"如果这个游戏能吸引孩子的注意，孩子也喜欢这个游戏，她还能说或者模仿一些词汇，那你可以再次复习那些已经让孩子熟悉了的"好吃"或"难吃"的东西，运用填空程序要求孩子填入正确的词汇［比如，"甜甜的奶酪，饼干怪（或其他娃娃或形象）！奶酪很……"］，暂停一下，等待孩子说"好吃"。如果她没有说，你可以通过自己说出"好吃"来辅助孩子，如果她模仿了，给她热烈的表扬（"说得棒"），如果她喜欢，给她吃一点。

17. 美味的牙膏，恶心的牙膏　　　　　　　　语言

你可以在给孩子刷牙的时候继续"好吃和难吃"这个主题。市场里有不同味道的牙膏——试着买几款不同味道和颜色的牙膏，利用孩子的表情来判断你是该说"美味"还是"恶心"。如果你发现孩子有强烈的反应，你可以继续扩展，指指镜子里孩子的表情说："你喜欢草莓！嗯，嗯，美味！"或者"你不喜欢这个味道的牙膏。恶心！"

18. 准备刷牙　　　　　　　　语言/模仿

在刷牙之前，不再为孩子全都准备妥当，而是让她一起参与，告诉她"挤"或者"挤牙膏"，然后运用身体辅助，稍稍地帮助她挤一些牙膏在牙刷上。看到牙膏被挤了出来，这对孩子而言就是一个大大的奖励，尤其是当孩子喜欢牙膏味道的时候。不过你也可以再说一些表扬的话，这也可能会锦上添花，比如："哇！挤得好棒！"

你也可以教授"打开"这个词。通过让孩子站在凳子上，温柔地向她示范如何打开冷水龙头，然后辅助孩子打开水龙头，并一边说"打开"，重点强调"开"这个字。（当然，你要看着她，以免孩子不小心打开了热水龙头。）水流出来本身就是一个强化，但是，再次说明一下，一定要表扬孩子

照你说的做了，哪怕你不得不帮助她。然后说"关掉"，强调"关"这个词，辅助孩子把水龙头关掉，并表扬她。你可以按顺序重复几次，将这个作为游戏，逐渐撤除你给予的辅助。你也可以在厨房的水池里进行这个活动，如利用你需要用蒸锅接水蒸东西的机会。

如果孩子拒绝刷牙，将这个活动变得有预测性会很有帮助。比如，每次刷牙都一边刷一边数数，且数相同的数字，这样孩子就知道该期待点什么；做点傻傻的趣事（鼓励孩子快速刷牙，刷出泡沫，照镜子扮鬼脸，当你们一起吐出泡沫的时候，一起笑）。当孩子在刷牙的时候，给她唱一首刷牙歌。每次唱完歌，牙也就刷完了。Raffi 和 Barney 都有很多关于刷牙的歌，在 YouTube 上也有很多有关刷牙的歌。当然，你可以自己编一些诙谐的刷牙歌。

 19. 给娃娃刷牙　　　　　　　　　　　模仿 / 假装游戏

给孩子最喜欢的娃娃或毛绒玩具刷牙是另一项适合的假装游戏。把娃娃带到浴室，在你给孩子刷完牙之后，拿出一把旧牙刷，说："让我们一起给娃娃刷牙吧！"然后帮助孩子拿好牙刷，给娃娃刷牙。如果你早晚两次给孩子刷牙，那么这将是另一个孩子非常熟悉的常规活动，可以帮助孩子理解"假装"这一个概念。尽量让活动简单些——只给娃娃刷牙。但如果你发现孩子对这个非常感兴趣，你可以稍微添加一些与刷牙相关的内容，告诉她"打开水龙头"，把牙刷稍微弄湿点，再给娃娃刷牙，然后让娃娃在水池边弯腰，假装把泡沫吐掉（"噗——噗"）。

 20. 欢乐的食物　　　　　　　　行为 / 假装 / 思维 / 模仿

如果你的孩子非常挑食，你希望孩子能够熟悉不同气味的食物或者她不喜欢的食物，试着用她不喜欢或不熟悉的食物做一些像艺术品一样的美食。这并不是要让孩子吃这些她不喜欢的东西,而是让孩子习惯看、闻、感觉这些食物,所以别要求孩子吃这些。这个活动只是让你用点食物跟孩子玩,如果你不在意浪费一些的话。有很多书介绍了制作艺术食品的黄金点子。你也可以自己创造一些,用葡萄干制作一只流氓兔。如果孩子愿意吃你的美食创作,那是最好了,但没必要强迫孩子吃。你可以在孩子坐在桌边的宝宝椅上时进行以上活动,如果她不想吃,让她喂给你吃。这可以提高孩子社会互动的能力,也给了你一个表扬她喂食行为的机会。

第 8 章

洗　　澡

洗澡是教授身体各部位名称的好机会，也可以教授湿和干等概念，还能教授"拍"、"跳"、"泼"、"洗"、"冲"等动作名称，以及其他很多概念，如空和满，黏和不黏等。以下是一些如何在洗澡时给孩子教授上述概念的例子。

 1. 湿和干，头和肚子　　　　　　　　　　　　　　　　　　　语言

当你刚把孩子放到浴缸，他身体大部分还是干的时候，使用简单的、重复的短语来教授干和湿的概念，练习身体部位的名称。例如，你可以说："现在宝宝的肚子是干的！"（你可以用孩子的名字来替代宝宝二字。）然后泼一些水到孩子的肚子上，说："现在，宝宝的肚子湿了！"接下来说："宝宝的手臂是干的。""现在宝宝的手臂湿了。""现在宝宝的肩膀是干的。""现在宝宝的肩膀湿了。"当你进行了几轮之后，尝试引入填空程序，看看孩子能否自己填入词汇（"宝宝的鼻子是干的。"给孩子的鼻子上滴上一滴水，说："现在，宝宝的鼻子……"）。如果他没有填入词汇，帮他说出来。如果他尝试说"湿"，你要表现得情绪高涨："对！宝宝的鼻子湿了。"给他用温水洗洗全身，孩子会感觉很舒服。如果确实是这样，给孩子泼水就是对孩子正确说出身体各部位名称的自然强化，因为他知道你下一步

要往哪里泼水。

在你用浴花或海绵时,同样可以来演示干和湿这两个概念,"现在浴花是干的。现在浴花湿了。"这样做几次之后,你可以尝试填空程序,说:"现在海绵是干的。(将海绵打湿)现在海绵湿了。现在浴花湿了。圈圈(浴缸里用的橡胶玩具圈)是干的。(将圈圈打湿)现在圈圈……",暂停几秒,给孩子一些时间。如果孩子没有尝试说"湿",那么你就说:"圈圈湿了!"或者你也可以说:"圈圈 sh……"用"sh"这个音来提示孩子,等待他补充完整。如果孩子还没有说,那么你就替他说。

 2. 我拍,你也拍 模仿

拍水是一件非常开心的事儿,所以这也是一个教授简单动作模仿的机会。说"这样做",然后拍水让水溅到浴缸里,或者轻轻拍打水面。如果孩子没有试着模仿你,通过轻轻拿着她的手来辅助她模仿你的动作。或者,你也可以从模仿孩子正在做的事情开始,帮助她将注意力转移到互动上。然后说"这样做",即使孩子需要手把手的帮助才能模仿,也要强化孩子的拍水行为。("对了!你也拍水了!")接下来再致力于让孩子的模仿更精确,可通过不同的拍打来达成(拍浴缸壁,轻轻拍她的肚子,拍水,用玩具拍,等等)。

如果你认为她已经做好了准备,可以尝试让她模仿你将泡泡抹到不同的身体部位上。使用那些能够长时间起泡的肥皂或沐浴露,给她的鼻子、肩膀、手臂等点上一点泡沫,让孩子模仿你的动作。给她手上放一些泡沫,说:"现在轮到你了!放在你的手臂上。"跟平常一样,如果孩子没有尝试模仿,给予辅助,然后强化。如果她尝试了但错了,表扬她所作的尝试,然后通过辅助帮孩子将泡沫抹到正确的身体部位上。("尝试得很好!这是你的手臂,看,现在你的手臂上有两个泡沫圈!")你也可以教授孩子她的身体和你的身体的对应关系,你在你的鼻子、脸颊、额头、手臂或手指上放一些泡沫，然后告诉孩子："现在轮到你了！放在你身上。"跟平常一样，如果孩子没有尝试，通过手把手地辅助孩子，然后表扬她："是的，那是我的，这是你的！"或者"对！这是我的鼻子，那是你的鼻子。"

 3. 身上的泡泡　　　　　　　　　　　　　　　　**语言**

利用泡泡浴或者肥皂泡来跟孩子互动。你可以在孩子或自己脸上的不同部位放一点泡泡或者沐浴乳，说："妈妈的鼻子，宝宝的鼻子"，或者"妈妈的脸蛋，宝宝的脸蛋"。你可以让孩子选择下一步时将沐浴乳抹在哪里。比如，你可以问："要放在你的手上，还是肚子上？"一边问，一边依次指点对应的身体部位。你可以用一面小镜子给孩子照一照，给她看看脸上的泡沫。如果孩子指点了某个部位，用语言告诉你，或者抬起来这个部位（比如手或脚），给她示意的部位涂上沐浴乳。你一涂上就把它抹去，说："全不见了"。这个游戏有点类似"我拍，你也拍"，但那个活动主要在于教授模仿，这个活动则在于教授身体部位的名称。你可以将两个活动自由组合或整合起来。你是判断孩子是否参与活动的最佳裁判，你也是最能帮助孩子学习语言的那个人。

 4. 在浴缸里做一些选择　　　　　　　　　　　**非言语沟通**

当你给孩子洗澡的时候，你希望孩子尝试感受多种不同质地的物件，如海绵、丝瓜筋手套、沐浴乳、泡泡浴和毛巾。在孩子接触过这些之后，你可以一次拿着两个举起来，看看她是否会伸手去拿其中一个。如果她能够稳定地选择其中一个，你可以把另一个放下来，用空出来的手轻轻地帮助她将手做成一个指点的动作，帮助她指点她想要的那一个，甚至让那个伸出的手指触碰一下她选择的东西，然后立即递给她选好的东西，用这个给她洗澡。你可以用毛巾和海绵做相似的选择活动，也可以在两样浴室玩具或两支浴室蜡笔的选择上运用这个活动。记住，你要努力让孩子认识到指点某物是要求得到那个东西的方法，因此，你要通过立即给予孩子她选择的东西来强化孩子尝试的欲望。

5. 洗澡歌　　　　　　　　　　　　　　　　　　　　语言

当你给孩子清洗身体各部位的时候，用熟悉的调子唱一首关于身体的歌。比如，你可以用"一闪一闪亮晶晶"这首歌的调子编一首关于洗澡的歌，如《我们这样洗澡》，给孩子洗哪个部位就唱哪个部位。比如，当你给孩子洗背的时候，你可以这样唱："你就这样洗背背，洗背背，洗背背，当我们洗澡的时候，这样洗背背。"

你可以自由选择孩子喜欢的歌曲。例如，你可以稍微改编一下"虫儿飞"的调子，像这样唱："我现在这样洗宝宝的脚，宝宝的脚，宝宝的脚。现在我在洗宝宝的脚。他/她的脚干净了。"不论你给孩子的哪个身体部位冲澡、擦干或是涂沐浴乳，你都可以唱这样的歌，用"冲"、"擦干"、"涂"等词来替换。结束之后，你可以给孩子的那个部位挠挠痒或亲一下。当孩子熟悉这些歌曲之后，记得用上填空程序，看看他会不会自己填空。

跟其他活动一样，这一活动需要你的孩子给予注意才能起作用。如果你无法获取孩子的注意，而且孩子并不喜欢，那就先试试其他活动吧。

6. 娃娃洗澡　　　　　　　　　　　　　　　　假装游戏 / 语言

如果孩子很喜欢你给她洗澡时唱的歌，那么，当你给防水娃娃、动物或卡通人物洗澡的时候也唱相同的歌，这样孩子会发现她最喜欢的玩具跟她一样洗澡。如此，她也就有机会再听一遍，或许她还能自己唱出来呢！如果她感兴趣，把娃娃、毛巾或海绵给孩子，建议她给娃娃洗洗背，洗洗脸，洗洗头等，然后温柔地提醒她："这是娃娃的头发！我们一起给娃娃洗头!"如果她无法独立给娃娃洗头,可以通过帮助她拿毛巾,浸湿毛巾,给娃娃洗手臂或洗脚来辅助孩子,然后表扬她:"耶!你给娃娃洗头啦!"如果她喜欢的话,你也可以给她的肚子上泼一点水,或者其他她喜欢在浴缸里做的事,将这些作为强化物。请记住,即使孩子需要辅助,你也要像她能独立完成一样强化她。如果她正在学习中,你可以每次减少一些辅助。

 7. 用手和脚拍水　　　　　　　　　　　　　　　　语言

　　试着教孩子用手和脚拍水。拿着他的脚,轻轻地拍击水面,说:"用脚拍水。"接着以同样的方式用孩子的手拍水,说:"用手拍水。"接下来你可以用沐浴蜡笔(这个东西真的很棒!)在浴缸的其中一边画一些小人或小动物,然后向孩子展示如何"拍打小狗","拍打小兔",等等。你可以通过身体辅助来帮助孩子拍打正确的图画(一开始只用两个选项是最简单的)。跟之前一样,如果他需要辅助,就像他可以独立完成一样热烈地表扬他。当你画的图画开始褪色,或者你把它们擦掉的时候,你可以依次跟它们说再见,比如"再见,小狗","再见,小兔"。如果你认为孩子可以自己擦掉这些图画,你可以说"再见,小兔",并辅助孩子将对应的图片擦掉。

 8. 跳,拍水,喷射　　　　　　　　　　　　　　　　语言

　　如果你有一些小的浴缸玩具,那么把它们在浴缸的一边排好队,让它们一个一个跳入浴缸,说:"跳,拍水!"接下来,再试一次,加入动物的名字:"青蛙,跳,拍水。""鸭子,跳,拍水。"如果你有可以射出去的玩具,试一试,"青蛙,射宝宝;青蛙,射妈妈。"你哈哈大笑,让孩子知道这是个非常有趣的活动!每次当你逗孩子时,根据她脸上的表情说"傻傻的"、"滑稽的"或"开心的"来命名她的表情。

9. 整理玩具　　　　　　　　　　　**语言 / 非言语沟通**

如果你有盛浴室玩具的筐和篮子，当你第一次把孩子放进浴缸洗澡的时候，你可以把玩具先放起来，问问他是不是要把它们拿出来，一个一个拿出来。这让你有机会用重复语言的方法来教授语言。比如你可以问："青蛙出来？"如果你的孩子说是或者点头，甚至伸手去拿，你就说："好的。青蛙出来！"你把青蛙从筐里或篮子里拿出来，用特别夸张的语气说"出来"二字。然后问下一个玩具，如此等等，直到孩子的浴缸里有很多玩具供他玩耍。如果孩子只关注其中一两个玩具，那么将其他玩具拿出来的时候，你可以将它们在浴缸边上排成一排。

在洗澡快结束的时候，跟孩子轮流将玩具放进袋子或篮子，一边放一边说"进去"。当放起来的时候，你也可以叫出玩具的名称。比如，你可以说"青蛙，进来"，让青蛙跳进袋子或篮子，然后你说，"轮到你了！鸭子进来！"如果孩子没有把鸭子放进去，你把鸭子递给他，如果孩子还没有放进去，你就温柔地帮他把玩具放进去，就像他独立完成一样表扬他。

 10. 粘住了吗？　　　　　　　　　　　**语言 / 思维**

有很多塑料数字、字母、车子、动物可以粘在浴缸的壁上。

你可以试着教孩子把它们都粘在浴缸壁，说"它粘住了"，或者仅仅说"粘住"，还可以混入无法粘上浴缸壁的普通玩具。当你把它们放到墙上的时候，你可以说"粘不住"，或者说"哎！它掉下来了！"（当玩具掉到水里时，你要哈哈大笑——任何引你大笑的事物都能更长久地吸引孩子的兴趣。）如果你的孩子喜欢这个活动，你也可以在毛毡板上用毛毡和非毛毡玩具跟孩子玩这个游戏。比如，你的浴缸泡沫胶玩具很可能无法吸在毛毡板上。你也可以用磁性和非磁性物品在厨房里跟孩子玩，看看它们能否吸到冰箱门上，你可以说："哦，它粘住了！"或者"哎呀！它粘不住！"

 11. 浮和沉　　　　　　　　　　　　**语言 / 思维**

可以这样玩"浮和沉"的游戏：依次往浴缸里放入很多不同的玩具，评论它们是"浮"还是"沉"。如果你能拿高一些把它们丢进去，孩子可能对这个游戏更感兴趣，你可以装模作样地制造悬念（"它是浮起来还是沉下去？"）。当它浮起来或沉下去之后，说"它浮起来了"或"它沉下去了"，另一个玩这个游戏的方法是用铝箔折一只小船，看看要放上多少个玩具或人偶，小船才会沉下去。

 12. 浴缸里的颜色　　　　　　　　　**语言 / 思维**

在浴缸里滴一滴食用色素或丢几颗有色泡沫洗澡颗粒是一件非常有趣的事。你可以利用这个机会让孩子在两种颜色中选择其中一种。拿起两种不同的颜色，当她伸手来拿其中一个时，你说："哦！你要红色的。"将有色泡沫洗澡颗粒或色素丢进浴缸里，给她一支大木勺搅拌一下。表扬孩子的时候可以这样说："哇！你做到了！你把它变红了！"如果她喜欢，你可以用其他方式来强化红色这一概念，如把红色和非红色的玩具分成两类。比如，你可以说："我要把红色的玩具都拿来。这个是红色的，它来洗澡了！这个也是红色的，它也来洗澡！哎呀！这个不是红色的，我们把它放外面。"当你们洗完澡从浴缸里出来的时候，你可以继续尝试这个活动，给孩子用红色的毛巾擦干身体，给她穿上红色的睡衣。

13. 装水和倒水　　　　　　　　　　**思维 / 语言**

当孩子坐在浴缸里洗澡的时候，拿来一些塑料杯或纸杯，向孩子展示如何"装……"（上升的概念）和"倒……"（倒出的概念）。万一孩子不喜欢倒水的游戏呢？你可以采用重复语言的方法和填空程序来教授这两个词语。每次你将水装入杯子的时候，你就说："我们先装水，再倒水。"当你说"洒"的时候，你就把水从杯子里洒出来。几次之后，你可以在说"装"和"倒"之前暂停一下，看看孩子会不会自己把词填进来。当孩子这么做（或尝试这么做）时，为他欢呼，并且再递给他一杯水，让他倒。在"倒"和"更多"这两个词的教学上，你也可以采用类似的方法，如"我们先倒水，再拿更多的！"

 ## 14. 擦干歌　　　　　　　　　　　　**语言 / 社会交往**

当孩子洗好澡出来的时候，用柔软的毛巾包住她（刚从烘干机里拿出来的毛巾特别舒服，让人难忘），你可以紧接着示意她要涂身体乳了，除非孩子不喜欢涂身体乳。不过，当你给孩子擦干身体的时候，你要用"擦干"来替代"洗澡"，当你给孩子涂身体乳的时候，你要用上"涂"这个字。比如，当你用毛巾给孩子擦干的时候，你可以这样唱："我们这样擦干你的手臂，擦干你的手臂。我们这样擦干你的手臂，在我们洗澡之后。"当你给孩子涂身体乳的时候，你可以这样唱："我们这样涂你的手臂，涂你的手臂，涂你的手臂。我们这样涂你的手臂，当我们涂身体乳的时候。"

第 9 章

家务劳动

几乎任何一项家务都可以用来教授语言,也可以用来教授模仿和装扮游戏。

以下是一些供你参考的例子。根据你当前的活动,充分发挥你的创造力,对它们进行必要的改编。

 1. 开车去洗衣机那儿　　非言语沟通 / 语言 / 假装游戏

假装你的洗衣篮是你孩子的一艘船或一辆汽车。如果你的篮子又宽又浅,孩子可以舒服地坐在里面四处张望,那是最理想的了!你可以给他一个圆形的玩具当作方向盘,帮助他驾驶洗衣篮。如果有必要的话,你可以帮助他拿好圆形玩具,向他展示如何左转和右转,然后表扬他(比如:"你在开车啊!优秀的驾驶员!我们开车啦!")。

教授"快"与"慢"

你可以将孩子放在洗衣篮里面,用不同的快慢推着孩子向洗衣机驶去,或者将孩子从洗衣机边上推开,然后等待孩子跟你沟通。通过这种方式来教授"快"与"慢"。如果你需要离开你的房子或公寓去洗衣服,你也可以让孩子坐在篮子里"开车"去洗衣房。当你快速推或者拉篮子的时候,你可以说"快";当你推得很慢的时候,你可以慢慢地说"慢"。接着你可以问问孩子,她喜欢"快"还是"慢"。如果她还不会说这些词汇,如果你认为孩子喜欢快,你可以说:"你想要快?"接着通过示范帮助她点头。

教授"停"和"走"

你可以用同样的方法来教授"停"和"走"。当你带着孩子从房子里走向洗衣机的时候,你可以走走停停。当你停下来时,等待孩子跟你沟通,然后才继续推篮子。如果你的孩子还不会说话,她可能会通过摇晃身体来暗示你——她想要你推她走。这样也行——只要孩子能看你,那么任何试图跟你沟通的意愿都应该得到奖励。用在前面拉篮子的方式来替代推孩子前进,这样她看你会容易一些(见图9-1)。当然,如果孩子喜欢火车,把她放在洗衣篮做的火车里,让她当个小小列车长,"呜呜——呜呜——都上车啦!"

图9-1 拉着坐在洗衣篮里的孩子往前走,是一种教授"停"和"走"的有趣方式。

2. 洗衣服　　　　　　　　　　**眼神接触 / 非言语沟通**

当你准备把衣服放进洗衣机的时候，你可以让孩子把衣服一件一件递给你，然后你再把衣服放入洗衣机里。刚开始的时候，你可以伸出手说："给我一件。"如果孩子需要帮助，你可以手把手地辅助他把手伸进篮子里，把一件衣服递给你。如果你的孩子可以够到洗衣机门，或者那儿有个安全的地方让他可以坐下来（比如烘干机或者另一台洗衣机），那么你给他递衣物，让他扔进去，这可能对他来说更有趣。在你把衣物递给孩子之前，等待孩子跟你进行眼神接触。如果孩子喜欢把衣服扔到洗衣机里，那么放开你手中的衣物递给他，这一行为本身就是对眼神接触的一种自然强化。如果他躲避与你的眼神接触，你可以尝试通过抖动衣物来吸引孩子的注意力，然后把衣物移近自己的眼睛，看看他是否会短暂地看向你，之后再把衣物给他，让他扔进洗衣机里。**根据他人的反应协调自身的动作是一项需要学习的重要技能。**

 3. 洗衣语言　　　　　　　　　　**语言**

让孩子帮你一起洗衣服，这提供了学习语言的好机会。你可以教授衣物的名称、颜色、家庭成员、"干"和"湿"。当你把衣物递给孩子，让他放入洗衣机或烘干机的时候，给每一件衣物命名——"短袖"、"裤子"、"袜子"，等等。如果你的孩子已经开始理解两个词语的组合，你可以在衣物前面再加上相关的颜色，如"蓝色短袖"或"白色袜子"。你甚至还可以通过告诉孩子你递给他的衣物是谁的，来教授家庭成员和所有物的概念。比如，你可以说，"妈妈的短袖"或"宝宝的袜子"。对大一些有更多语言的孩子，你可以问："这是谁的袜子呀？"或"这件短袖是什么颜色的啊？"

当你把湿衣服放入烘干机，烘干后要折叠起来的时候，你也可以进行类似的活动。当你把湿衣服放入烘干机前,你可以让孩子摸一摸,告诉孩子这是"湿的",当烘干之后,则告诉孩子这是"干的"。通过这样的方式来教授孩子"干"和"湿"的概念。如果你的孩子正在学说话,你可以辅助孩子通过以下方式说"湿"和"干":"袜子是湿的。短袖是湿的。内衣是湿的。袜子是……"如果有必要,提示一个"sh"音。如果孩子还是不能说出来,那么在这样的情境下,孩子能够一边摸一边听到对应的词,对帮助他弄清词汇的含义也有很大帮助。

以上活动关注的是表达性语言,但是你也可以教授接受性语言(理解语言)。当你把脏衣服从洗衣篮里拿出来时,你可以举起两件不同的衣物——一件短袖和一只袜子,比如说:"把袜子扔进去!"或者"哪个是袜子呀?"当孩子伸手去拿或者指点正确的那个时,为她欢呼,然后递给她,让她扔进去。如果她伸手去拿错误的那个,那么就把衣物举高让她拿不到,然后再试一次。但是在第二次的时候,你要把袜子拿得离她近一点,短袖离得远一点。你的孩子可能会发现反复按开始按钮、感受洗衣机的震动,或者观看洗衣机里旋转的衣物是件很开心的事。由于这些很可能是孩子的刻板行为的一部分,你要尝试让孩子结束这样的行为,并奖励孩子结束这些活动的行为。

 4. 洗衣配对　　　　　　　　　　　　　　　**语言 / 思维**

当你把衣服拿出来的时候,帮助孩子将他自己的衣物跟成人的衣物分开,或者试着匹配袜子或内衣,这可以帮助他发展分类和匹配的概念。

谁的衣服?

把所有衣物都放在床上孩子的视线所及之处,将他的衣服堆成一堆,其他人的堆成另一堆。当你把一些衣物依次放入其中一堆之后,把一件衣服递给孩子,问问他:"该放哪里?"如果他没有放入正确的那堆,你就把那件衣服再递给他,辅助他放到正确的那堆中,说:"宝宝的衣服"或者"妈妈的衣服"。

衣物类型的匹配

在你拿出一堆孩子的袜子之后,你可以将几只白袜子放一起,把几只黑袜子放一起,接下来用剩余的袜子做匹配活动,问问孩子"该放哪里"或"配对"。辅助孩子将袜子放入正确的那堆中,即使孩子需要辅助才能完成,你也要热情地表扬孩子。

大小配对

你也可以教授大和小。比如说,拿出你的一只袜子,把它放在孩子的袜子边上,说:"这个大,是妈妈的袜子。这个小,是宝宝的袜子。"如果你的孩子已经开始说话,你可以在这样重复几次之后拿起大的袜子说:"这个是……"如果有必要的话,通过发出"d"来辅助孩子。跟平常一样,即使孩子需要辅助才能成功,也要表扬他。说话是一个很难加以辅助的技能。事实上,辅助孩子说话比辅助孩子将东西放到某个地方要难得多,因为后者你可以通过手把手地辅助来帮助孩子。如果孩子一句话也没跟你说,你可以通过另一种方式来让孩子获得成功:拿起一只大袜子和一只小袜子,问"哪个是小的?"或"哪个是宝宝的?"(选其中你认为对孩子而言相对简单的那个问题。)如果有需要,辅助孩子拿出正确的袜子,这样你就可以热烈地表扬他所做出的正确选择——"太棒了!你选了小的!"——即使孩子需要手把手的辅助才能挑出正确的那个。

 5. 这个放哪里?　　　　　　　　　　　　　　　　　　　　　思维

在放孩子衣物的抽屉上贴一张图片,用于标识里面放了什么,如裤子、袜子、内衣、短裤等图片,然后拿出干净的衣物,递给她其中一件,问问她:"该放哪里?"首先,你必须帮助孩子学会将真实衣物与图片上的衣物匹配起来,你可以温柔地帮助孩子把衣物放在图片旁边,表扬她:"对!放对啦!裤子应该放那里!"然后再帮孩子把衣物放进抽屉或架子上。先给予孩子足够的帮助,再慢慢撤销辅助,随着她学会配对,逐渐减少帮助,确保给予孩子热烈的奖励,即使孩子需要帮助也该如此。在开关抽屉的时候要当心孩子的手指哟!

 6. 整理歌　　　　　　　　　　　　　　　　**思维 / 行为**

让孩子帮忙整理东西确实是一个挑战。刚开始时,你可以将其余物品都整理好,只留下一个让孩子帮忙放到篮子里或架子上。你可以唱首幼儿园经常唱的整理歌(整理,整理,大家都来整理,整理,整理,每个人都来整理),或者你可以到网上搜索,你能找到很多整理歌——挑一首吸引你的。引导孩子温柔地捡起一个玩具或一本书,把它放到该放的地方去,接着给他大大的表扬,做一些有趣的活动。用同一个玩具反复几次,连续进行几天。然后,剩两个玩具在外面,唱整理歌,引导孩子把这两件玩具放好。放好之后,表扬孩子,让他参与有趣的活动。你的目标是让整理歌成为整理东西的信号,由于整理对年幼孩子而言是一个无聊、无趣的活动,所以别指望孩子能够一次放好几样玩具。

 7. 分类整理　　　　　　　　　　　　　　　　**思维**

在孩子能整理2~3件东西之后,你可以开始着手"分类"的概念。这可能是孩子第一次有机会学习如何进行物品分类或将相似的物品放在一起。整理是帮助孩子学习分类技能的好时光,特别是当你先前已经将孩子的玩具和书籍做了整理。那样的话,你可以先向孩子展示每一样东西都有其特定摆放的地方或属于某个地方。比如,柜子的某个地方或某个箱子是用来放书的,另一个盒子是用来放拼图的,还有个盒子是放积木的,球也有个盒子来装,小汽车和火车用另一个箱子装,你可以先向她展示书放这个地方,球放另一个地方。如果你拍下玩具的照片,把它们贴在箱子或盒子上(图片与其内放的东西一致),这样会对孩子有帮助(参见图9-2)。如果有可能的话,使用透明的塑料箱子,这样孩子就可以看到里面装的是什么。

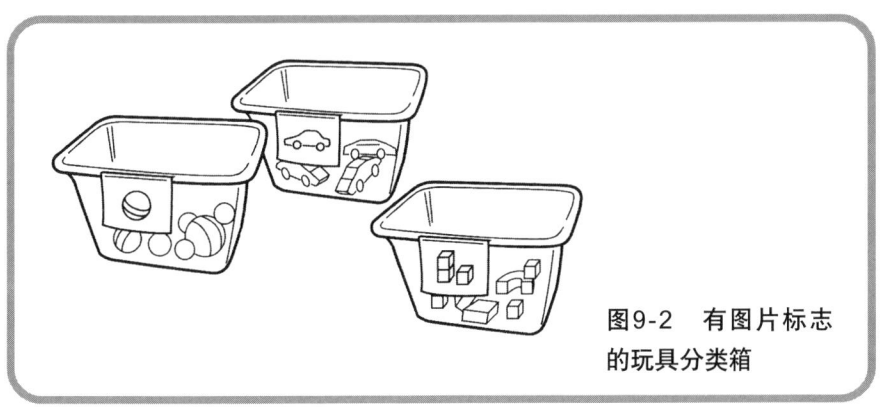

图9-2 有图片标志的玩具分类箱

你可以先唱整理歌,再把球捡起来说:"整理的时间到啦!这个是球!"接着指点放球的那个箱子,说:"球放那儿!"辅助孩子将这个球和其他球放在一起。接下来,当然是热烈地表扬她,给她挠痒痒,给她转一圈,或者其他她喜欢的活动。用你的动作和表情向她传达你为她能自己整理玩具的愉悦和自豪感!

如果你的孩子已经会说一些词汇,你可以拿起一个玩具,比如一块拼图,问:"这是什么?"如果她没有回答,你可以辅助她或替她把答案说出来,然后问:"拼图放哪里?"如果她没有放对地方,轻轻地辅助她,指给她看放拼图的地方,说:"拼图放这里,整理好啦!"重复这个过程,直到孩子明白什么该放哪里。如果感到无聊,将这个变成一个游戏,你可以说:"书放哪儿?"然后把书放在某个看起来很傻的地方(比如你的头上),让孩子来纠正你。再次声明:别期望一个年幼的孩子会整理超过4～6件东西。这意味着在你让孩子整理之前,你最好把其他东西都整理好,只留下4～6件物品。孩子如果看到只有几件东西需要整理,那么他就不会那么抗拒。

 8. 整理餐具　　　　　　　　　　　　　　　　　　　　**思维**

如果你的孩子逐渐掌握了分类的概念,你可以让他帮你整理干净的餐具或者洗碗机。让他坐在椅子上或者宝宝椅上,坐在靠近洗碗池边上的洗碗机篮子或干净的盘子篮的地方,将空的餐具托盘放在他面前,餐具盘边上放着筷子和勺子。刚开始,你先把几只勺子和筷子放进对应的托盘里,然后说:"我们来配对!"或"我们来整理!"如果他做对了,大大地表扬他!如果他没有,温柔地手把手地辅助孩子,帮助他将筷子跟其他筷子放一起,勺子和其他勺子放一起("这是勺子,把勺子放这里")。如果他能自己来,但偶尔出错,那么这还是一个适合训练精细动作协调的活动。

 9. 擦桌子　　　　　　　　　　　　　　　　　　　　**模仿**

如果有一个你能用水擦拭的表面,那么你就有了教授孩子模仿你的好机会。如果她坐在椅子上能够够到的话,她可以擦宝宝椅的台面或矮桌面,甚至是厨房餐桌。你擦一小部分,说:"你也来擦!"如果有必要的话,手把手地辅助孩子,帮助她擦桌子。接下来看看她能否自己来擦一小块。热烈地表扬她,表扬她是个优秀的小助手,即使她还需要你的辅助。别担心是不是擦干净了,你可以之后再擦一遍,关键是让她模仿你的动作。如果你在厨房里,你可以这样说:"现在桌子干净了,我们可以吃点点心了。"在"干净"的桌面上放上一些点心(比如每人一片米糕)。这样,你就是在教孩子食物要放在干净的桌子上,也为孩子模仿你、帮助你提供了奖励。(湿擦和擦干提供了练习"湿"和"干"、"脏"和"干净"概念的又一个好机会。）

 10. 扫地，扫地，扫地！ **模仿**

　　扫地也是一个练习模仿的好活动，这最好在你已经扫完地之后做。你在地上撒几片纸巾屑，或者其他能在地板上显眼的东西，别用可以吃的东西。看着孩子，别让孩子把地上的东西放进嘴里。给孩子拿一个玩具扫把或者一个容易抓握的刷子。你扫一小块地方，说："你来帮忙！"把扫把递给他，帮助他将垃圾扫入簸箕，接着表扬他是你的好帮手！

第10章

外　　出

带着一个孩子（或者更多）到户外去的时候，你还要同时抓住机会帮助孩子练习技能，这样的任务对你而言确实是一个挑战。但是，你仍有很多机会可以跟孩子玩那些既有趣又能够教授技能的游戏。在本章我们介绍的活动中，一些是专门为外出而设计的，另一些则适用于当你准备离开房间或从外面回到家里时。请记住：外出也提供了很多练习与熟人打招呼和挥手再见的机会。请你仔细阅读下文，看看哪些能为你所用。

 1. 挥手再见　　　　　　　非言语沟通 / 眼神接触 / 模仿

当你离开家或者其他成人离开家的时候，你可以教孩子挥手再见。在第2章中，我们已经比较详细地介绍了如何教授挥手再见。简单地说，当你和孩子准备离开，家中还有一位成人留下的情况下，或者另一个成人要离开的情况下，让那个人跟孩子挥手再见。如果有必要的话，让那人在孩子脸边挥手，以便引起孩子的注意。通过让成人的脸与孩子的视线处于同一水平，来帮助孩子跟人进行眼神接触。如果孩子还是没有挥手，轻轻地帮他抬起手，帮助他来回摆手做出挥手的动作。然后，放开他的手，热烈地表扬孩子（跟苏珊挥手再见时挥得很棒！）。如果孩子避免与成人眼神接触，也要强化孩子的挥手行为，继续寻找其他机会让孩子练习眼神接触，给予他表扬。如果可能的话，当他做到了就给予奖励。

2. 车里唱的歌　　　　　　　　　　　语言

你很难在私家车、公交车或者火车上维持孩子的注意。对一个刚开始探索发音和词汇的孩子，你可以试着唱她最喜欢的歌曲或童谣，然后暂停一会儿，看看她是否会接上歌曲里接下来的那个词汇。比如，你已经一遍又一遍地给孩子唱《小熊维尼》了，那么最后你可以试着唱"维尼____"，在你唱"小熊"之前暂停一会儿。又如，你唱《小蜘蛛》(*The Itsy Bitsy Spider*) 的时候，可以在诸如蜘蛛、太阳、雨等重要词汇之前暂停一下。留白某个词或音让孩子填空这一技术，对于帮助你了解孩子到底知道多少非常有帮助，也能让她保持参与。如果她能正确填入词或音，确保给予她奖励性的回应，比如热情地说："答对啦！维尼小熊，说得很棒！"《王老先生有块地》这样的重复性歌曲也很棒。当你唱到动物的声音的时候就停下来，看看孩子是否会自己补充。

变得有趣

在1岁左右，宝贝们通常会发展出幽默感。如果对他最喜欢的程序做了滑稽的改变，他可能会感到惊讶或者发笑。比如，当唱到"公交车上的轮子"时，你可以改编成"公交车的奶牛，哞，哞，哞"，然后停下来说："等等，公交车上的奶牛？太傻了！"

3. 颜色游戏 思维

蜡笔

对大一点已经学了一些颜色的孩子，你可以试着递给他一个装着一些蜡笔的盒子，当他看到某个颜色的物品时，如红色的车子、褐色的车子、白色的房子等，就把这个颜色的蜡笔递给他旁边的人。如果你正在开车，孩子和另一个人一起坐在车后座，他可以把蜡笔递给那个人。如果在公交车或火车上，你坐在孩子身边，那就更简单了，他可以把蜡笔直接递给你。当盒子空了，代表活动结束了，你可以给他奖励吃的或挠痒痒。你也可以把蜡笔放回盒子里，让他再玩一次。

色卡

你同样可以用一小包色卡来做这个游戏。你可以从五金店讨要一些涂料纸的样本，把它们剪成独立的小块——红、蓝、绿、黄、黑、白、紫、橙等，这样你就很快做好了一包色卡。如果你认为用多个颜色玩这个游戏太复杂，那么你可以放5片红色的色卡在包里，把它递给孩子。当孩子看到并指点某个红色的东西时，就拿一张给身边的大人。当他都给对并给完的时候，他就可以得到强化物（可能是某个红色的奖励物，如红色水果谷物圈）。

 4. 乘着"私家车"或"公交车"去旅行 假装游戏

在你自己开车、乘公交车或火车去某处之前，或者去了某处回来之后，你可以和孩子一起假装开车或乘公交外出玩耍，如此，你便将乘私家车或公交车的外出游玩作为帮助孩子理解假装游戏的一种方法。比如，从市场回来之后，你可以把孩子放进洗衣篮里，用一个圆形的物体当作方向盘。当你推着篮子四处走的时候，跟孩子说："我们假装来开车/开火车。嘟——嘟——我们出发喽！你这个司机真优秀呀！"

你甚至可以在茶几或者矮架子上放一些孩子最喜欢的食物的空盒子，帮助她假装买几样东西。比如，你可以推着她在洗衣篮里走，跟她说："我们开车去商店！好了！我们现在到商店了。一起购物吧！"接着帮助她走出篮子，走到架子旁边，说："这是谷物片，我们把它放进袋子里吧！"把东西放进你购物时用的袋子里。你可以再拿其他物品重复操作几次，然后说："好了，买好了。回家吧！"把孩子再放回篮子里，把袋子也放进去，"开车"回家。接下来，你可以让孩子坐到宝宝椅上，给她一些刚才你们一起在市场"买"的东西。请记住，你是在教孩子理解和喜欢假装游戏，因此尽可能地让这个活动变得有趣。如果她感到困惑或烦躁，试试其他活动吧。

图10-1　乘车购物

5. 停和走　　　　　　　　　　　　　　　　　　　语言

在以上活动中你也可以教授词汇"停"与"走"。你可以用彩色卡纸来做一个小小的绿灯或红灯。当你帮助他拿起绿色卡纸或纸片的时候，一边说"绿灯行，走走走"，一边推着他前进。当你准备停止推篮子的时候，帮助他举起红色纸，说"红灯停"。如果你的孩子觉得这样很有趣，你可以让他自己举起这两种颜色的卡纸，当他举起绿色的，你就推他前进，当他举起红色的，你就停下来。你可以帮助他举起对应颜色的纸片，照纸片颜色的指令做，每次都边做边说"绿灯行，走走走"，"红灯停，停停停"，以此来辅助孩子。在你练习一段时间之后，你可以开始尝试暂停，让孩子来填空。比如，你举起绿色的"行走"标志说："绿灯行，准备____！"你暂停一下，看看孩子能否自己说出"走"。当孩子说出来之后，你可以推他前进，以此来强化他。当你带着孩子乘车出去的时候，你也可以指点真实的交通信号灯给孩子看，用相同的语言讲解。当你遇到红灯时，指点一下红灯，说："红灯停，车停了！"当灯变绿的时候，指点信号灯，说："绿灯行，走走走，车子开走了！"

 6. 图片日程表——我们要去的地方　　　　　　思维 / 语言

当坐私家车外出的时候，你还可以教授一项非常重要的技能，那就是视觉日程表的概念。最基本的理念是为你所到的每一处制作一张图片。尽量简单点，如果可能的话，每次就两到三个地方。如果你要去银行和超市，给这两个地方做个图片或拍个照片；如果你乘车外出的话，就再加一辆车子的照片；如果乘公交车的话，就加辆公交车的照片，还要加上你家房子的照片。把它们塑封起来或者用塑料纸覆盖起来，粘好，这样孩子就不会把塑料纸撕掉。你可以在文具店或办公用品店买到不干胶，将图片排成一列（见图10-2），把它们拿给孩子看，指点每一个图片或者拿起来让她看，可以这样说："看，先汽车（公交车），再银行，然后超市，接着回家。"

图10-2 外出的简单图片日程表

在外出之后，如果你可以带孩子去其中一个他喜欢的地方，比如公园或操场，那么你就应当把这个地方的图片放在不那么令孩子兴奋的外出地点之后，但要放在你家图片之前。它可以是汽车、银行、超市、公园、家的图片。记住，每到一处就给孩子看该处的图片，用"现在我们回家了。耶！我们到家了"结束。

这样做的目的在于让孩子浸润在简单的语言之中，同时提醒她你们去了哪里或你们去了图片上的那个地方，帮助她发展系列事件的概念。这也可以帮助孩子理解一日的程序，尽管她可能还不理解所听到的全部语言。如果有你们去完超市之后要去的有趣场所的图片，这可以帮助她在超市里耐心地多等待一会儿，但你也要通过尽量缩短外出时间来帮助她成为耐心的人。

 7. 外出之歌　　　　　　　　　　　　　　　　　**语言 / 思维**

当你外出的时候，指点图片，说出你们要去的地点的名称，唱首有关这个地方的歌。比如，你要先去银行，再去超市，最后去公园，那么你可以给孩子看这三个地方的图片，向孩子解释你要去哪里，然后唱一首关于银行的歌。比如，"我们要去银行"可以用"虫儿飞"的旋律唱。如果你也用这个旋律来唱关于市场、医院、公园和其他地方的歌，那么，你的孩子会很快熟悉"外出之歌"，而且当你指点你们下个要去的地方时，孩子也会对填入不同地方的名字感兴趣。

练习"你好"和"再见"

你也可以强化孩子说"你好"和"再见"。每当你到达或离开外出的目的地时，确保说"你好"和"再见"，比如"你好，银行！"和"再见，银行！"如在银行或市场时，你可以帮助孩子试着参与其中一项活动，这样外出就会变得有趣一些。比如，如果你控制着孩子的手指，那么你可以让他按一下自动取款机（ATM机）上的按钮，或者让孩子把超市里他最喜欢的食物放入购物车。（如果你递给孩子食物，让孩子放进去，你可以叫出食物的名称，如"苹果"，也可以说"放进去"，或者两个都说，"苹果放进去，橘子放进去"，等等。）你还可以玩填格子游戏，给孩子准备一些方形图片（如麦片、苹果、香蕉、果汁），当孩子点到其中一个就鼓励孩子指出该物件或说出它的名称，完成之后贴上贴纸或用简单的语言进行确认（"你找到了苹果！只剩下三个了！"）。尽量试着这样做，在购物行程结束之后，你就给予孩子一些东西奖励他赢了游戏（如一个苹果，一瓶果汁）。这样的活动也提供了表扬孩子帮助你的机会。

 ## 8. 记住图片中的地方　　语言 / 思维

到家就通过看图片来复习你们去过的地方，这种方法可以用来教授孩子记忆事物。过于低龄的孩子可能无法记住几个小时前发生的事情，但是你可以在到家之后，比如她坐在桌子边或宝宝椅上吃点心或中饭的时候，试试这个方法：将图片按照你去过的顺序排列起来。比如，你可以一边按顺序指着图片，一边说："我们去过市场，我们买了苹果和饼干。我们也去过操场，你顺着滑梯滑了下来。之后，我们坐上汽车回家了。"你也可以弄一本相册，以一周为基础进行复习（"你去了奶奶家，吃了根棒棒糖；你去滑雪橇，那好冷啊！"等等）。

 9. 耐心等待　　　　　　　　　　　　　　　　　**行为 / 思维**

在超市里你还可以教授孩子一个重要的概念——等待。太过年幼的孩子等不了多久就会变得焦躁不安，所以别要求孩子等待的时间超过两三分钟。在结账之前，你可以选一个他最喜欢的食物，如一包薯条或一包饼干，告诉他说："我们必须等几分钟。在我们付钱之后，你才可以吃。"接着，你一结完账就打开包装，给孩子吃饼干，奖励他"耐心等待"。如果你的孩子无法等待，急着要饼干，那么去超市时选个收银空闲的时候，就只买两三样东西，来试着教授这个内容。把这个活动当成是教学而不是购物。拿到饼干之后，直接走向收银台，说："我们必须等待，付钱之后，你才能吃一点。"尽可能缩短等待的时间，让孩子体验成功，接下来，每次去超市，你都可以逐步增加等待的时间。

 10. 和我待在一起　　　　　　　　　　　　　　　　　　**行为**

如果逛超市的时候孩子不喜欢坐在购物车里，但你不抓住她的手，她又会跑掉，这里介绍一个帮你教孩子跟你待在一起的简单的行为策略。用带拉链的袋子包一点孩子特别喜欢的食物，比如"好多鱼"或小饼干。向孩子发出指令，"跟我待在一起"，通过拉着她的手或让她拉着购物车，你一手轻轻搭在她身上来提示她。走几步，在孩子试图跑掉之前，短暂停一会儿，热烈表扬孩子能跟你待在一起，给她一点好吃的。接着继续发出指令，让孩子与你待在一起，在孩子还没吃完之前就开始走。这次在暂停之前多走几步，再表扬孩子跟你在一起，给她另一点吃的。继续这样做，告诉她"跟我待在一起",每次都多走几步,之后就给予食物奖励。用不了多久,你就可以和孩子一起走过通道,能够一起从货架上选东西。你要做的只是在走道尽头给孩子一点吃的,你也不需要再拉着孩子的手了。

你越是让孩子帮助你,比如让她从货架上选东西或把东西放进购物车中,让她参与购物,孩子就越不会试图乱逛。尽管她可能还不理解你要买的东西的名称,但你可以指点这些东西,提示她把东西拿下来,放入购物车里。接下来你就可以热烈地表扬她是个好帮手。一旦她领悟了这个概念,开始喜欢上这个活动,去超市就会变得容易得多。

11. 从匹配到视觉购物单　　思维 / 语言 / 行为

图片还可以用来教授简单匹配。比如说你要去超市,打算买脆谷乐和一盒牛奶,剪下脆谷乐盒子的正面以及牛奶盒最显眼的图案部分。到超市购物走道时,让孩子拿着脆谷乐或牛奶盒的正面图片去寻找匹配的商品。在这样的情况下,如果他需要辅助,你可以帮助他靠近正确的商品。跟原来一样,当他找到正确商品的时候,你一定要用表扬来强化他。当孩子在匹配你要买的商品上做得越来越好时,你可以用你要买的商品的小图片来替代原来的包装盒图,可以打印网上找到的图片,用报纸上广告中的图片或商场的宣传册。图10-3是一个购买几样物品的视觉购物单范例。你可以把它们一个一个递给孩子看,当你在对应的过道时,可以让找到对应物品变成一个游戏,如果东西不是太重,可以抱起孩子让他放进购物车或递给你。

对于大一些的孩子,你可以制作稍长一些的购物单,比如用六七个物品的单子来替代两三个物品的单子。通过让孩子兴致勃勃地参与到购物过程中,你会大大降低孩子在超市中出现常见问题行为的可能性。你可以让孩子知道,如果他跟你待在一起,找到了购物单上的所有物品,可以得到食物奖励。这对孩子的同伴们也很管用。图10-3就是个简单购物单的范例。

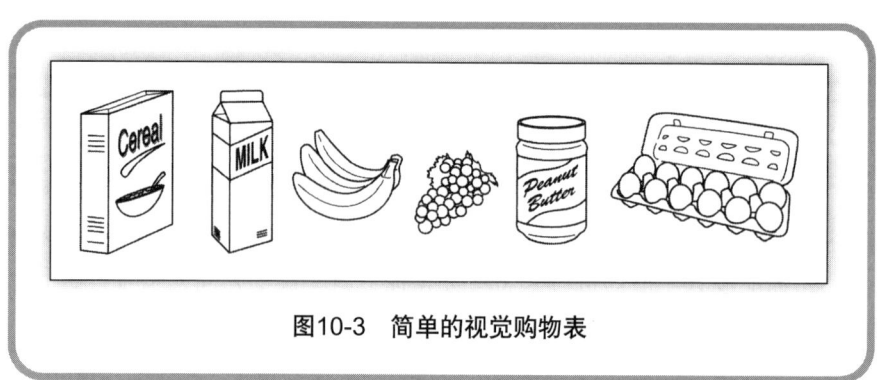

图10-3 简单的视觉购物表

对太过年幼的孩子，你可以通过一次只给一张图片，让活动变得简单，或者你也可以指点他接下来要找的物品图片，并确保你们就在该物品附近。一旦孩子完成了简单购物单，你一定要表扬孩子，如果有可能的话，给他一点好吃的，比如一根薯条。这个奖励可以是孩子喜欢的其他事物，也可以是他要求的某个东西或超市里他想要的某个物品。如果他能够等几分钟，可以让他拿着图片，等你走出超市再得到薯条作为奖励。如果他更成熟，能够等到回家之后，那么他可以拿着薯条，回到家里之后（如果路程不远），用薯条给他当一顿点心。万一他还太小，无法等待，那么在他完成小小购物单之后就直接打开包装，给他一根薯条。

 12. 宝宝去哪里？　　　　　　　　　　　　　　语言

你可以将你外出的视觉日程表中的图片备份，制作成一个小相册，取名为"宝宝去哪儿？"（用孩子的名字来替代"宝宝"）。你也可以用这个制作一本重复性语言的书，就像我们之前提到的那种。每次或者每页都用相同的语言作为开头句，这样可以帮助孩子学习不同的地名。比如，书上可能写着"宝宝去哪里？宝宝去公园。"或者"宝宝去哪里？宝宝去超市。"当你给孩子读这本书的时候，把重点放在地名上。如果你经常这样做，一段时间之后，你可以空出最后一个词或者暂停一下，充满期待地看着孩子，看看她是否会填空。之后，如果你带着相册外出，你可以教她将照片与地点匹配，通过辅助她翻书找到你们去的地方，以这样的方式来帮助她。

 13. 有多少橘子？　　　　　　　　　**语言 / 思维 / 眼神接触**

让孩子坐在购物车里，你推着他。当你们来到果蔬区的时候，拿个塑料袋（或者用你自己的纸袋或环保袋），说："我们一起拿三个苹果（或其他你想要的数量）。"递给孩子一个（一个苹果，一个橘子等），帮助他放入袋子，边放边说"一"，接下来也是一边放一边数："二……三！！！你做到啦！你往袋子里放了三个苹果。"如果你认为他已经做好了准备，你来数，但在数最后一个数字前停顿一下，给他必要的辅助："一，二，三，……"如果孩子知道数字，给予必要的帮助，帮助他背诵数字。（辅助可以是在孩子正对面展示数数"一，二，三"的口型，或是给予孩子数字的第一个音。）接下来，结合眼神接触，给他一个水果，但只有当孩子跟你有眼神接触时才给予孩子，允许他放到袋子里。如果有必要的话，将水果移近脸部以帮助孩子与你进行眼神接触。这个游戏可以用于教授数数，让孩子忙碌起来，进行眼神接触，与你协调动作。这可能会让你的购物变慢一些，但如果你能让孩子与你互动，这就是值得的。

第 11 章

室 内 游 戏

玩室内游戏是教授各类技能的绝佳机会,因为此时你可以全身心地关注学步儿童,不受其他任务的干扰。事实上,通过将孩子想要的东西放在靠近脸部的位置,以给予孩子物品奖励眼神接触,以及通过辅助孩子用指点和言语来沟通他想要的,任何活动或游戏都可以变成鼓励眼神接触的好时机。请务必记住,给予孩子必要的帮助(即使这意味着手把手帮助他指点想要的东西),别让孩子感到挫败,因为游戏本就该是快乐的。

 1. 颜色匹配和颜色词 　　　　　　　　　　　语言 / 思维

市面上有不少印有彩色圈圈的爬爬垫,但是你也可以用彩色卡纸自己制作圈圈或方块,把他们放置在地板上。从房屋周围收集一些颜色明亮(红色的,绿色的,蓝色的,黄色的,白色的,黑色的)的物品,将它们放在桌子上,靠近彩色纸片圈的地方。拿起玩具,要求孩子把这个玩具放入对应颜色的圆圈上。开始的时候,只用两个颜色鲜明的圆圈,这样孩子只需从两个圆圈中选择其中一个,这会简单一些。接下来你可以用 3 ~ 4 个圆圈,教孩子将红色的物品放到红色圆圈上,将蓝色的放到蓝色圆圈上,等等。你可以用任何颜色鲜明容易抓握的物品。跟平常一样,仅给予孩子必要的帮助。可以从递给孩子物品,手把手帮助她将物品放到对应圆圈上开始，当孩子慢慢明白过来的时候，逐渐撤销辅助。

你也可以反过来玩这个游戏（选择对你来说容易的那个）——让孩子选择正确的圆圈，将圆圈放到玩具或物品旁，而不是将物品放到地板上的彩色圆圈上。如果她需要帮助，帮助她走到圆圈旁，挑出正确的圆圈垫，放到玩具旁。

当她把物品放到对应的圆圈上或者把圆圈放到物品旁时，热烈地表扬她（"你配对了！"或"你把红色的球放到红色圆圈上了！"），给她一个拥抱或给她挠挠痒，或者抱起她转一圈——任何她喜欢的事物。

你也可以用一些能够帮助积累词语的物件。比如，如果你正在教有关衣物的词汇，你可以用小件的衣物，如孩子的袜子、衬衣、短裤、鞋子、手套或帽子。或者，你也可以用洋娃娃的衣物，如果你有的话。请注意，只使用那些基本颜色的、与圆圈颜色接近的整件衣物。玩具汽车，积木，塑料杯子和勺子，颜色鲜艳的玩具鱼和玩具鸭等浴缸玩具，玩具食物模具，甚至一些真实物品也可以用于这个活动。说真的，任何东西都可以。只要把有颜色的东西递给孩子，比如，告诉她："把红色的苹果放到红色的圆圈上。"如果孩子需要帮助，指点其中一个红色圆圈，如果孩子还需要更多帮助，带着孩子走到红色圆圈边上。当你表扬孩子时，记得使用颜色词。比如，你可以说："做得很棒，你找到了红色。"或者"耶！红色的汽车在红色的圆圈上。"这个游戏的另一个变式是跟动词混搭起来，比如你的孩子已经开始学习根据你的指令指认颜色，你可以这样说："你可以跳到红色圆圈上吗？你可以转到绿色圆圈上吗？"或者用上身体部位："你可以把头搭在红色圆圈上吗？你可以把脚放在绿色圆圈上吗？"

随着孩子语言能力的提高，给她提供选择的机会。比如，你可以问："你喜欢绿色的汽车还是绿色的积木？"如果想教她颜色，你可以举起两块积木，问："你要绿色的这个（把积木举高，靠近孩子）还是红色的（举高并靠近孩子）？"孩子可以通过指点或语言做出选择，将两个物品移近孩子，这样她可以伸手指点或拿她想要的那个。热情地为她的选择配上旁白,比如"你选了绿色的这个!"得到她想要的东西是对她选择的一个最好的自然的强化。

一旦你的孩子越来越擅长匹配和分类基本颜色,接下来就可以探索一下不同深浅的相同颜色,如深绿和浅绿。

 2. 拼图寻宝游戏　　　　　语言 / 思维 / 非言语沟通

将小盒子、杯子和碗排列起来。确保它们都是空的,像下面图11-1那样把它们倒过来。

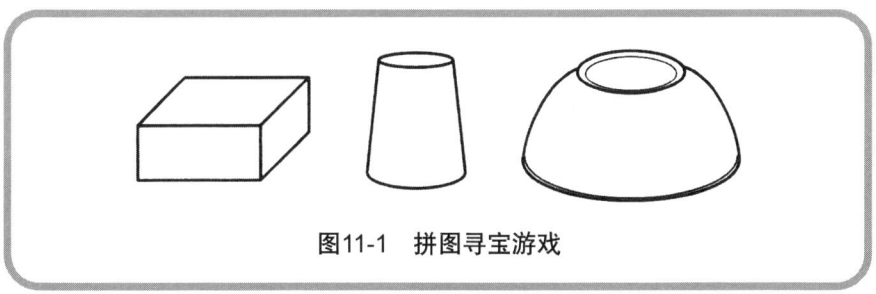

图11-1　拼图寻宝游戏

选择孩子喜欢又容易拼的拼图。如果他喜欢动物,你可以选择一块动物拼图。或者,如果他喜欢车子,那么车子拼图就是个很好的选择。很多孩子喜欢嵌板拼图,特别是那些还很小的孩子——这样的拼图每一块都有对应的凹陷位置,而不是只能依靠相互之间的联结线索进行拼图。

把拼图拿走,将其中一块拼图藏在盒子下面,一块藏在杯子下面,一块藏在碗下面,请记住每一块拼图所在的位置。如果还有剩下的拼图,把它们留在拼图板上就好了。指点拼图板上其中一个空缺拼图的凹陷处——比如,兔子拼图的地方——可以这样跟孩子说:"天啊!兔子不见了!让我们看看杯子下面!"如果你认为孩子需要一些帮助,就指点一下杯子,或者你认为他需要更多辅助就帮助他拿开杯子。当孩子跟随你的指令依次找到每一块拼图的时候,为他欢呼。找到最喜欢的拼图也是一种自然强化。这可以帮助他学习动物的名称或不同种类车子的名称（兔子，汽车），或者其他拼图上的图案名称。这也可以帮助他学习"下面"的含义。

你可以用"土豆先生脑袋"这一玩具来玩这个游戏，教授孩子身体部位名称。你可以说："呀！土豆先生需要他的鼻子。它在杯子下面。"如果他需要帮助，为他指点杯子或帮助他拿起杯子。当孩子找到鼻子的时候，为他欢呼，帮助他将鼻子放到土豆先生的脸上。

随着孩子获得更多的语言，你可以通过"藏匿"孩子想要的东西帮助他练习听从指令。比如你可以将孩子的毯子放到他的小床下面，当孩子寻找的时候，你可以辅助他并询问："毯子去哪儿了？"然后告诉他："我看到它在小床下面。"

3. 看我看的地方　　非言语沟通／社会交往

除了教授词汇理解（"在杯子下面"）或明白你指点的是拼图所在的地方之外，你还可以用这个游戏来教授孩子跟随你的视线。跟随你的目光和理解你在看什么对发展共同注意——也就是说，你和你的孩子在同一时间看向同一物品——非常重要。比如，当你说"花儿真漂亮"时孩子会看花，这能够帮助孩子弄清什么是"花"。你可以说："我们需要汽车！我知道它在哪儿。"或者"我需要土豆先生的鼻子！我知道它在哪儿。"然后充满期待地看向藏有汽车或鼻子的方向。将物品（杯子、盒子、碗或你使用的任何东西）在地板上或桌面上分开一些，这样孩子就更能分清你到底看的是哪个。一开始，你可以探头看向物品的位置，探头探得明显一些，接下来，提升难度，你可以微微探头，但主要靠转动眼珠来看向目标物品。当然，还要用热烈的表扬来强化孩子找到正确物品的行为，同时给予孩子拼图让她拼好。如果他没有看你看的物品，通过指点来提示他，如果他仍然不能选出正确的物品，帮助他拿出来，然后也热烈地表扬他。（"你找到了！太棒了！我们一起放进去吧！"）这些游戏——"寻宝"和"看我看的地方"也可以用塑料复活蛋来玩，找那些颜色鲜艳的蛋更有趣（特别是当里面有小玩具或小零食的时候）。你可以说"我看到蛋了"，指点它，一开始可以指得特别近，接下来，你可以尝试远远地指点。你也可以教其他概念，如颜色、房间、方位词等，或在蛋里面藏一些小零食，告诉孩子零食在蓝色的杯子里面，或藏在"厨房"或桌子"旁边"。

 4. 它还在那儿　　　　　　　　　　　　　　**语言 / 思维**

学步儿童喜欢看物品以移动的方式表现出客体恒常性，也就是说，当某个消失的物品突然出现的时候，他们会变得十分激动。这是因为太过年幼的孩子还不理解我们看不到的东西仍旧存在这一概念。向他们展示你是如何将小玩具汽车或球滚过纸片做的通道，让孩子在另一端看它们跑出来。你可以将两到三张纸片拼接起来增加悬疑性，或者用包装纸卷个纸筒，将纸巾或围巾放进去，轮流将这些东西拉出来。突然蹦出来玩具的玩具盒也可以教授这个概念。如果你有个魔法盒或者其他蹦出玩偶的盒子，当玩偶蹦出来的时候跟玩偶说"你好"，当玩偶缩回去的时候跟它挥手再见。开始询问"它在哪里？它去哪里了？"当它再次出来的时候，说："它在那儿！"

 5. 搭建积木塔　　　　　　　　　　　　　　**语言**

过于年幼的孩子喜欢推倒高高的积木塔——越高越好！帮助你的孩子用积木堆一个塔。有时候孩子会发现捡起东西比放开东西要简单些，因此，将积木块放在塔的顶部却不推倒塔会有点难，孩子需要你额外的帮助。利用重复性语言来增加悬念，说："搭上来，上来，上来……推倒……倒！"或者你也可以在堆高积木的时候只说"上来，上来，上来"，接着将积木推倒的时候说"倒"。在反复几次之后你可以使用填空程序，让孩子来说"倒"或者其他相近的词。你可以充满期待地看着孩子,等待她说"倒",之后你再推倒积木。或者你可以握着孩子的手,不让她推倒,直到说了"倒"之后才可以。

一些孩子会被积木倒在桌面或硬地板上的声音吓坏。如果你家孩子也是这种情况,你可以只用三四块积木搭一个小塔,让孩子慢慢习惯这样的声音,然后再堆得更高些。如果你或她还没推积木塔就倒了,你可以说:"砰——它倒了!"这会让这个过程变得很有趣。

如果你认为孩子已经做好了准备,可以试着引入一些新的主题。比如你可以在原本说"上来,上来,上来"的时候,说"它变高了,更高,更高,看,这个多高!"或者,当塔开始前后摇晃的时候,你可以表现得又兴奋又害怕,说:"啊哦!它要倒了!"当他堆了一个真正的高塔,准备推倒它时,你可以试试"倒塌"这个词。当你打算推倒积木塔,或者在一边观察或享受的时候,让孩子以任何他喜欢的方式参与进来——将积木放在塔的顶端,将它推倒,说"倒塌"这个词,补充"预备,开……"。如果你的孩子只是看着你,你也可以利用这个机会来教眼神接触,坐到地板上,在你准备搭下一块积木的时候,将下一块积木放在眼睛的附近,说"预备……",只要孩子一看你,你就说"开始",边说边将积木推倒。

 6. 玩气球 语言 / 动作协调 / 眼神接触

氢气球也是教授"上"和"下"两个词的好工具。确保在你放开手让气球飘到屋顶之前,你已经在气球上系了一根足够长的线或丝带。当气球向上飞的时候,你可以这样说:"上,上,飞走。"当孩子抓住线往下拉的时候,你可以说:"它下来,下来,下来了!"

别把瘪掉的气球扔了

氢气球过几天就会有些泄气,这时气球移动起来比较慢,很适合用于

图11-2 用瘪了的气球来玩抓和踢的游戏

玩抓和踢的游戏。你可以朝孩子扔几次气球,让他抓住或捡起来。如果他可以把球扔回给你,那就太棒啦!如果没有,把球从他那儿拿过来,再扔一次。几次之后,你就可以用这个游戏来跟孩子进行眼神接触。站在孩子附近,甚至跪在孩子边上,那样他就很容易看到你。当他看着你的眼睛时,表扬孩子("看得真棒!")并立即把气球扔回给他。气球是奖励,你这样做是在强化眼神接触。

用普通气球

你可以用普通气球,把它们吹起来,然后把气放掉,让气球在房间里到处飞,别让它停下来。你可以用气球教"一、二、三",你可以数"一、二……",在"三"之前暂停,然后一边数"三"一边把气球放掉,或者你也可以教授"预备,开始,出发!"在你这样做了几次之后,你可以等着孩子说"三"(或者"出发"),然后用让气球飞起来奖励孩子。你也可以利用这个游戏教眼神接触。气球在房间里飞会让孩子非常兴奋,一些孩子在开心、兴奋和想要你为他重复某件事情的时候容易跟你进行眼神接触。你可以数:"一、二……"接着暂停一会儿,等着孩子说"三",简短地跟你有个眼神接触,然后你就让气球飞起来。如果他还没有语言,你可以数:"一、二、三。"当他跟你有眼神接触之后,你才把气球放开。

如果你的孩子把瘪掉的气球捡起来了,那么这就是你帮助他把气球交给你,要求再玩一会儿的好机会,或者你也可以只是伸出手提示他把气球还给你。**但请注意:千万不要让孩子把瘪掉的气球放进嘴里——这会引发窒息危险。**当气球在屋里降落之后,他跑着去捡气球时,你一定要在他身边,防止他把气球吞到嘴里。当然,有时候孩子害怕气球在房间里飞,因为这会制造噪音,而且气球移动很快而不可预测。如果你的孩子是这种情况,你可以让他站在房间里,只把气球吹三分之一大小就放掉。如果他还是害怕,就试试其他活动吧。

 7. 一起来玩球　　　非言语沟通 / 眼神接触 / 动作协调 / 社会交往

来回滚动球是个介绍轮流的好方法。轮流是非言语沟通和社会交往的重要部分。如果你们面对面坐在地板上,来回滚球是很容易的。开始时,要离孩子近一些,这样球不会滚得太远。当你把球传向孩子的方向时,确保孩子跟你有眼神接触,之后才把球传给孩子。当孩子试着去抓球时,让孩子跟你先有个眼神交流,然后为他试图抓住球所做出的努力而欢呼。**如果有另一个成人能够坐在孩子背后,辅助他抓住球将球推回给你,这会帮很大忙。**有一些好玩的球可以在滚动的时候发光或者放音乐,这些球会让来回滚球变得更有趣,尤其是对孩子而言。

如果你的孩子不是那么喜欢来回传球,你可以试试用玩具车或者火车来玩这个游戏,当你把它们推给孩子的时候,在它们里面放入一些零食。当孩子发现里面的零食并拿出来时,你要装作煞有介事的样子,可以用唱歌的语调说:"里面有东西藏着呀!"当孩子发现的时候,你说:"呀!你发现啦!"或者"你好棒!你找到了好吃的零食!"确保奖励品是非常小份的（比如一颗蛋奶星星，甚至是半颗），这样孩子才有动力继续玩。接下来，让另一个大人帮助你把东西传回给你，这样你可以给孩子送另一份小零食。

球也是扔进容器的好物件。刚开始，你可以用很大的目标，比如洗衣篮或者空的纸板箱，渐渐过渡成较小的容器，如一个垃圾桶或者孩子的篮球框。这些你都可以买到，并不贵，它们可以与吸盘联结，贴在冰箱上或墙上。你可能想要用软的、轻的球，这样不论你扔得多用力都不会造成损害。在扔球时，孩子可能会喜欢你为他欢呼，享受你的热情。当孩子把球扔进不同的篮子时，你可以进行详细报道，让他跟你同步。你可以这样说："他投篮了，他得分了！"或者"投得好"，"手臂真结实"。

 8. 寻找音乐　　　　　　　　　　　　　　　　　　　　　**思维**

如果你有音乐盒或者其他可以播放音乐的玩具，把它藏起来，然后让孩子循着声音去寻找。开始的时候，把东西藏在容易找到的地方，比如孩子前面的毯子下面。一旦他能听到声音立马找到东西，你就要把东西藏得远一些，慢慢增加难度。你可以这样问孩子："音乐在哪里？"或者说："让我们一起去找音乐吧！"接着帮助孩子朝着音乐的方向前进。当他找到之后为他欢呼，跟他一起合着音乐唱歌跳舞。一旦孩子能够脱离你的帮助独自完成，试着把自己藏起来，站在你躲藏的地方喊："妈妈在哪里？"直到孩子找到你。在你跟他进行眼神接触之后，你应该说："我在这儿，妈妈在这儿！"把他抱起来，给他一个大大的拥抱、甜甜的吻。

 9. 创作音乐　　　　　　　　　　　　　　　　　　**非言语沟通 / 语言**

乐器，尤其是打击乐器，是教授"快慢概念"的好教具。你几乎可以用任何东西来教，从华丽的儿童木琴到自制的小鼓（简单到只有一个纸板盒或一个木箱）都可以。你还可以让孩子帮你制作一个沙锤，只要把一些鹅卵石或干黄豆放到水瓶或饮料瓶里就可以。**请注意：确保在瓶口上绕一些胶布或者胶带，以防孩子将鹅卵石或干豆子塞到嘴巴里。**

在玩的时候，播放一些音乐或自己唱首歌。给孩子的乐器跟你用的相似或者一样，看看孩子会不会拿着乐器模仿你的动作，跟上音乐的节奏。如果是这样，给她个大大的微笑，继续唱歌，随着音乐摆动身体。试试不同节奏的音乐，表扬孩子能够跟上你的节奏。如果孩子敲打的节奏跟你的不同，试着模仿她。如果她的节奏比较快，你也可以跟着做；如果她慢下来了，你也要慢下来。不论是哪种情况，你都应该根据她的速度，告诉她是"快"还是"慢"，随着她变换速度，你也应该变换语言。你也可以用相同的方法来教"响"和"轻"。示范敲得响，紧接着跟上一个轻轻的敲击，你告诉孩子哪个是响，哪个是轻。尝试体验在不同商店购买的乐器和自己制作的乐器吧！

 10. 跟着音乐跳舞　　　　**眼神接触 / 语言 / 社会交往**

拿着乐器、彩带、彩旗跳舞会增添很多乐趣。你可以给孩子一根彩带或者一面彩旗，或者你可以把它们系在鼓棒上或者木棍上，这样孩子会更容易拿。播放一些孩子最喜欢的音乐，在他身旁跳舞，一边跳舞一边挥舞丝带或小旗。用傻傻呆呆的方式跳舞，然后突然关掉音乐，全身"冻住"，手指停在播放键上。等待眼神接触，只要孩子一跟你有眼神接触，你就按下播放键，让音乐回来。在较短的时间内，眼神接触就是音乐的开关。你也可以拉着孩子，跟他一起跳舞，在"冻住"身体、关掉音乐的时候说"停"，在再次播放音乐，继续跳舞的时候说"开始"，通过这样的方法来帮助孩子学习"停"和"开始"。当然，如果在你"冻住"的时候，孩子说"开始"、"开"或者其他的声音，你都要表现得非常激动："是的，我们开始吧！"接着立即播放音乐，开始跳舞。

11. 会唱歌的布偶　　　　　　　　　　　　　　**社会交往**

　　有时候一些孩子会不那么喜欢音乐，但是他们可能会被唱起歌来傻傻的布偶吸引。因此，如果你在维持孩子对音乐的注意力上遇到了困难，你可以试试让布偶傻傻地唱那首歌，看看孩子的反应如何。如果你没有布偶，可以自己做一个。你可以让孩子帮你在旧袜子、旧布、纸袋子甚至你的手上或手指上画上人脸（见图11-3）。等你做好了布偶，让它给孩子唱歌。利用布偶将孩子的注意力吸引到你的脸上，跟布偶来一段愚蠢的对话。这很可能会帮助他注意你，注意音乐，最终他会发现参与进来是多么有趣啊！

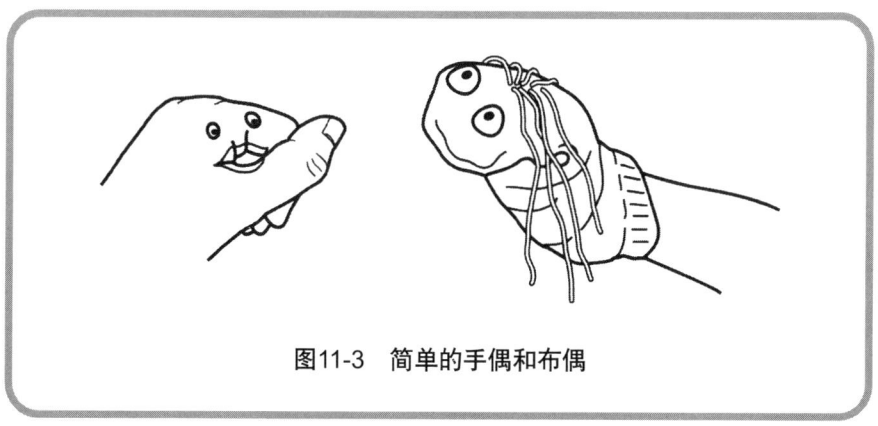

图11-3　简单的手偶和布偶

 12. 给布偶喂饭　　　　　　　　　　　　　　**模仿／假装游戏**

　　当你有了布偶之后，可以通过假装给布偶喂饭，让布偶给孩子的肚脐挠痒，让布偶亲亲孩子，或者让布偶乘个玩具车兜风等这些活动，来教简单的模仿和假装游戏技能。动作要简单，足够夸张，以便吸引孩子的注意力。比如，你可以这样说："布偶（或者你给布偶起的名字）喜欢你。他要送你一个香吻。"然后往前倾，让布偶的嘴巴啄一下孩子的脸颊或额头，然后让他挠挠孩子的肚子，或者坐在玩具车上兜个风。接着，你把布偶递给孩子，要他也带布偶坐车兜个风（任何你刚才做过的事情）。如果他没有做，就温柔地手把手帮助他，说："耶！你带他坐车兜风啦！"如果他做到了，当然，你更应该给他热烈的表扬啦！

13. 动物时间　　　　　　　　　　语言 / 假装游戏

正如第3章里所说的，主题日是个很棒的主意。如果你正在教孩子有关动物的事，可以拿一包动物玩偶，把它们都倒出来一起玩。比如，拿起一只马到脸边，说："马，马在说'nei'，它想要给你一个吻。"接着让马飞奔到孩子的脸边，边说"nei"边给她一个吻。接着你可以说："现在妈妈来演马了"。你绕着房间跑，朝着孩子飞奔过去，说"nei"，完了给她一个吻或者挠挠痒。如果你的孩子愿意参与，也可以让她演动物宝宝，你演动物妈妈。你可以让孩子选择其他的动物，用这个动物重复以上的游戏。接下来，把不同的动物排好队，唱"王老先生有块地"，每唱到一个动物，就把那个动物拿起来。在那之后，你可以读一本关于动物的书（如《红谷场》或者《袋鼠也有妈妈吗？》），看一段有关动物的儿童录像或电视节目，玩一会儿将动物宝宝卡片和动物妈妈卡片匹配的活动。（如果孩子还不会匹配，试着假装动物宝宝要找动物妈妈，说："我妈妈在哪里呀？你是我妈妈吗？不是。你是我妈妈吗？不是。你是我妈妈吗？是的。"）或者你们可以去动物园、农场或宠物商店。孩子喜欢重复，有一个主题日会帮助他们聚焦新的词汇和概念。

14. 大龙球   **语言 / 眼神接触 / 社会交往**

  如果你有大龙球，试着把孩子抱到球上，让他在球上跳一下，边跳边背《矮胖子》（*Humpty Dumpty*）这首儿歌的前两句——"矮胖子站在墙上，矮胖子摔了一跤"，接着让孩子从球上往前摔，你接住他或者让他摔在软垫上或枕头上。你也可以唱《小毛驴》这首儿歌："我有一头小毛驴，我从来也不骑，有一天我心血来潮带它去赶集，我手里拿着小皮鞭，我心里正得意，不知怎么哗啦啦啦啦，我摔了一身泥。"当你唱到"摔"的时候，让孩子往前倒或是接住他，或者让他落到软垫或枕头上。如果孩子喜欢在大龙球上跳，只要孩子能够参与并看着你，就让他继续玩。但跟荡秋千一样（见第12章），如果他不再关注你，你就固定住球。当他再次看向你时，你才再给他跳，给他唱歌，给他念儿歌。

  有很多儿童歌曲、童谣、儿歌适合这个游戏，并且会让游戏更有趣。比如，当你在球上前后摇晃孩子的时候，你可以唱"摇啊摇，摇啊摇，摇到外婆桥"；当你让他在球上上下跳的时候，你可以唱《公共汽车的轮子》这首歌。当要做手部动作的时候，你必须把球固定住。

 15. 我要那个！   **非言语沟通 / 眼神接触**

  就跟你在就餐时一样，你可以用孩子喜欢的小玩具来鼓励孩子进行眼神接触，可以把玩具放入需要你帮助才能打开的塑料容器中，或是放到看得见拿不着的地方，如书架上层。举例来说，你可以把陀螺放在一个透明盒子里，把另一个小动物玩偶放在另一个透明盒子里。把它们放在孩子面前。当孩子伸手去拿她想要的时，帮助她用食指指点她想要的那个，说："你想要那个！好的！"接着等待短暂的眼神接触，通过将透明容器放在你眼睛边上来提示孩子。一旦你跟孩子对视了，打开盒子，给孩子这个玩具。让她玩一会儿,等会儿再来一次,快速拿走玩具,别让她看见,迅速将玩具放回到容器里。

第 12 章

户 外 活 动

以下活动你可以和孩子在公园里、操场上或你家后院玩。

 1. 一起滑滑梯！　　　　　　　　　　　　　　　　　　语言

滑滑梯是一个教授"预备，开始，出发"这一短语、"上下"、"一起"、"自己来"等概念的好方法。你可以帮助孩子用不同的方式滑滑梯，比如坐着，趴着，躺着，坐在你大腿上，一个人滑等。每次选择其中一种姿势，并告诉他（"自己来"，"妈妈和宝宝一起"，"趴着"，"躺着"，"坐着"），如果他大一些，能够自己安全地上扶梯，你可以让他自己滑下来，你就站在滑梯底部，脚站在另一边滑梯上。如果你陪着他一起上扶梯，站在顶部的时候你可以说"准备，开始，出发"，说"出发"的时候松开手，或者轻轻推一下孩子（如果他太大不能自己下去），或者你也可以跟他一起滑下去。

试着使用重复性语言的儿歌和填空程序，来教授"上"、"下"和"出发"这些词语。比如，当上楼梯时，你走在孩子后面，你可以说"我们上，上，上"，在滑下来的时候说"我们下，下，下"。采用填空程序，说："我们上，上……"留下最后一个"上"让他来填。如果他没有，你就自己补上。在你已经重复几次告诉他滑滑梯的不同姿势之后，开始给他提供一些选择，比如你可以问："你喜欢坐着还是躺着下去？"或者"你喜欢跟妈妈一起，还是自己下去？"如果孩子没有回答，简单地辅助孩子选择那个你认为他最喜欢的，说："好的，我们一起吧！"当他站在滑梯顶部的时候，你可以说："你现在在上……"接着当他滑下去的时候，你可以说："你在下！"或者当孩子在滑梯顶部的时候，你可以说："远……"接着当他滑下去的时候，你可以说："近！"

对那些喜欢自己滑下来的孩子，你还可以躲在滑梯下边跟他玩个躲猫猫，等他滑到底部的时候，蹦到孩子面前，给他一个惊喜。另一个傻傻的游戏可以这么玩：你坐在滑梯底部，背朝滑梯，假装根本不知道他去哪儿了（"我的宝贝去哪儿了？"），当他滑下来，小脚撞到你的背时，你可以说："你在这儿！"当任何时候孩子试着填入词汇，或者通过指点或看着你来暗示他想要的东西时，你一定要热情地回应他的请求。

  2. 和朋友滑滑梯　　　　　　　　　　社会交往 / 行为

如果你们在操场或公园和其他孩子一起滑滑梯，这就是一个教授等待和轮流的好机会。如果你的孩子很难等待，那么你们可以在一个人玩的时候用动物玩偶来练习排队滑滑梯。你可以按顺序叫轮到的动物来滑滑梯，同样的，轮到孩子了，就叫她来滑滑梯，可以这样说："轮到泰迪，轮到艾玛，轮到宝贝了！"确保让动物玩偶爬上扶梯，但是要进行得快一些，这样孩子就不必等太久。每次轮到一个动物就表扬她："等得很好！"在就要轮到她之前说："等得太棒了，现在轮到宝贝了！"这样滑滑梯就成了安静等待和轮流的自然强化。随着时间的流逝，你可以让每个动物的轮流时间延长一些，这样孩子就有机会练习等待其他孩子滑滑梯所需的时间。接下来，你就可以让她练习等待下一个孩子，并表扬她是个愿意排队的好孩子。

3. 一起荡秋千　　**眼神接触 / 非言语沟通 / 语言**

推孩子荡秋千是增加眼神接触的最佳和最简单的方式。站在孩子面前，从前面给他好好推两把，让他荡起来。如果他看着你，和你分享经验，那就继续。当他看向其他地方已经有几秒钟时，轻轻地用双手抓住秋千，固定住，直到孩子看着你，你才继续荡（见图12-1）。给他一个大大的微笑，当你推的时候说"推"。

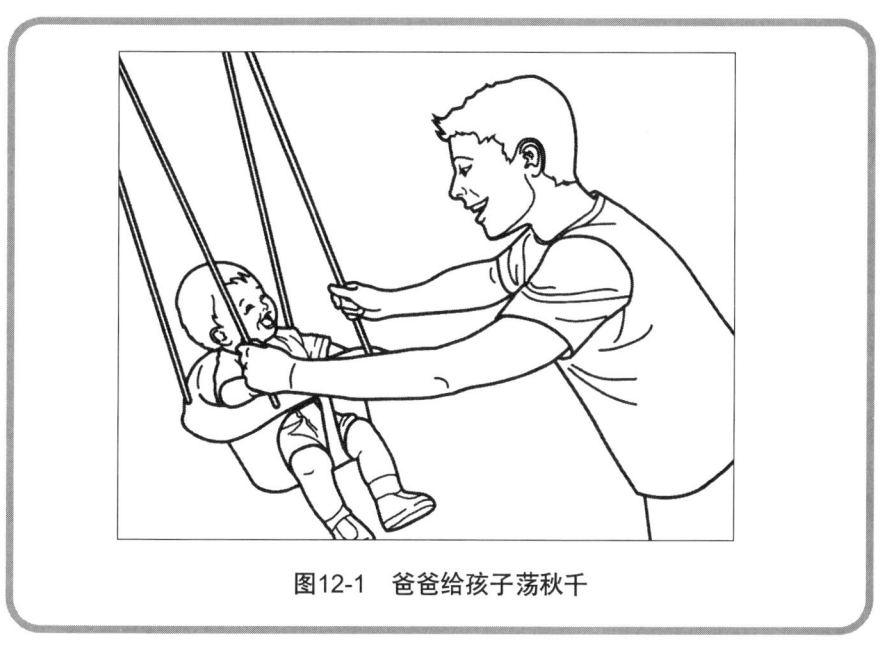

图12-1　爸爸给孩子荡秋千

只要孩子喜欢就可以一直继续这个游戏。当他在荡秋千时，和他唱首有关荡秋千的歌，当秋千停下来的时候，随之停止唱歌。用"如果感到高兴你就拍拍手"这首歌的调子唱："在我的大秋千上荡来荡去（三遍），你不就是我的亲爱的？"当孩子跟你有眼神接触之后继续唱这首歌，继续推孩子。

随着时间的推移，孩子看你的时间会越来越长，他会跟你分享经验而不是沉迷于自我。再者，他还应该懂得看着你是一种沟通的方式。接下来，你还可以通过在推他之前进行眼神接触辅助他，增加诸如"推"、"出发"等词汇、手势语来拓展他的沟通方式。如果你的孩子还不会说话，辅助他用手势语沟通（参见图12-2），或用单手或双手做出往外推的动作。当然，希望在你推孩子之前，即使他坐在安全椅上，你也要让他牢牢地握住绳子。唯有养成注意安全的习惯，孩子大一些之后才能在一个人荡秋千时也能注意安全。

如果你假装孩子把你撞倒，或者当他的双脚刚好碰到你时，你夸张地往后退几步，说："砰！"孩子会觉得这样很有趣。或者当孩子朝你撞过来，你可以蹒跚着走开，假装你刚好躲开了孩子朝你撞来的秋千，说："哇哦！"

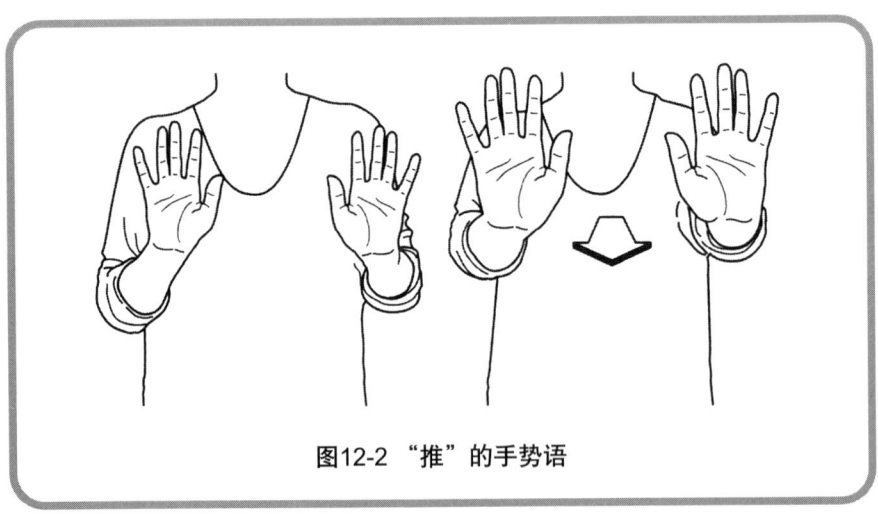

图12-2 "推"的手势语

 4. 用粉笔画画　　　　　　　　　模仿 / 思维 / 动作

首先，让孩子随意画任何图案，并表扬孩子。如果你正在教孩子图形，可以画几个圆，指着其中一个说："圆，它还可以是什么呢？可以是太阳。"你在第一个圆周围画一些阳光，看看孩子是否会在第二个圆上画上阳光。如果没有,你可以帮助她。即使孩子需要手把手地辅助也别忘了表扬她("画得真好!你画了一个太阳!")。

继续画一些简单的图案,用你画的圆作为开头。比如,你可以说:"圆可以变成气球。"在第二个圆上画一个尾巴和一根线。或者,"它可以是笑脸。"画上眼睛、鼻子和嘴巴。接着,指着每一幅你画的画,向孩子展示画中的圆,你可以这样说:"太阳是个圆,气球是个圆,笑脸也是个圆。"

 5. 泡泡,泡泡,泡泡! 　　**眼神接触 / 非言语沟通 / 模仿 / 动作技能**

泡泡不仅很好玩,也是教授眼神接触和请求的好方法。吹一串泡泡,鼓励孩子去追泡泡或者拍泡泡。重复几次,让这个游戏充满乐趣。孩子一旦爱上这个游戏,你就把泡泡杆放到嘴唇边,暂停一会儿,充满期待或疑惑地看着孩子。只要他看着你的眼睛,你就用快乐的语调说"泡泡",并吹出一串泡泡让孩子玩。如果孩子需要你的帮助才能进行眼神接触,那么将泡泡和泡泡杆都靠近你的眼睛,这样孩子看泡泡的时候会更容易看着你。你可以长时间地玩泡泡游戏,这样就有很多机会来跟孩子进行眼神接触,因为多数孩子不会很快对泡泡失去兴趣。当你和孩子玩泡泡时,如果孩子已经能很好地进行眼神接触,你就可以教孩子一边跟你有眼神接触的同时说"泡泡"或发出 P 的音,一边通过指点来请求你吹泡泡。辅助和强化孩子你想要他做的事情,接着逐渐撤销你的辅助,直到孩子能够独立请求你再给他吹一些泡泡。

如果孩子想要自己来吹泡泡,向他展示该怎么吹。在吹之前,把嘴唇嘟成一个小"O"。如果孩子真的很想自己来,鼓励孩子密切关注你的嘴巴,这样他可以试着模仿你。当然,前提是确保他不会将泡泡杆放到嘴巴里。

6. 沙和水　　　**语言 / 思维 / 眼神接触 / 非言语沟通**

　　拿一袋小的塑料玩具放到沙盘或沙箱上。小的塑料人偶或英雄角色，甚至小的玩具车或玩具火车都很适合这个游戏。比如，你把蓝色的汽车和红色的汽车藏在沙子里，然后向上摊开你的双手，带着困惑的表情看着孩子："红色汽车哪儿去了？"帮助孩子挖沙子，说："它在这儿！我们找到了！我们找到了红色的汽车！太棒了！"当游戏对儿童太过简单时，你可以通过将玩具放在杯子里，埋进湿沙子里，用这个做个"沙堡"，再用几个没装玩具的杯子另做几个"湿沙堡"。问问孩子："玩具在哪儿？是在这儿吗？"接着帮他"踏平"第一个沙堡，看看玩具是否在里面："在这儿吗？没有。"然后帮助他"踏平"下一个沙堡。

　　你可以参阅第8章中为洗澡设计的重复性语言活动，将它们用于沙盘或水箱游戏。沙和水都很适合舀和倒，一些好的水轮玩具同样能在干燥的沙子上玩。

　　如果孩子喜欢倒水或者沙子，喜欢看轮子如何转动，你可以通过控制铲子和纸杯，来教授孩子进行眼神接触。将沙子或水装满，等待孩子跟你有短暂的眼神接触（必要的话，将铲子放在眼睛旁边以提示孩子），接着把东西递给她，以便她倒进去。跟孩子眼神接触之后，你才将装满的杯子、铲子、铁锹递给她。

　　你可以用这个玩具来教授请求和选择，也可以教授颜色、大小以及其他很多东西。充分发挥你的想象力。比如将大杯子和小杯子都装满水，问问孩子她想把哪杯水倒进水轮里。等待她指点想要的那杯，如果她还不会指点，等着她伸手来拿。如果她已经有一些语言，辅助她说"大"或"小"，并配合杯子展示什么是大，什么是小，或者给孩子提示第一个音。如果她说了，或者尝试说这样的词，表扬孩子说得好，给她想要的东西。

你也可以将这个活动套用到装满沙子的红色和绿色铁锹上。举着两个铁锹，等待孩子来拿，来指点，或者说"红"或"绿"，这取决于她的能力。有多种不同的可能，只要孩子喜欢玩这些玩具，你可以利用这些玩具作为奖励，教她很多东西，等待她跟你进行眼神接触，去指点，去拿，去说，这取决于你想教什么，她能做什么。

7. 在水杯或水池里混合颜色　　思维 / 非言语沟通

你也可以在装满水的纸杯或塑料杯里滴上几滴食用色素，让孩子搅拌起来，看颜色相互混合。你可以将两种不同颜色的食用色素瓶子举起来，问他想要哪一个，通过这种方式给孩子选择的机会。孩子可以说出颜色的名称或者指点，如果他还不会指点或说话，那么就通过跟你眼神接触来拿他想要的。

8. 更多与水有关的游戏　　语言 / 模仿

有关水的游戏令人欢喜，特别是天气热的时候。用洒水器或浅水池来强化你在洗澡时教的"湿和干"的概念（见第8章）。你可以教授动作模仿和行为动词。比如，你可以说："跟我做！一起跳过洒水器。现在一起爬过洒水器。现在一起跑过洒水器。"如果你认为孩子喜欢的话，你也可以配上一首歌。比如，你可以唱："我们爬过洒水器。我们爬过洒水器。嗨嗬，我们爬过洒水器。"

用软管和一大桶肥皂水一边洗车或洗孩子的玩具，一边唱："我们这样洗车，洗车，洗车！我们这样洗车，它变得干净又闪亮！"

9. 用水瓶洒水　　　　　　　　　　　　　　**语言**

用软管给水瓶装满水，或者在水池里给水瓶装满水，接着走在后院里给各种植物浇水，这时你有机会教很多语言。当你用软管给水瓶装水的时候，将水龙头打开、关上几次，说："现在水龙头打开了，现在水龙头关了。开，关，开，关。"当你在弄水龙头的时候，突出"开"和"关"两个词。如果孩子喜欢看水流入水瓶，把水龙头关了，暂停一下，期待地看着孩子，然后再次打开水龙头。通过将水龙头打开来鼓励任何形式的沟通，比如眼神接触，指点或说"开"。

把洒水壶或儿童水桶装满水或倒空的时候用上"满"和"空"两个词。运用重复语言的方法，说："现在满了！现在空了！哦！不！水不见了！它空了。我们得再弄点水来！"

你可以给孩子讲讲院子里或者院子周围的植物名称以及其他东西的名称。你可以用孩子喜欢的音乐的调子唱一首重复性语言的歌曲。比如，当你给树浇水的时候，你可以唱："我们在浇树，我们在浇树。嗨嗬，我们在浇树。"尝试采用填空程序（暂停，等待，看看孩子是否会自己填入缺失的词语），以此来检验孩子是否学会了"树"或者"花"等词汇。

 10. 滑板车、手推车、三轮车和玩具汽车　　　　**语言 / 眼神接触**

让孩子坐在车内，你拉着或推着他走，发出"呜呜"或"滴滴"等类似的汽车声。你可以玩第9章中的游戏，把洗衣篮当作车子。试着用彩色卡纸做个红灯和绿灯，当孩子拿起其中一种颜色的卡纸时，你说："绿灯啦——走，走，走！"或者"红灯啦——停，停，停！"如果孩子无法自己拿起其中任何一个，你可以辅助她拿一个，并像先前描述的那样做出回应。

如果你是拉着孩子而非推着孩子前进，你可以在拉孩子的时候面朝孩子。接着，你可以暂停一会儿，等待眼神接触，然后才再次拉孩子前进。尽量让孩子容易看到你，如果有必要的话，把你的脸凑到她面前，当她看你的时候，你就说："看得很好！我们再来玩！"

第三部分

专为危机儿童设计的游戏和活动

第 13 章

0—3 个月

首先,恭喜你拥有了这个可爱的小宝宝!尽管在这个阶段,孩子对自己的行为并没有太多的控制力,但是他依旧在学习有关世界和他人的重要知识。

新生儿在学习什么

他们是安全的

在第一年中,婴儿与父母或重要他人建立的情感纽带,不仅可以刺激大脑发展,还影响着个性发展,也是未来关系的模型(见第2章)。换言之,你的宝宝在生命的第一年会(无意识地)从你身上学习到周围人是善良的,可靠的,富有爱心的;学习到世界是安全的,他的需求可以得到满足。目前,神经科学家认为基本依恋是极为重要的基本需求,甚至有专门的神经网络负责处理依恋关系。

此外,在婴儿期的早期,下丘脑—垂体—肾上腺(HPA)轴还在继续发育,并极大地受到早期经历的影响。HPA轴是内分泌系统的一部分,调节我们应对压力的能力,还影响我们的心境与情绪,甚至会影响我们免疫系统的运作。如果宝宝在一个充满压力的环境中成长,那么即使是一顶帽子掉到地上也会引发孩子分泌大量的皮质醇,启动"战斗或逃跑"的反应。(研究表明,对孩子缺乏回应的成人对孩子造成了很大的压力。)相反,给孩子提供一个平静、稳定、安全的环境,当孩子哭泣时,时常给予照料和安抚,以可预期的方式对孩子作出回应,这样可以帮助宝贝们学习产生健康剂量的皮质醇,帮助他们建立积极的心境基线。更为重要的是,在生命早期的几个月中,我们可以通过发展一个让她感到安全、受人照顾的亲密关系,以及让她在没有你照料时也有其他温暖的会关心人的成人来照料,由此促进孩子大脑的发展。

他们是被爱的

大型机构以及医院新生儿科有关婴儿的早期研究告诉我们,即使摄入卡路里,缺乏爱抚的宝贝也无法成长(也称成长失败)。这些研究强调了人类抚触对婴儿发展的重要性。有关早产儿这方面的研究也发现,那些连续一个月每天让妈妈进行4次温柔的全身按摩,并在每次按摩结束后的5分钟内被抱着来回晃动和蜷伏在成人身上的早产儿,比没有进行这些抚触和拥抱的孩子的体重增加更多,更少生病,与成人有更好的依恋,认知和神经也发展得更好。

越来越多的小宝宝整天孤单地待在儿童安全座椅、弹簧椅和手推车里,这减少了接受成人抚触的机会。我们希望具有发展危机的孩子尽量少接触这些东西,原因之一是:新生儿还不能很好地、独立地自我调节,所以抚触对于新生儿显得非常重要。比如,他们的父母或其他照料者的心跳给婴儿提供了呼吸频率和何时该睡觉的线索,他人的气味则告诉孩子他们该在何时以及如何产生荷尔蒙。换言之,与他人的身体接触可以帮助调节正在发展的各个系统。此外,接受父母或其他照料者接触的宝贝,更有可能是冷静的,思维敏捷的,能以最好的状态观察与处理他们周遭的所有信息。

每一个拥抱,每一次戏谑的挤压,每一个吻,每一次抚触,都能给予孩子触觉刺激。随着他的身体跟你相互挤压,他了解了本体感——一种关于身体与身体空间位置的意识。从你温柔的解说、耳语和歌声中,他获得了听觉刺激。当被抱着时，晃动和节奏性的摇晃会刺激平衡系统，带给孩子平衡感和空间的安全感。从成人的体味中，他接受了嗅觉刺激。如果母亲奶水的味道发生改变，孩子还能得到味觉刺激。当被竖着抱的时候，他的视野会变得更好，能看到周围的世界，接受到大量的视觉刺激。

此外，新生儿也开始着手整合知觉——换言之，意识到他听到的声音、接触的身体、看到的脸庞均属于同一个人。婴儿需要大量的视觉、触觉、听觉输入来整合这些想法。可能最重要的是，儿童了解到他可以通过皮肤——最大的器官——接收大量的信息。将新生儿抱在怀里更有可能让孩子感到快乐，体验到其他积极的情绪，因为此时婴儿正处于发展能够调节心境的神经递质的基础水平，此时孩子感受到的情绪可能会影响他终生的精神健康。这些不同的学习机会为婴儿大脑的发展提供了刺激，促进了神经联结的形成与扩展。神经间联结越多，神经的分叉越多，大脑的发展就越好。简言之，人类确实需要大量的身体接触以增加发展潜能。

患有绞痛的宝贝

大多数新生儿都很会哭，但是约有15%～25%的新生儿比一般的新生儿更会哭。这些看起来挺健康的宝宝不停地哭，并难以抚慰，也找不到明显的原因——他们不是病了，不是饿了，也没有尿湿，不热也不冷，儿科医生将其称之为绞痛。儿科医生通常用"三原则"来确定绞痛：哭闹出现于婴儿出生后3周左右（常常出现在傍晚，尽管可能出现于任何时间），每天持续3小时以上，每周出现3天以上，连续出现3周以上。绞痛常常在6—8周达到最高峰，在3—4个月左右减退。绞痛不是孩子生病的表现（尽管诸如反流、食物过敏、接触二手烟可能会加重哭闹）。它也不是孩子肚子疼的信号，尽管她扭曲的表情，蜷缩的身体，弓起的背，拉起的腿，因为尖叫而紫红的脸，都看起来很像是肚子疼。绞痛的宝宝可能会有胀气。儿科医生认为是哭闹造成了这些气体，而不是胀气引发了哭闹，因为婴儿在哭闹时会吞下很多气体。辨别孩子是疼痛还是绞痛的方法之一是观察分心物能否帮助孩子。如果是疼痛，它不会因为你开了吹风机或者带他去兜风就消失。如果你能找到方法来让孩子分心，那哭闹肯定不是疼痛引起的。

为什么有些孩子会有绞痛，但另一些孩子却不会呢？这到目前还是个谜。一些医生认为这是一个发展阶段，孩子正在逐步适应子宫外的不同感受和经验。另一些则认为是肠道菌群失衡引起的。还有一些理论认为，绞痛源于大脑褪黑素和血清素不平衡。绞痛的婴儿体内血清素含量高，造成了消化道平滑肌收缩。（根据该理论，绞痛的婴儿在晚间哭闹得更厉害的另一个原因是晚间血清素的含量达到最高值。）根据该理论，当孩子长到3—4个月，能够自己分泌褪黑素时，化学物质的不平衡就会消失。

尽管还不明确绞痛的成因，但绞痛明显不是因父母的任何一种行为引起的。当然，绞痛可能会将父母弄得精疲力尽。孩子过度哭闹与产后抑郁症紧密相连。如果发生这种情况，请果断地寻求帮助，离开孩子，休息一会儿，你自身的身体和精神健康也非常重要。绞痛很难处理，能给予你的最重要的提醒是：（1）当孩子在哭的时候，他没有什么问题。（2）过度的哭闹可能只是暂时的。幸运的是，绞痛并不与孩子将来的脾性和人格特质相关。

说到让孩子冷静下来的技巧，Harvey Karp 博士倡议用以下方式：包裹，在儿童耳边播放"斯斯"的噪声（其他"善意的噪声"，如吹风机、收音机、电扇的噪声也可能有帮助），摇晃宝贝（一些宝贝更喜欢大弧度的摇晃，而另一些宝贝则喜欢旋转型的摇晃，等等），允许宝贝吮吸奶嘴（吮吸能够让婴儿平静下来，让他们感到有节奏），让孩子侧着或趴着睡（手托着宝贝的头，身体靠在你的手臂或大腿上，这样能够让压力压到胃部）。很多父母还表示他们用震动成功地让孩子安静下来，带着孩子出去乘车兜风，让他们坐在烘干机上（当然，得固定得很好），在他们的小床上夹个震动玩具，买个会震动的宝宝椅。一些父母也报告说，用一根绳子或者前部座椅让孩子与自己贴近，能够帮助孩子安静。这些技术可能有用，也可能没用，可能有时候奏效，有时候不灵，这通常是个试错的过程。

如果你怀疑孩子真的有疼痛，或是除普通绞痛外的其他疾病，请一定咨询儿科专家。

该注意什么

我们知道正常发展的婴儿生来就倾向于关注人脸和语音,而非其他图案或声音。更重要的是,婴儿喜欢婴儿导向的语言(有时候也称妈妈语),它听起来很简单,感觉跟唱差不多,语调比较高,与一般的说话不同。他们也喜欢方言(这是他们在子宫中就听过的语言),而且更偏好父母的嗓音。婴幼儿喜欢真人的语音(哪怕是最糟糕的歌者),而不是录好的声音(哪怕是顶级歌唱家的声音)。

尽管婴儿眼神还不是很好,但他们却喜欢看那些能够跟他们进行眼神接触的脸。很快,他们就开始识别家庭成员的脸(新生儿只能看到20~30厘米远的地方)。此外,哪怕是新生儿也已经开始努力看向父母所看的东西,开始尝试模仿父母的表情。然而,我们并不知道这些偏好在特殊需要婴儿身上会有何种改变。因此,我们认为:为可能具有特殊需求的婴儿提供额外的练习,尽快帮助他们偏好人脸和语音显得十分重要。婴儿会喜欢和期待他们所遇到的东西,他们通过重复来学习这一技能。

换言之,尽管眼神接触和跟他们讲话对大多数普通婴儿而言也十分重要,但大量的社交输入对有特殊发展需求或有发展危机的婴儿来讲则显得至关重要。**他人会成为其学习的来源,了解这一点对婴儿而言越早越好!** 虽然重复能够教会婴儿该期待与关注什么,但婴儿也会关注那些出人意料的事。你可以用这一点去吸引孩子的注意,在一日常规的安全与预期限制下,为孩子提供适当的新异刺激以吸引孩子的注意。

注意事项

每个孩子都有自己的发展速度,但当孩子 1 个月时如出现以下情况,请及时咨询儿科医生:

- 吃得很慢或不会吸奶。

- 双眼看起来不会聚焦或不看附近移动的东西。
- 对亮光没有反应。
- 看起来特别呆板或懒洋洋。
- 对大的声音没有反应。

3个月时出现以下情况，请咨询医生：
- 不能很好地支撑头部。
- 不能用拳头抓住物品。
- 不能聚焦移动的物品。
- 不会微笑。
- 对大的声音没有回应。
- 忽视新面孔。

你该如何帮助新生儿学习

在宝宝成长的头几个月里，有很多方法可以刺激他的社交—情感发展。当然，下面提供的只是一些范例，你不必每一个都用上。尝试那些你觉得孩子感兴趣的，当然你也可以自由地编造一些你自己的游戏与活动。

以下是一些一般原则：
- 对孩子做出可预期的回应，尽可能让他感到舒适，营造安全亲密的关系。
- 用他喜欢的方式尽可能多地抚摸他。
- 给予他大量机会感受节律性，比如，给予机会感受日夜节律，晚间让他睡久一些，白天睡着的时候给予声音和日光刺激。给他唱歌、跳舞、摇晃，贴身抱着感受你的心跳，给予机会吮吸。扩大孩子对节律的早期经验是你可以给孩子提供的最佳早期经验。
- 跟孩子面对面互动，互动要涉及眼神接触和社会性微笑。

- 当他表露情绪或重复那些引发他积极情绪的事情时,给予夸张的回应。
- 孩子的一天要将常规和新奇刺激整合起来。

以下是日常活动的一些范例。

起床 / 入睡

 早上好,脚趾头!

这个时候你可以开始教授起床和入睡常规。非常小的宝宝还不能理解你的话,但是他喜欢听你的嗓音,喜欢和你一起熟悉常规。等孩子大一些,你可以扩展常规,说:"早上好,脚趾头!"亲一亲宝贝的脚趾头。接着说:"早上好,脚!早上好,手!早上好,肚子!"并依次亲吻孩子的身体部位。如果孩子能够预计你接下来要做什么,或当你亲某个部位时会发出微笑,你可以通过再亲一次或给她挠挠痒,或回应一个微笑,或抱一抱来奖励她。

 晚安,脚趾头!

将灯光调暗,走到宝贝感到舒服并愿意睡觉的地点。一边亲吻宝宝,一边说:"晚安,脚趾头。晚安,膝盖。晚安,肚子。晚安,圆圆的脸蛋。晚安,宝贝。"选三首舒缓的歌曲作为孩子的摇篮曲,总是在孩子入睡之前抱着她的时候唱。当宝宝昏昏欲睡,但还没有完全睡着的时候就把她放到小床上。如果你喜欢,你也可以等宝宝完全睡着了才将她放入小床。

就餐

袋鼠抱

不论是直接哺乳还是用奶瓶喂奶,你都需要给宝宝提供直接跟你皮肤接触的机会。当喂奶的时候,让光着身子的宝宝与你的皮肤亲密接触(由于保暖很重要,如果冷的话,裹一条毯子)。将光着身子的宝宝抱在你赤裸的胸前,一起裹在毯子里(你是男性也好,女性也罢),这称为"袋鼠抱"。宝宝对这个爱得不得了。

宝宝摇啊摇

通过摇晃着抱宝宝或给宝宝唱歌,为宝宝提供有节奏的输入。回忆一下儿童经典歌曲"王老先生有块地"和"一闪一闪小星星",以及你喜欢的其他歌曲。不必担心宝宝不理解歌词。如果你不擅长记歌词,你可以自己编!

看着宝宝

利用这个机会给宝宝提供眼神对视的机会,一边看着宝宝,一边对着他微笑,低声跟他咕咕地说话。如果你觉得这样很傻,或者想不好说点什么,试着跟孩子讲一段你最喜欢的电影情节、电视剧情节或小说情节——当然他不明白你说的是什么,但是他喜欢你声音的变化、语调的变化。让他有时间能简单地看着你的脸,这对依恋形成、学习社交线索、关注人脸都非常重要。当孩子也看向你的时候,用大大的微笑或轻轻地挠痒痒来奖励孩子(换言之,给他点他喜欢的)。

变一变!

通过在就餐时作一些小的改变,为宝宝提供不同的感觉经验。比如改变房间灯光的亮度,毯子的质地等。尽可能用你的嘴弄出一点有趣的声音（舌头打咕声，滴答声，接吻声，口哨声，嗯哼声，双唇打嘟发出摩托车启动的声音），只要能获取孩子的注意就好。如果你是母乳喂养，你可以吃多样的健康食物，让奶水的气味和口味发生一些变化。当你和其他家庭成员吃饭的时候，让宝宝能看到你们的脸，听到你们的声音，闻到食物的气味。

宝宝需要什么？

不断练习解读宝贝给你的线索，这些线索让你了解他的需求，可能他想要打嗝，可能想换个姿势。跟宝贝讲讲你们一起度过的美好时间以及以前的美好时光。（第一年中宝贝听到的语言越多，他们在第二年中的语言也就越多！）

换尿布和换衣服

感觉超棒！

在确保宝宝保暖的前提下，利用换尿布的时间给宝宝一些直接的皮肤刺激，比如给她做个按摩，涂一点乳液，轻轻地向下挤压宝宝的手臂和腿。将你的手臂从她的身下抽出，在她的肚子上画一些图案，接着在她的太阳穴上画圈。你可以直接在皮肤上这么做，也可以用上点植物精油。你可以用个沙滩球在孩子身上轻轻滚动，给她一些新的触觉刺激，也让她练习一下抓握。类似的，如果球上有根绳，当宝宝抓球、踢球的时候，你可以拉着绳子，让球悬在宝宝上方。如果在玩的过程中她笑了或看着你，强化这样的行为，表扬她："哦！你喜欢这样！我们再来一次！"重复她喜欢的活动。当然，如果宝宝表达了不喜欢这样的感觉刺激，你也要对她做出回应，将动作变得轻柔或完全停下来。在你下一次尝试的时候，要非常温柔，持续时间要很短，日复一日，月复一月，慢慢增加感觉刺激的强度。你的宝贝会慢慢接受，甚至爱上这些感觉。

哇,成功啦!

在一双袜子上缝上小铃铛。在给宝贝换衣服之前,先给他穿上这双袜子。你可以让他探索踢脚和铃铛响之间的因果关系。你也可以将纸巾或玻璃纸揉皱放在换衣服的桌布上靠近孩子脚的地方,这样当他踢脚的时候就能听到咯吱声。你可以买个氢气球回家,将气球的绳子系在他的手上,或松松地绑在孩子的手腕或脚踝上,这样氢气球就飘在桌子上方,当他在换衣服的时候晃动手脚,就可以看到气球随之上上下下。

我看到了什么?

在镜子边给宝宝换衣服,这样她就能看到自己。她会知道当自己动起来的时候,镜子里也会动(虽然她需要到1岁左右才能知道镜子中的就是自己)。或者在某个悬挂的玩具下给孩子换衣服,这样孩子就可以注视那个玩具。随后悬着的玩具可以让孩子触及或换成某个会旋转的玩具,这样孩子就会学着追视。当你给她换衣服的时候,你还可以递给她个吱嘎作响的东西玩。

肚子咚咚敲

欢快地玩"敲肚子"游戏,就好像肚子是个小小鼓,一边唱歌一边轻轻敲肚子。如果他哈哈大笑或朝你微笑,回应他一个大大的微笑,或者一个"耶",挠个痒,抱一下。

洗澡

刚刚好!

如果天气太冷,水温不适合,洗得太用力或者他们觉得你抱得没有安全感,那么给小宝宝洗澡真是个大难题啊!试着留意洗澡的哪个方面让你的宝宝觉得不舒服或感到不开心，那么就据此对明天的洗澡进行调整。如果她感到沮丧，那么最重要的是安抚她，让洗澡对她而言变得舒服些。如果她看着你，对你微笑，你可以用个大大的微笑、挠痒痒等方式强化她。如果她喜欢水的感觉，你可以轻轻地往她的肚子上泼一些暖暖的水。

看着我！

每当宝贝跟你眼神接触的时候，给他一个大大的笑脸，大声地表扬他。当你给他洗澡的时候，跟他保持眼神接触，告诉他你正在进行的步骤。想想有没有你可以唱的洗澡歌，比如《我爱洗澡》，或者你也可以自己编一首，比如可以唱："我们正在洗澡澡，洗澡澡，洗澡澡，我们正在洗澡澡，我的宝贝！"当孩子不再看你的时候，暂停唱歌，当他又看向你的时候，再轻轻地唱歌。这样，孩子跟你的眼神对视成了控制音乐有无的开关。

我看到了什么？

在宝宝边上吹泡泡，观察她的视觉追踪。通过将泡泡保持在离宝宝较近处（20～25厘米之间），缓慢移动，让追视变得容易些。用杆子抓住一个泡泡，移近到宝宝边上，让她来戳破，或者让泡泡在靠近宝贝肚子时破裂。将不同的洗澡玩具靠近你的脸——当她一旦注视你时，慢慢地移开你的脑袋或玩具，让她练习一下视觉追视。

我感觉到了什么？

准备好多种不同触觉的东西让宝贝来探索——比如，一块海绵、一块化妆棉、一只羊毛手套或一块抹布。你还可以往他身上泼水，往他身上滴水，帮助他拍水，让他感受水的特性。帮助孩子在水中随着音乐节奏踢水，比如根据"一闪一闪小星星"的调子踢。"在水中踢小脚。看看水能踢多远。我用小脚踢着水。妈妈说我真可爱。"在塑料瓶底戳个洞，往瓶子里灌水,并高高挂起,让宝宝看,甚至让他感受一下"瓶子下雨"。如果他笑了或看着你,一边笑,一边再来一次,以此来强化孩子这样的行为。

外出 / 散步

我们乘车出门去!

当你们要乘车出门,把宝宝放到车上时,你可以用唱歌一样的说话方式大致地跟宝宝讲你们要去哪儿。等待,确保宝贝跟你眼神接触之后,她才能看到你微笑的脸,才能听到你唱着歌告诉她你要去哪儿。开车的时候,你要继续唱歌,这样做可以让她知道你就在身边,尽管此时你坐在前排,她看不到你。

我们去散步!

当你出去散步或出去办事的时候,尽可能反抱着或推着孩子,让他能够面向前方。试着引导他注意路边色彩鲜艳或引人注意的事物,用非常简单的语言给正在发生的事配上旁白。当你散步的时候,指点那些令人感兴趣的事物,并给它们命名。常常停下来跟孩子进行眼神接触,不论他发出咕哝声还是发出某个语音,你都可以模仿他,以此来获取他的注意,强化他的发音行为。

一起来运动!

试着让宝贝参与到你的锻炼中来(当你平躺着的时候,让她在你的小腿上作飞机状;当你做仰卧起坐的时候,让宝贝有机会跟你肚子贴肚子;将她当做哑铃,慢慢将她举起和放下)。你还可以加入唱歌,比如在做仰卧起坐的时候,你可以唱《摇啊摇,摇到外婆桥》。如果这么做时她笑了或者跟你有眼神接触,那么你可以通过重复这些她喜欢的行为来强化她。

家务劳动

 一起来洗衣服吧!

当你洗衣服的时候,看看宝贝是否喜欢坐在震动的洗衣机或烘干机上。当然,你得确保烘干机的顶部不会太烫。跟他讲话,告诉他每一件你放入洗衣机或烘干机的衣物的名称(当然,他现在还不理解,但是在第一年中听到常见事物的名称对他的语言发展会有帮助)。

 我闻到了肉桂味!

当你烧菜的时候,宝宝在旁边安全地坐着,时不时让她闻闻你橱柜里不同调料的味道(肉桂、紫苏、薄荷等)。

游戏时间

宝宝的儿歌与顺口溜

当你看着宝贝的脸时,跟他说:"这儿坐着马车夫"(轻轻地在他的前额上画个圈),"他在这儿拍马背"(在下面再画个圈),"眨眨眼"(摸一下孩子其中一条眉毛),"眨眨眼"(摸摸另一条眉毛),"鼻子掉啦"(碰一下鼻子),"嘴巴吃啦"(碰一下嘴巴),"脸颊红红,脸颊红红,脸颊红红"(给个大大的微笑,给脸颊轻轻挠个痒)。

当你轻轻移动孩子的双腿时,反复这样唱:"合拢,分开,合拢,分开,上,下,上下,扭一扭,扭一扭,左边,右边。"然后在她的脚背后躲起来,"妈妈来喽,耶!"

摸摸孩子的头,说"这边是北",摸摸孩子的脚,说"这边是南"。将他的双臂打开,摸摸或弯一弯其中一只,说"这边是东",接着另一只,"这边是西"。然后指点自己:"这是妈妈,多开心"(用个大大的微笑来肯定),

"因为这儿有妈妈最爱的宝贝！"（搂紧孩子来个大大的拥抱或碰碰鼻子，亲一个。）

当你说顺口溜或者唱歌的时候，试着用你的嘴唇在他的肚子上轻轻压一下。

试着唱"名字游戏"歌，将孩子熟悉的每一个名字都唱给他听。可以这样唱："杰克，杰克，巴拉拉，发拉拉，米莱克，杰克！"或者"妈咪，妈咪，巴拉拉，发拉拉，米莱克，妈咪，妈咪！"当然你也可以编自己的名字游戏歌。

大部分的顺口溜和儿歌都是为了吸引和维持孩子的注意。可以用"呀"来强化孩子看你或冲你微笑，可以用他最喜欢的顺口溜或儿歌来强化。

真的吗？继续说！

当你的宝贝开始咕哝的时候（通常在8周左右），寻找一个令人舒服的面对面的方式，试着重复她发出的音。你可以假装她在跟你讲一个非常有趣的故事，可以这样说："真的吗？天！再跟我讲讲！"你对她发出声音给予的回应性发音和面部表情都会让她知道她正在跟你沟通，她应该继续讲！

在房子里四处走走

带着孩子在房子里四处走走，指给孩子看每一个房间以及每个房间里所有令人兴奋（或者普通）的东西，每个房间是做什么用的，在每一面镜子前停一下，看看镜子中的你俩。用轻轻挠痒或拥抱（任何她喜欢的事）来强化跟镜子中的人进行眼神接触。

动起来！

当你抱着宝贝时，播放一些音乐，随着节奏跳起来。或者当你从宝贝双臂下抱着她时，将她从一边摇到另一边，跟她说："滴答，滴答，一口小小的布谷钟,滴答,滴答,敲一点钟啦!(将宝宝举到空中)布谷——布谷。"继续敲两点钟和三点钟,重复将宝贝举到空中2~3次。将宝宝放到毯子上,慢慢地拉着毯子走,给他来个"乘船时光"。

一起看!

开始帮助孩子发展看和视觉追踪的技能。给他看一些黑白图片——新生儿喜欢有强烈对比的图像,以及大量人脸图片——新生儿喜欢(或者应该学着喜欢)看人脸。

试着挂一根晾衣绳在孩子的小床上,旋转你挂在上面的物件,你可以在晾衣绳上移动它们,跟孩子讲讲每一个物件,给孩子提供视觉与语言输入。

另外,你也可以挂上一些会发出不同声音的东西,如铃铛、拨浪鼓、发出吱咯声的玩具。当你或许是用你的歌声吸引了她的注意力时,试着慢慢将这些玩具移动或者摇晃到左边,接着摇晃到右边,看看宝贝能用眼睛追视多远和多久。

你也可以吹泡泡,看看宝贝是否会看着它们飘走。

拿个人偶(或者用袜子自己做一个,参见第11章中的插图)或毛绒玩具。让人偶突然出现在宝宝的视线中或者消失,比如从摇篮边上,从你背后,从桌子底下突然冒出来。如果你创设了一个简单规律,你可以试着观察宝贝是否会转变注视的方向,预期人偶下次会出现在哪里(你也可以用会发声的玩具来替代)。

找一些柔软的色彩鲜明的玩具,在宝贝的视野内缓慢移动,有时用玩具轻轻地拍一下她的肚子、手臂和脚,这样她就可以同时感知视觉和触觉刺激(一袋颜色鲜艳的棉布绒球或玩具也可以用于这个游戏)。绒球还可以滚落到孩子的肚子上,因为它们重量很轻。这个游戏也可以改编:将你的手指假装为一只嗡嗡的蜜蜂,或者将你的手假装成蹒跚的鸭子,将它们一点一点地靠近宝贝,直到它们在她身上着陆或者触摸到她的皮肤,接着,再来一次。

摸一摸!

通过让宝贝探索诸如量杯、勺子、积木、发声玩具和布制书等物品,给予他练习抓和敲的技能。给手指戴上不同材质的旧手套(确保材料的安全性,避免引发窒息)。你也可以用法兰绒、丝绸、天鹅绒、大按钮等。宝贝可以在小床上探索不同的材质。拿一支有沟槽的勺子,系上一根绸带,在宝贝面前来回晃动,这样他就能看到一些好看的东西(两个月前),随后可以换成一些宝贝伸手可以拿的东西(2—3个月)。

听一听!

将宝宝放在毯子上,摸摸她的小脸,说"脸"。接着拿着她的手摸你的脸,说"脸"。眼睛、鼻子、嘴巴、头发、肚挤眼、脚趾头等也这样做,每一次在你触摸她的身体部位之后,都让她触摸你对应的身体部位。如果她没有伸出手来(这个年龄段,一般都不太会),轻轻握着她的手靠近你的身体,以此来辅助她。

俯卧时间

年幼的宝贝需要俯卧,但有时候她可能不喜欢。俯卧可以帮助她加强背部和颈部肌肉力量。注意:睡觉,应该让孩子仰卧,俯卧需要有成人的监控。当你把卷起来的毛巾放在孩子的手臂和胸下面支撑孩子的时候,你需要判断孩子是否喜欢这个活动。你也可以改变一下,让这个游戏更令人兴奋。你可以俯卧在孩子身边,这样孩子抬头的时候就能看到你了。其次,你可以在孩子身下放一些令人感兴趣的东西。比如,你可以找一块宝宝喜欢的毯子(如果你很有想法,也可以将不同材质或颜色的零碎布料缝起来做一块新的毯子)。

另一个办法是用水装满大的密封袋,里面放上一些碎纸片或亮片,然后再在外面套上一个塑封袋，以免水漏出来。当你俩俯卧在地上推它的时候，里面的碎片会散开来，整个水包也会变化形状。如果他自己努力去推，你就轻轻为他欢呼，轻轻搂一下他，或是帮助他一起推水包，以此来强化他的探索行为。

让他趴在小龙球或者大皮球上面，你在背后抱着他。你必须确保他感到安全，确信你抱着他，他没有危险。一旦他感觉到自己是安全的，他很可能会喜欢上在球上来回滚动的感觉。另一个类似的玩法是，在孩子身下垫一块卷起来的毛巾，你拉着孩子在毛巾上来回滚动。

找一面小的塑料镜，把它放在地板上，孩子趴在镜子上，这样他可以看到自己。尽管他不知道他看到的就是自己，但是他会对此很感兴趣。

当你在孩子身边唱歌或说话的时候，可以走近，走远，以此来帮助孩子追随声音——观察孩子是否会转头看你，会关注你。要进一步锻炼孩子的颈部肌肉，让宝贝趴在房屋中间的毯子上，慢慢在他身边放上一扇小拱门，你一边唱歌一边鼓励他保持抬头，慢慢转头看你。

第 14 章

3—6 个月

3—6个月期间，宝贝发展迅速。尽管此时她能做的事情还很少，但宝贝能更加有意识地控制她的动作，特别是上半身。现在她能感受到一些不同的情绪，开始有意跟人互动。她的生物钟开始发展得越来越好，包括什么时候吃，什么时候睡。

3—6 个月的宝贝在学习些什么？

这个年龄段的孩子继续学习很多他们前3个月就开始学的事物。3—6个月的婴儿最重要的任务是继续学习他们是安全的，是被爱的这一信念。他仍在学习谁是首要的依恋对象和照料者，他的身体继续从周围环境中获取该分泌多少皮质醇（压力激素）的线索。（这个环境中我可以放松吗？还是需要随时保持警觉，用尖叫才能得到基本需要的满足？）一些研究正着手调查当父母接受这里讨论到的技能训练活动，并加以运动之后，会带来怎样的变化。目前的研究表明：给孩子提供额外的学习机会可以增进亲子关系。

在多数情况下，不论你做出何种行为，绞痛（见第13章）都会引发孩子尖叫和哭闹，但它会在12周左右（3—4个月）减退。如果你的孩子在4个月之后还是继续这种无法安慰的哭闹，你需要咨询儿科医生，看看孩子是否患有隐藏的医学疾病（如胃食管反流、疝气、尿路感染）。

这个年龄的宝贝也开始学习新的事物。

更好地控制他们的身体

宝贝眼中的世界是彩色的，她也能够看得更远。她能隔一段距离识别人与物。她开始能够认出和区别不同的声音。几个月之内，她将能够对语音做出十分微妙的区辨，这一能力甚至比你还强。在那之后，她会逐渐失去区辨极端近似又没有意义区别的母语语音的能力。这也从侧面说明了在早期给孩子提供丰富环境的重要性。在生命第一年很少被激活的突触或神经联结——不论是因为没有听到，或是没有感觉到，或是没有看到——都会萎缩或消失。最引人注目的变化发生在语言发展中，这一过程特别重要。通过忽略母语中不重要的音，宝贝能够集中注意关注对他们语言发展有重要作用的音。然而，在另一些情况下，比如感觉经验也可以帮助你培养和保护这些突触。你可以将孩子暴露在不同的感觉经验之下（如轻轻按摩，随着音乐前后或左右摇晃，玩水，重要的是为孩子提供尽可能多的不同的视觉、声音、味道、质感、触摸、运动等），这样做可以让大脑尽可能保持灵活，能以多种不同的方式发展。

到6个月的时候（一些宝贝可能要到8个月），孩子可能学会了滚动翻身，不需要你的帮助就能坐起来。当你将孩子以站姿抱着的时候，她的双腿能够支撑身体的重量，并会双腿向下蹬。她会学着将东西拉近身边，拿住它们，从一只手换到另一只手。她会开始学习协调身体动作，比如，一边摇玩具，一边发出声音。

如何入睡

这时应该着手进一步帮助宝贝建立一日常规。现在就让宝宝"哭个够，自己睡"未免太早，但是你可以通过以下步骤让宝贝学习如何入睡：①别让白天的打盹时间超过两个半小时。②以常规活动的方式告知孩子睡觉时间到了（如坐到摇摇椅上，读一本睡前故事，调暗灯光，唱首安眠曲并给他摇晃一下，提供其他的抚慰方式将宝宝放入小床、摇篮，或者当孩子还醒着但已经非常困的时候给他一个安慰物，如毛绒玩具），接着你要留在孩子身边，直到宝宝完全入睡。宝宝会利用这些线索去弄清何时该产生与睡觉相关的荷尔蒙。

你不会期望在睡觉时间跟孩子有太多的眼神接触，因为那会让孩子不愿意睡觉。类似的，你也要避免给孩子新的或令人兴奋的东西，不要让他看到屏幕（不论是电视机、平板电脑、电子阅读器，还是手机）或明亮的光线。当宝宝准备睡觉的时候，降低音量，减少视觉和触觉输入，营造一个舒缓放松的环境。目前还没有研究得出任何有关与父母同床睡和分床睡之间差异的有意义结果，也没有得到6个月之后，夜间任由孩子哭泣和对孩子哭泣做出回应之间差异的有意义结果。有关睡眠的一个明确的研究结果是，到1岁之后，那些睡不好的孩子在语言和思维上落后于那些睡得好的孩子。因此，建立良好的睡眠习惯是你帮助孩子发展的重要部分。

开始社交互动

你的宝贝现在开始全面参与这个世界了。他现在会微笑，不久就会哈哈大笑或牙牙学语。他现在对你的语调更加敏感。过几个月之后，当你说"不"的时候，他能学会留心你的警告，开始识别自己的名字，当你叫他的时候，他会转头看你。

虽然婴儿需要学习一些不涉及社交互动的东西，但是社交互动是当前需要学习的最为复杂又最重要的东西，它关乎未来的个人幸福。此外，孩子需要掌握的很多东西都可以在社交互动的背景下学习。孩子醒着的时候无时无刻不在学习。你的目标是让他尽可能多地学习社交互动。**那就意味着尽你所能地在一天中创设尽可能多的让宝宝关注你的情境。**

在这几个月中，宝贝会学习如何玩耍。第一类吸引孩子的游戏是感知觉游戏和因果游戏。感知觉游戏指的是给予孩子任何一种独特生理感觉的游戏，这些游戏或是改变了其所在的空间位置，或是令其皮肤接触不同质地的材料产生不同的触感，或是将其暴露在不同的视野刺激或听觉刺激之中。因果游戏指的是教会孩子一件事发生了，另一件事情随之也会发生的一类游戏。比如，当你拨动拨浪鼓的时候，它会发出声音。对3—6个月的宝贝而言，最重要的一类因果游戏是当他做了某件事，其他事情随之发生。这时候，他会学习到他能对周围的世界产生影响。当你连续性地回应你的宝贝（根据孩子改变你的行为或说话方式），你就是在教授孩子因果联系和社交互动。比如，每当孩子抓住你的手时，你会开始唱歌，手指玩起游戏，那么他就会了解抓住你的手，你就会那么做。如果他每次冲你笑，你都会笑着回应他，那么他就会学到他微笑是引发你微笑的方法。尽管一开始他的行为并非是有意的，但是，如果你将它们视为有意沟通，那么随着时间的推移，它们就成了有意沟通。依据孩子的行为作出反应，你就是在教孩子他的行为会对他人的行为产生影响。类似的，如果你讲那些孩子关注的食物，讲他的感受，他在做的事情，他会更快地学习语言。研究表明，如果父母以因果联系的方式跟孩子互动，与孩子说话，那么婴儿学习语言会更快，发展的社交技能更为高级。

保护他们的个性

孩子都各不相同。关注孩子在哪个环境中最镇定、最警觉、最快乐，在哪个环境中最茫然、最害怕、最沮丧，这一点非常重要，因为你可以据此调节给孩子提供的刺激。比如，一些宝贝很容易刺激过载，当给他又唱歌又摇晃，还跟他进行眼神接触时，他就会茫然不知所措。这些容易刺激过载的孩子喜欢别人跟他温柔地讲话，在游戏时需要搭个城堡或帐篷在里面玩，需要一段时间才能习惯新事物（比如，你可能需要先将玩具放在外面，让他看几天，之后他才会去玩这个玩具）。另一些宝贝需要高水平的刺激才能保持参与。比如，一些孩子喜欢身体运动，当环境中有新异刺激时，他们的注意力会更好一些（比如，玩新的旋转玩具，有新的人来访，去新的地方)。不断试验，发现能让宝贝冷静又专注的刺激水平，也要不断寻找保持孩子注意的不同策略。你发现了吗？你最好策略性地将自己放在孩子的视线中，拿着孩子感兴趣的玩具和物品，有时放在脸边，这样效果最佳。孩子会在你开始挠他痒或给他唱歌的时候，稳定地将注意力转向你。着手记录这些让孩子关注你的"锦囊妙计"。

需要留心的事

每个孩子按自己的步骤发展，但是，如果到6个月的时候，你的孩子还存在以下问题，请咨询儿科医生：

- 看起来非常呆板或懒散。
- 无法稳定地支撑头部。
- 无法独立坐几秒。
- 对声音和微笑没有回应。
- 当看到照料者时也不笑。
- 对跟她最亲近的人也没有情感反应。
- 不会伸手去拿东西。

你该如何帮助3—6个月的婴幼儿学习

继续你在孩子0—3个月时所做的事情——以可预测的方式敏锐地对孩子做出回应，给予他大量面对面的时间、眼神接触和语言输入。此外，还可以增加以下内容：

- 创设大量不同的感觉经验（面料，音乐，不同的语言，不同的动作）。
- 试着建立吃、睡、玩的常规和日程表（常规对记忆的发展至关重要）。
- 常常使用孩子的名字。
- 创设大量不同的因果经验。学习根据孩子的行为做出固定的回应。
- 了解孩子：
  - 什么时候他会给予注意？

- 什么时候会感觉过载？
- 喜欢什么？
- 害怕和讨厌什么？
- 如何才能让自己成为孩子快乐注意的中心？

我们希望尽早鼓励孩子表达大量的积极情感。因此，寻找任何让宝贝能咯咯发笑的游戏，（是滑稽的脸谱吗？是某个动物的声音吗？是轻轻挠痒吗？）并常常玩这些游戏。

以下是你日常活动中可以利用的一些建议：

起床 / 入睡

起床常规

创设日常活动的常规是教孩子的最佳途径之一，如入睡和起床的常规。常规指的是由几个特定步骤构成的，经常以相同的顺序重复，你和宝贝在其中扮演着某个固定角色的活动。常规本身就非常重要，你可以依据以下建议，自由地创设不同的常规。

伸懒腰

"伸展妈妈的手臂！"（夸张地伸个懒腰。）"伸展宝宝的手臂！"（轻轻地帮助宝贝将手臂伸展开。）鼓励宝贝伸展手臂去碰碰膝盖，碰碰双脚（帮助她把脚抬起来）。

早上好！

"早上好，××（宝宝的名字）！早上好，耳朵（亲亲耳朵）！早上好，鼻子！（亲亲鼻子）早上好，肚子！（亲亲肚子）"拉开窗帘，说："早上好，太阳！"一次一个地捡起宝贝的毛绒玩具，说："早上好，艾摩！早上好，维尼熊！"唱一首"早上好"的歌。如果宝贝试着参与这个游戏，就用大大的微笑和表扬来强化她。

一起阅读

试着每天一起阅读。开始时，一起读一些有强烈对比图案的书（黑白或颜色鲜明的图片），也可以读不同材质的软布书，这样宝贝就可以在洗澡的时候也能用触觉去探索，用嘴巴去探索。试着将阅读变成"唱摇篮曲入睡"这一常规的一部分。当你和孩子一起看书的时候，将图片拿起来，让孩子看到。通过食指点出书中孩子感兴趣的事物。（你正在教授孩子指点的意义和重要性。孩子开始理解的第一类指点是你用手指指着你想要他关注的事物。）如果你想要通过手指来引导孩子的注意力，你可以先将手指在孩子面前扭一下，接着移动手指去指点书中的事物，并一边作讲解。你可以试着时不时暂停一下，等待孩子用他的声音或身体来吸引你的注意（通过眼神接触，发出声音或伸手）——这是社会性轮流的开端！当他这么做的时候，请你用轻柔的欢呼或挠挠痒来强化他的行为，接着继续翻书，指点和讲讲书上新的有趣的东西，以此来继续轮流。

正好相反

利用孩子喜欢比较和对比的特点，找一些"反义书"：图片基本相同，但是有一处相反——如艾摩张着嘴巴和艾摩闭着嘴巴，宝宝的笑脸旁边是宝宝的哭脸，一只全身湿淋淋的狗边上是一只毛毛干燥蓬松的狗，等等。

儿歌与摇篮曲

儿歌富有节律性，配上与之配套的色彩鲜明的书，常常是小婴儿最喜爱的活动之一。你可以在坐车或散步的时候跟孩子重复这样的活动。在宝贝睡觉之前唱一首舒缓的摇篮曲；选几首不同的精心挑选的摇篮曲，但别在入睡之外的时间唱，这样，这些歌就会成为孩子放松的线索。有几首不同的歌曲意味着你的宝贝会对每一首歌都熟悉，但是又可以有所变化。

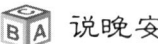 说晚安

当你拉上窗帘的时候跟月亮说晚安，跟毛绒玩具说晚安，给它们一个吻或送上一个飞吻，跟宝贝的脚趾头和手指说晚安并亲亲它们，跟你的宝贝说晚安。继续给孩子一个熟悉的具有安慰作用的物品，比如一只柔软的泰迪熊，或一块又小又软的婴儿毯，甚至可以是一件你的衣物（有时这也叫做转衔物）。如果你跟孩子分开睡，请优先选择闻起来像你的物品。

就餐

 袋鼠抱

继续通过直接接触皮肤的搂抱让喂奶时间变得特别，尽可能在安静的环境中喂奶，尽可能与孩子进行眼神接触。用温柔的搂抱或唱他喜欢的歌曲来强化孩子的眼神接触。

你做，我也做！

安静的喂奶时间是进行安静活动的好机会，这时你能很好地吸引孩子的注意。在这个年龄，你的宝贝会因为你模仿她而关注你。如果她把手张开，向她展示你也能这么做。如果她发出咕咕声，你也对着她咕咕。

挠几下痒？

即使很小的婴儿也能分辨小的数字（1—3），因此，挠痒的时候你可以一次挠三下，"挠，挠，挠"——五或六次为一组。接着稍作改变，一次挠两下，"挠，挠"——五或六次为一组。你这是在教宝贝学习数字啦！改变数量或节奏这一策略还可以运用到很多不同的事物上，如先给孩子前后荡三下，再转一圈，往孩子肚子上吹三口气再冲他笑，或是帮助他拍三

下水或踢三下腿。在玩这些游戏的时候,你可以说"看得真好!你喜欢拍水!我们再来一次",用这样的语言来强化孩子的微笑与眼神接触。

摸一摸!

如果你的宝贝用瓶子喝水并且已经开始拿瓶子了,试着在瓶子外面套上不同材质的袜子,就像套"瓶子套"一样。这样她就能在喝奶时用双手感知不同的质感。

换尿布和换衣服

给宝贝按摩

继续给宝贝按摩,但你现在要开始将动作和音乐配合起来,比如,用"新年好"的调子唱:"我们这样擦手臂呀,擦手臂呀,擦手臂。"你可能还需要增加孩子感受的材质和感觉的种类,比如你可以轻轻地直接按摩孩子光溜溜的皮肤,涂点乳液后给他按摩,用软毛刷给孩子刷,用羽毛给孩子挠痒,用丝巾给孩子挠痒,用毯子或布料给他摩擦。试着往他的肚子吹气,给他的肚子打嘟,在他耳边说个悄悄话(这样他就有了说悄悄话时候的感觉)。

开始,停!

继续让孩子把玻璃纸揉皱或穿着带铃铛的袜子踢(见第13章),但是现在他踢的时候你要配上词语("叮叮当")或是音乐(唱《铃儿响叮当》)。这意味着在这个铃铛游戏中,你只在他踢的时候说话或唱歌,当他停下的时候,你也停下来(这也是依据孩子的行为作出有条件回应的一个例子)。相似的,当宝贝摇拨浪鼓的时候,你也可以说"摇,摇"或开始唱歌;在他停止踢脚或摇拨浪鼓之前,你只唱一小会儿,接着暂停,等待他再次发起。如果他喜欢这个游戏,可以通过多种方式扩展游戏。当宝贝踢或摇的时候,你可以摇摆手臂或跳舞。当他停下来的时候,你立马"冻"住不动。

接下来是什么?

用游戏来创设预期:拿一面镜子,让宝贝面对镜子,你身体的一部分藏在宝贝的身后,说:"妈妈在哪儿?妈妈去哪里了?"接着忽然跳出来,让他可以在镜子里看到你,说:"妈妈在这儿!"你可以用毯子将孩子部分遮起来,确保他还能看见,你则假装看不见他,说:"宝宝在哪里?他去哪儿了?"接着把他身上的毯子拿走,说:"他在这儿,他藏在这儿!"

或者可以试着这样做,慢慢开始,扭扭手指,说:"我有痒痒手指……我有个痒痒手指……痒痒手指来找(宝贝的名字)……它们来啦……它们抓住了小膝盖!它们抓住了小膝盖!"接着给宝贝的膝盖挠痒。如果孩子喜欢,身体其余部位也可以用相同的方式来挠痒。这个游戏的教育意义在于,让宝贝预期你接下来要做什么。尽管他目前还没有准备好学习有关身体的词汇,但是他会了解语言是快乐的社交游戏的一部分。

妈妈在哪儿?

在给孩子换尿布之前,你就把脸躲在尿布背后跟孩子玩一下躲猫猫。("妈妈在哪儿?"这将会在很长一段时间成为孩子最喜欢的游戏!)

滑稽的妈妈!

在给宝贝换衣服的时候朝他做鬼脸:吐舌头,吹口哨,双唇震动,把手指放在嘴里用鼻子出气。宝宝喜欢滑稽的表情和声音!如果她对你的鬼脸予以关注,你就说:"你喜欢那样!我们再来一次!"并再做一个鬼脸来强化她。

脱袜子!

将宝贝的袜子脱下来大部分,只留一点,看看他是否能用自己的方式将袜子脱下来。如果他做到了，你就煞有介事地给他来个大大的奖励。如果他想脱但脱不下来，你可以手把手地帮他把袜子拉下来，然后也若有其事地说："它走了！袜子脱下来了！"如果他喜欢这样，你可以只把脚趾头部分套上袜子，帮助他把袜子再次脱下来。

洗澡时间

一起吹泡泡

洗澡是玩吹泡泡的好时机。泡泡也是小小孩最喜爱的玩具之一，因为其具有因果联系，也能鼓励孩子进行视觉追视。孩子会觉得你用不同的身体部位"吹"出泡泡很有趣。比如，你可以试着用鼻子吹泡泡，你可以用脚将泡泡踢出来，或者用力拍手将泡泡拍出来。每次吹泡泡的时候，说"砰"，深深吸一口气，做个惊讶状的O型嘴。你的宝贝会喜欢你惊讶的表情，也会喜欢你吹的泡泡。

惊讶袋

将常见的生活物品和小的防水玩具放到一个袋子里。每次拿出一个来，拿到你的脸和眼睛附近，清晰地说出它们的名字，如"勺子"。接着让宝贝拿着这些玩具，将它们扔到水里。当它掉下来的时候，发出一个有趣的声音，如"扑通"或"啪"。耸耸肩，用双掌蒙住脸，说："下一个是什么？"接着拿出下一样东西。拿出几件物品之后，停下来，等待孩子跟你对视，发出声音或伸手拿袋子来要求你继续。只要你每次都往袋子里放入新的东西，这个游戏就永远不会让人厌烦！

泡泡浴

如果你在浴缸里放一点泡泡浴液，那么就可以在泡泡里藏东西，那样真的很好玩。比如，你可以给自己一个"泡泡剃须膏"，说："妈妈的脸颊去哪儿了？"然后擦掉泡泡，说："这是妈妈的脸颊！"你可以将小黄鸭藏在泡泡里，说："鸭子在哪儿？"然后把泡泡擦掉，说："它在这儿！"如果你有一面小镜子，你可以放一点泡泡在孩子的鼻子上，让她看看自己，说："（宝宝的名字）的鼻子在哪儿？"接着把泡泡擦掉，说："在这儿！这是宝宝的鼻子！"随着你的宝贝渐渐熟悉这个游戏，她会试着自己去擦这些泡泡！

排列起来，再推倒

如果你有孩子能在洗澡时安全玩耍的塑料动物玩具或人偶，试着将它们在浴缸边上排列起来。每次拿起一个的时候，你就说："你好，青蛙！你好，鸭子！"等等。然后当你将它们推入浴缸的时候则说："再见，青蛙！再见，鸭子！"随着孩子对这个游戏越来越熟悉，你可以让她（甚至可以帮助她）将玩具推到浴缸里，你则在一边说"再见"。你还可以扩展游戏，问："青蛙在哪儿？它去哪儿了？"然后伸手捞出浴缸里的青蛙，说："它在这儿！你好，青蛙！"并再次将青蛙放在浴缸边上，每个动物或人偶都可以重复这么做。最终，当你问"青蛙在哪儿？"你的宝贝可能会找出青蛙并拿给你。

毛巾游戏

在毛巾后玩躲猫猫。慢慢凑近孩子，慢慢把毛巾从脸上拿开。如果宝贝没有试着伸手去拉毛巾，你可以轻轻拿着他的一只手帮助他这样做。给毛巾打上肥皂，闹着玩地跟孩子说："我来抓你的手臂！我来抓你的肚子！"同时轻轻地擦拭孩子身上你说的部位。试着用毛巾包裹动物玩具，说："全都不见了！它们去哪里了？"如果宝贝没有将毛巾拿开，你可以指点毛巾，说："我们一起来看看这下面！"或者你可以动作夸张地拿开毛巾，让这些物品的再次出现跟变魔术一样。

外出 / 散步

 我们去散步

继续偶尔反抱着孩子，让她面朝外边，这样她可以看到世界；有时候让孩子面对你，这样你可以跟孩子对视。当你和孩子一起散步的时候，指出那些让孩子感兴趣的东西，跟她分享经验。

 "ba"和"da"

宝贝现在也许能够区别言语声音（能够说出不同的音），对观察你的嘴型发出不同的音具有浓厚兴趣。因此，当你抱着或者推着他到处走、外出、排队的时候，你可以唱唱字母歌，准确地发出每一个音。试着编一些说唱的小歌曲，如"阿婆，阿婆，a a a，爸爸，爸爸，ba ba ba"。或者你也可以唱一些儿时的拼音歌，如"长大嘴巴，aaa，圆圆嘴巴，ooo"。孩子对你关注时，你可以用吸引孩子的夸张嘴型来强化他。

 帮妈妈购物

当你去超市购物的时候，让孩子帮你拿一些不易摔碎、能放到嘴里的东西。乘车的时候，唱她最喜欢的歌曲，放她最喜欢的音乐，让她感到愉悦，因为宝贝无聊的时候会变得很烦躁。

家务劳动

 帮妈妈煮饭

当你在厨房准备洗菜做饭的时候，让宝宝拿着勺子敲击锅碗瓢盆，让宝宝在面粉里踩出个脚印，闻闻食物的气味，捏一捏塑封袋子里的彩泥。

打扫卫生真滑稽

当你打扫卫生的时候,想办法让打扫变成给宝贝设计的滑稽戏。放点儿音乐,跳一些傻傻的舞蹈,如站在咖啡桌上,拿着扫把唱歌。

游戏时间

我能坐

通过帮助宝贝坐、趴着和躺着玩,给他大量机会加强身体机能。这里有个帮助他加强颈部肌肉力量的方法:让宝贝贴着肚子躺着,你在他周围走动,唱着他最喜欢的歌曲。这样你就是在鼓励他转头追视你,他需要转动脖子和脑袋才能做到这一点。如果宝贝不再看你,那你就暂停唱歌。如果他没有示意或者跟你沟通,让你以某种方式继续,那你就蹲下来,用亲近的距离和眼神接触获取孩子的注意(或许还要唱上一首新的歌),再试一次。

我能伸手,我会滚

将玩具放在孩子伸手能够到的最远处,这样她要么练习伸手和抓握,要么示意你帮她拿。将孩子面朝上放在一块小毯子上,轻轻拿起毯子的一角,接着拿另一角——你别让她从一边一路滚到另一边,而要让她一点一点滚到另一边去,给予她感受身体不同位置的感觉。另一个办法是在两边放上完全不同的物品,帮助她从一边滚到另一边,让她感受完全不同的视觉刺激。

真实世界的玩具

提供多种多样的适合孩子年龄的玩具(如磨牙玩具)和家中常见的物品,如铲子(没有尖锐边缘的那种)或者带着盖子的塑料食品盒,让宝贝通过摔、吸、触摸来探索。避免使用那些快速移动的声光玩具，因为在这个年龄段，孩子要学习世界是如何运作的，这一点非常重要。电子玩具确实能够很好地吸引孩子的注意，但是有可能阻碍他们对真实物品和人的关注。

躲猫猫和捉迷藏

躲猫猫和捉迷藏有很多变式，这些变式都能帮助宝贝理解当物品消失时，它们仍存在。下面介绍几个变式：试着将玩具藏起来，如孩子最喜欢的毛绒玩具，半藏半露，藏在枕头或毯子下面。耸耸肩，摊开双手，说："它去哪儿了？"你可以用双手蒙住眼睛，就好像遮住太阳看远方那样，说："我到处都没找到。它会在哪儿呢？"脸上露出夸张的表情，一直假装着，直到宝贝把玩具拿出来。热情地庆祝孩子的发现："找到啦！它在这儿！你找到的！你找东西真棒呀！"当她越来越擅长的时候，你可以把玩具藏得远一些，藏的时候多遮住一些。如果她没有发现玩具，你可以通过拿着她的手，帮她轻轻把毯子拉掉来辅助她，并鼓励她说："在这儿！你真棒！"

你还可以把自己半藏半露地藏在毯子下面或枕头后面来跟孩子玩这个游戏，当然，这些东西都在孩子伸手能够抓到的地方。你也可以用音乐盒或者其他发出声音的玩具来玩这个游戏，声音可以充当引导孩子发现消失物品的线索。

我就跟你这样做

模仿是宝贝要学习的基本概念，它可以帮助孩子在将来学习更多的东西。玩一个完全模仿孩子的游戏——我就跟你这样做。比如，如果他向一边倾斜，你也向那边倾斜；如果他敲瓶子，你也敲瓶子；如果他说嘎嘎，你也说嘎嘎；如果他咬玩具，你也咬玩具。当然，这个游戏仅仅能玩一小会儿，并且要宝贝知道，这是个好玩的游戏。一旦孩子失去了兴趣，就做点别的事。

我能移动东西

通过玩以下游戏帮助孩子练习精细动作：把烤蛋糕的模具放在孩子面前，帮助她扔一个小球进去，看看它会滚到哪个格子里（通常小球会转一会儿，然后落到其中一个洞里去）。将玩具放到她刚好能够到的地方，耐心地等待她想出拿到东西的办法。拿一个孩子伸出脚能踢出声音的东西（如鼓），当孩子在想办法弄出声音的时候，你要耐心地拿着。或者，每次她踢的时候，你可以举起双手发出滑稽的声音（如"砰"）。

家庭相册

给宝宝看亲朋好友的照片，每个人都有单独一页。有时候你可以快速地翻看，只说每个人的名字；有时候你可以慢慢看，跟孩子讲讲每个人。现在市面上有有声相册，你可以让朋友或家人发给你语音信息，你在翻到这些页的时候，把声音播放出来。如果在你给她看几次照片后，她仍对家庭成员的脸和声音都不感兴趣，试着先把相册收起来几个月，之后再给孩子看。

风车

宝宝喜欢看旋转的东西。你可以利用这一点，用风车来进行来回互动的游戏。你吹风车让它转动起来，然后暂停，等待孩子用眼神接触或身体其他部位来示意你他还想玩，你可以说："转？好的！"或者用其他类似的简单语言。你也可以说："准备好了吗？预备，开始！"当说开始的时候就帮助他转动风车。

小毛驴

让宝贝坐在你的膝盖上，安全地抱住她，一边给她上下颠，一边唱：

"我有一头小毛炉，我从来也不骑，有一天我心血来潮带它去赶集，我手里拿着小皮鞭，我心里直得意，我一不小心哗啦啦啦摔了一身泥"（当说到"摔"的时候，稍微晃一下宝贝）。

弹跳时间

抱着宝宝，让他保持站立的姿势并面对你，这样他的双腿就能支撑部分身体的重量。你一边唱《洋娃娃和小熊跳舞》（你也可以在网上查找带有"跳"这个词的歌曲），一边帮助他上下弹跳，这对练习眼神接触和锻炼身体都有好处。如果宝贝很喜欢，当孩子看向其他地方时试着暂停，等待孩子跟你进行眼神接触，发出咕噜声、摇晃或者弹跳，或者其他试图沟通他还想要跳的行为，在这之后才给他唱歌和弹跳。

高高飞

你可以双手支撑住孩子的腋下，将她举起"向上飞"，并说："向上飞！"接着把她放下来，说"向下飞"。试着转化你的语调，当你说"向上飞"的时候用高声调，说"向下飞"的时候用低沉的语调。你可以唱："纽约的大将军，他有一万人，他们站在高高的山上（将宝贝举高），他们站在低低的山下（将宝贝放下来），他们走上去（再次将宝贝举高），他们走下来（再次将宝贝放下来）。"当你重复唱的时候，确保要突出关键词"高"和"低"。另一种玩法是，当你上下楼梯的时候抱着孩子，通过托着孩子的胸和腹部帮助他像飞机一样飞。很多宝贝都喜欢这个，但有些宝贝会感到害怕。如果你的宝贝害怕，你可以玩点其他的。

氢气球

将气球的绳子扎在一起，你可以说："预备，开始，出发！"当说到"出发"这个词的时候松开手，让气球飞向天花板，说："向上飞。"接着把它们都拉下来，扎在一起，说："向下走。"（当孩子长大一些，你可以扩展这个游戏，说："预备，开始……"接着等待孩子发出声音或做出动作，让你知道他想要你把气球放飞或捆在一起。）

伪装你的脸

通过在脸上贴贴纸，放上小丑鼻子，戴上不那么可怕的万圣节面具或超大镜框的眼镜，来吸引孩子额外的注意（脸上可以贴上任何孩子能拿下来的东西）。孩子会觉得将东西从你脸上拿下来，看着你把它们放回脸上很好玩。

挥手歌

宝贝喜欢一边听声音或音乐，一边看你挥动双手。试着唱一些经典歌曲，如《两只老虎》《小燕子》《如果感到幸福你就拍拍手》。这些手部游戏的变式可以是让孩子身体的其他部分动起来。比如，当你唱《小汽车》的时候，让孩子的双手做出握方向盘的动作；当你唱《两只老虎》的时候，你把五指张开往孩子身上抓。

下面是一些可以配合手部动作的儿歌：

- "树上挂着两个苹果（拳头聚在空中），我拼命摇苹果树（假装摇树）。砰——掉下一个苹果（将一个拳头落到地上），砰——又掉下来一个（另一个拳头也落下来）。"当你把拳头（苹果）塞到嘴边的时候，发出很好吃的声音，"嗯嗯，好吃！"

- "我是小兔长耳朵（做小兔耳朵），我最爱跳跳跳（跳三下）。我累了，我累了！（打哈欠和伸懒腰。）现在应该休息啦！"（躺下来，假装睡觉。）

- "有间房子（向内锁住双手，这样从外面就看不到你的手指），屋顶尖尖（伸出食指，指尖相对，这样食指就在其余手指之上），打开大门（拇指打开），好多人呀（翻转双手，扭动手指）。"

第 15 章

6—9 个月

你的宝贝正在长成一个小人儿,他对周遭世界越来越感兴趣。当他开始爬的时候,他会探索所有角落。他的脾性和个性正在显露,他已经准备好跟人互动了。

6—9 个月的宝贝学点什么

社交技能:模仿、轮流和分享

6—9 个月的小宝贝正变得越来越有社交性,会对模仿着迷,渴望学习一些早期社交"规则"——如轮流和分享。这个阶段你应该贴近地板,示范你希望宝贝参与和模仿的游戏和动作。她会对跟着你做感兴趣,并从模仿中学习。

眼神接触通常是宝贝在沟通中首先能够进行的"轮流"——跟你目光接触,告诉你她要你继续跟她互动,她中断眼神接触则是告诉你不想继续了。换句话说,如果你给宝贝轻推秋千,给她挠痒,或者给她喂食,你可以中途暂停一下,等着她看你或者发出一些声音来请求她还要,之后才给她推一下、挠一下或喂一口。尽管宝贝现在还不懂你在说什么,但是她已经知道你在等她做出回应或跟你沟通,以继续当前的互动。当她跟你眼神接触的时候,可以这样说:"还要推?好的!我们来喽!"或"再来一口米糊？好好吃。"然后继续。这样做的目的是教孩子在游戏过程中关注你，并且学着在沟通时跟你轮流。

这个年龄段你还可以教授和鼓励分享。当孩子试着跟你分享她的豌豆或沾满口水的薄饼时，你要给予积极的回应（"轮到我了吗？谢谢你！"）。你还可以将双手摊在她面前，要求她跟你分享玩具，如果她没有这么做，你可以轻轻地拨走玩具，然后迅速交换，将玩具再递给孩子。

发出有目的的声音，做出有目的的手势来指人和物

大多数宝贝在开口讲话之前都会咕哝并发展前导语言，这些声音有感叹句（哇！），手势语（伸手，摇头）和牙牙学语声（类似宝贝听到的语言的语音）。比如，你的宝贝可能会说"Ba ba ba？Ba ba！"，先是用升调，好像在问问题，接着跟随一个类似感叹句的声音。宝贝开始将你的语言和行为与它们的意义进行联结，比如，拍手说明你高兴，摇头说明不要。

研究表明，父母可以用以下方法帮助孩子学习语言：

1. **确保你的孩子听到很多词汇**。你希望孩子听到复杂的句子，这样他就可以听到很多不同的声音，听到语法和语调的融合，这也是为什么给孩子读书，跟他讲述你身边发生的事情对他有帮助的原因。与此同时，你也希望给孩子很多重复听简单词汇的机会。换句话说，在第一年中，确保在白天你有大量时间用单个词汇跟孩子沟通，比如，你可以说"上？好的！上！"，然后把孩子抱起来。

2. **说出孩子聚焦的东西**。比如，如果你的孩子在你和爸爸之间来回看，当他看向妈妈的时候，你可以说"妈妈"，当他看向爸爸的时候，你可以说"爸爸"，依次指点你们两个。年幼的孩子还不理解你关注的东西跟他关注的东西可能不同，因此，如果他们全神贯注地看着鸟或者气球，说出他们所关注东西的名称，通过微笑或者对该物品简单的评价来跟孩子分享该物品带来的愉悦感，随后才将孩子的注意引导到别处。

3. **对孩子的行为做出回应，就好像孩子的每个行为都是有意义的**。我们之前谈到过根据孩子的行为和语言有条件地做出一致的行为和言语回应的重要性。有条件的回应是影响孩子学习语言最重要的一件事。因此，尽管你可能不确定孩子说的是一个词，还是发出的一个无意义的声音，不确定他指点了感兴趣的东西，还是仅仅想伸手碰一下，但你都应该像孩子确实说出了某个有意义的词和做出有意义的动作一样给予回应（"对！高兴！爸爸高兴"或者"哦，你想要香蕉！好的，给你！"）。这样，你就是在教授孩子他所有的行为在社会环境中都是有意义的。

4. 说话的时候尽可能配上手势。很多学语言慢的孩子如果学一点手势语或手语，学习语言就会快一些。只要你能做到一致，你甚至可以自己编一些手语和手势来搭配词汇。你可能会发现孩子在跟你说"荡"或"球"之前已经学会用手做出球的样子，或者做出前后荡的动作来跟你沟通。

除了用大量手势之外，你还可以采用触碰和用手指轻轻敲击你要指点的东西，来教授孩子跟随你的指点，因为这样的指点会发出声音。或者你也可以通过做一些滑稽或令人感兴趣的事来吸引孩子的注意。一边叫孩子的名字，一边引导孩子的注意力，接着等到孩子跟你有眼神接触之后再分享微笑，或在之后给孩子看某个东西或展示该物品是怎么运作的。这可以帮助她养成时常跟你确认目光的好习惯。你要让孩子知道，当你叫她的名字或指点某个东西并说"看"的时候，你确实是要跟她分享一些有价值的东西，因此，你必须尽可能地将她的注意吸引到某个有趣的东西上（酷酷的玩具，好吃的东西，你打算做的有趣的事，如亲亲肚子）。

表达情绪和情感

在6—9个月的时候，婴儿开始表现出多种表达，开始用不同的方式来展现他们对你的情感（比如，在你的脖子上来个张口大亲吻）。你可以用夸张的表情或模仿孩子的表情来鼓励她这么做。比如，你可以在安慰孩子之前，先模仿孩子悲伤的表情说："我很伤心，我不想离开奶奶家！"你可能还想在游戏中加入表情这一主题。你扮演的那个玩偶可能有些坏脾气，因为它今天很累或者不喜欢吃豆豆。当玩简单版的捉迷藏时（比如，在孩子面前拿起一条毛巾或浴巾，假装找不到她），你可以发现她这时候会露出夸张的惊讶表情。要鼓励孩子尽可能表达积极的情绪，你就要经常回顾那些让孩子感到开心，能哈哈大笑的游戏、歌曲、书本和活动。然而，宝贝不会一直很开心，他们也会感到烦躁、害怕、焦虑和悲伤。因此，我们的目标是让积极的情感最大化，但也要准备好承认、模仿以及描述消极的情感，接着要向宝贝表明你会帮助她一起处理这些消极的情感。

尽可能试着承认孩子的所有情感。如果她看起来悲伤，比如，你可以做出夸张的悲伤表情，说："你感到难过！"接着你可以抱抱她，看看这能否安慰她。当孩子把娃娃扔到地上，你可以假装跟娃娃讲话："哎哟！太疼了！我摔倒了，受伤了！"当你跟孩子玩魔术盒的时候，你可以做出恐惧的表情，说："好怕怕！"或者把眼睛睁大，眉毛抬起，说"好激动"。当魔术盒里面的小人跳出来的时候做出夸张的表情。很多小孩喜欢被稍微吓一下，特别是当你做出惊讶的表情，随后哈哈大笑的时候。如果你的宝贝因为这一程度的惊讶感到不愉快，当轻轻吓到时会哭泣，你可以将魔术盒拿得远一些，或者在小人跳出来之前给孩子打个预防针（"他来了！"），或者你可以用其他可控制的东西来替代突然跳出的小人，这样你就能让人偶慢慢出来。

当你的孩子高兴或哈哈大笑的时候，你可以说："你对＿＿＿感到很开心。"然后拉着她的手上下跳，向她展示你们可以一起分享快乐。当她笑的时候，你可以说："你个傻姑娘！"并给她挠挠痒，这样她会明白"独乐乐不如众乐乐"。记住，你要教会她扩展积极情感的表达，教会她跟你分享情感。你也想通过对她做的事做出清晰可见的情绪反应，来帮助她了解自己的行为会对他人产生影响。因此，如果她把玩具塞在嘴里，你可以说："这个很难吃！"或"太傻啦！你不能吃电话，你要讲电话！"（注：你不应该采用这样的方式对你不希望孩子再犯的事情给予回应，比如孩子将导致窒息的玩具塞到嘴里。记住，你给予特殊关注的行为在未来更有可能发生。)

开始教孩子如何在悲伤时安慰自己是个极好的主意。比如,如果你的孩子感到烦躁,你可以说:"我们一起去找找你的泰迪熊和毯子。她们会让你感觉好起来。你把她们放在床上了。"你一边这么说,一边引导她(如果她会爬了)或抱着她去放着这些特殊物品的地方。

玩玩具

到6个月时,宝贝已经准备进入玩具的世界。因果类玩具是最好的一类玩具(按下按钮,发出声音),能够促进精细动作发展的玩具也很有用,如套环、积木、套杯。相反,那些带着声、光、音乐的电子玩具是最难以创设注意分享的玩具。除非你有办法让自己比电子玩具更有吸引力,你最好在游戏时间将这类电子玩具收起来。如果你的孩子喜欢那个按下按钮就会放音乐的玩具,你可以唱那首歌,配着音乐跳段傻傻的舞,用三角铁、儿童手鼓或沙锤等打节奏。你可能会发现孩子按完按钮之后会充满期待地看着你,甚至还想玩玩你手中的乐器。

当你和宝贝玩耍的时候,试着和他面对面坐着,拿着他想要的玩具,比如积木、套环等,因此,当他希望继续游戏时就一定会看着你,或者跟你互动,以便拿到下一个玩具。

匍匐前进和爬行

你的宝贝可能会对能帮助她拿到想要的东西的不同动作和行为非常感兴趣。制定和实施计划这一能力可以帮助她发展为自己做事的成就感。那些能够鼓励她移动身体的游戏是这个年龄段的好游戏,如搭建一个小道让她跟着爬,给她一个气球抓在手里,当气球飞走的时候,让她在后面快速跟着爬(由于气球容易引起窒息,在她玩的时候,你要在一边一直看着),在每一个台阶上放上不同的玩具,或是弄一个爬行隧道。但你必须注意,这些游戏必须是孩子已经开始爬或者会快速爬的时候才开始玩的。

如果她还没有做好准备，迫使她去玩这些游戏毫无意义，并且可能会逼着她发脾气（比如追赶气球这个游戏）。如果你发现孩子试着移动身体却没有成功，先暂时停一停，等一个月之后再来玩。

客体永恒性

你的宝贝开始掌握客体永恒性——当看不见某人或物的时候，他们依然存在。这方面的发展让躲猫猫和捉迷藏变成这个年龄段的孩子游戏和活动的一个极其重要的部分。

吃

一般到6个月左右，宝贝就能开始吃一些固体食物。你可以咨询儿科医生有关孩子何时能吃固体食物的问题。你可以尝试在孩子的食谱中引入不同的事物，也跟孩子分享引入新事物的激动的感觉。这也意味着你和宝贝能够面对面坐着吃饭，为孩子提供了坐在宝宝椅上玩耍与学习的机会。

需要留心的事

每个孩子都按照自己的节奏发展，但是，如果你的孩子在6—9个月之间出现了以下情况，请立即咨询医生：

- 没有展现快乐的表情。
- 当你冲她微笑的时候不会用微笑回应你。
- 对大的声音没有反应。
- 对面孔没有兴趣。
- 当你跟他目光接触时，他扭头看其他地方。
- 当被熟悉的照料者抱着时她也表情僵硬甚至哭泣。
- 她无法独立地支撑头部，也无法独立坐。

- 到 7 个月的时候发出辅音和元音的嘟囔声。

该如何帮助 6—9 个月的宝贝学习

接下来我们将介绍一些帮助这一年龄段的宝贝学习新技能的方法。跟先前一样,选择那些能够吸引孩子的方法,当然你也可以自由地创设你自己的游戏与活动。

以下是一些基本原则:
- 继续先前对你和宝贝有帮助的活动。
- 将所有沟通均视为有目的、有意义的。
- 开始协调你和宝贝之间的共同注意,并引向第三方物体(比如玩具)。
- 引入分享和轮流。
- 大量使用手势,包括指点令人兴奋的事物、点头和摇头,乃至学习一些宝宝"手语"。在第 17 章我们推荐了一些,但是网上也有很多适合宝宝用的手语资源。
- 采用重复语言和"妈妈语"(夸大元音以及语句中的升调和降调)。
- 学着让自己成为孩子快乐注意的中心——这要求你学会根据孩子的行为做出一致的回应,正如我们先前讲过的:
  ○ 强化你想要看到的行为,如沟通的意愿(用表扬、微笑、挠痒痒和关注)。
  ○ 玩眼神接触的游戏,比如将孩子看你作为给孩子推秋千的开关。
  ○ 保持对孩子想要物品的掌控(玩具、食物),这样他会看你,以得到他想要的。
  ○ 有技巧地将自己呈现在孩子面前,这样他看你会容易一些,同时,你也要试着成为房间里最有趣、最吸引人的事物。

起床/入睡（包含睡前阅读）

起床了，宝贝！

试着尽量多说早上好。你不仅要精力充沛地跟孩子说声"早上好"，还要试着跟他所有的毛绒玩具说早上好（"早上好，泰迪！"），拉开窗帘的时候说："早上好，白天！"甚至跟照片中的家庭成员打招呼（"早上好，阿姨！""早上好，奶奶！"）。

昏昏欲睡的时候

跟每位家庭成员以及每个毛绒动物都来一个晚安吻，说："亲亲哥哥，晚安，哥哥，""亲亲泰迪，晚安，泰迪"。在屋子里到处走走，你俩一起将房间的灯关掉（你可以帮助宝贝按下电灯开关），说："现在天黑了——晚安，厨房！现在天黑了——晚安，浴室！"在你关掉宝宝房间的灯光之后，你可以打着手电筒，照着房间里的不同物品说："晚安，摇篮，晚安，衣柜。"

一起读故事

给孩子读故事书不仅可以刺激孩子的语言和认知发展，研究还发现阅读可以强化这些能力在未来的发展。你不必根据书上的文字一板一眼地读（尽管这可能很有趣，也很重要），你可以试着创设一来一回的对话，读给宝贝听。当然，这个年龄的孩子还不会讲话，你需要补充对话双方的内容，比如："那是谁？是金发姑娘。糟糕！看，熊宝宝很伤心！糟糕！金发姑娘看起来很害怕！她接下来要做什么？看，她正在逃跑！"你一边说着书上的词语，一边将书上对应的图片指点出来。比如，当阅读《晚安，月亮》的时候，你说到"勺子"时就将勺子指点出来，说到"手套"时就指点手套。这为将语音与其对应的图片联结起来提供了额外的线索。这一年龄段的孩子非常喜欢立体翻页书，这类书可以让他们跟最喜欢的图片躲猫猫，能够加强他们的记忆能力。这一年龄的孩子还喜欢带有不同质感材料的书，比如《拍拍小兔子》，这本书里面允许孩子触摸不同的材质（柔软的兔子毛或父亲扎扎的胡茬）。

就餐

好吃／难吃

当宝宝刚开始吃东西的时候，一次只喂一口，并且要看着她的脸。如果她皱起眉头或将食物推开，你要说："哦——难吃！"如果她看起来很开心，伸手来拿更多，你则说："嗯——好吃！"当她跟你眼神接触或伸手还要来拿，你可以这样说："还要 ____ ？"（说出食物的名称。）如果她伸手来拿，但没有跟你眼神接触，那么试着在喂下一口的时候把食物举到你的脸边，这样她就"不得不"跟你来个眼神接触。

飞机来了

当你用勺子给孩子喂饭的时候，尽量让这个过程变得愉快些。你可以假装勺子是一架到处盘旋想要着陆的飞机，或是一只四处盘旋想要停歇的鸟儿。另一个傻傻的游戏是拿住一勺食物，假装蒙上或闭上了眼睛，说："我要抓住（宝贝最喜欢的动物）。"接着当宝贝吃了一口，你就睁开眼睛，惊讶地说："哦！一定是（动物）吃掉了，它一定跑掉了！我们再试试！"

喂妈妈？

你可以身体往前倾，长大嘴巴说："喂妈妈？"如果你的宝贝将一片食物放到你的嘴里，你就说："谢谢分享！妈妈好开心！"或者只说"谢谢你"。你可以将那些你不介意弄脏的洋娃娃和毛绒动物拿来，说"喂小马"，等等。你还可以让娃娃们假装不同的食物是"好吃"或者"难吃"的。

它去哪儿了？

试着给很轻的不同物品系上绳子或丝带，并将绳子或带子系在宝宝椅上。让宝宝将它们从宝宝椅上推下去，然后再把它们拉回来（你需要教孩子怎么做，慢慢练习，孩子就能学会）。你的宝贝会爱上比较这些不同的撞击声，如钥匙撞击地板的声音跟橡胶撞击地板声音的差别，他也会喜欢看东西"消失不见"又"失而复得"。使用"工具"（在这个例子中是拉玩具的那根线）可以强化孩子的认知和动作发展。

换尿布和换衣服

躲猫猫

拿一块布或者毛巾遮住你的脸，说"躲……"，边说边靠近宝贝，等待她拉掉遮住你脸的布——如果她这么做了，你就说"波！"并哈哈大笑。很快，她就能理解她是游戏的一部分。

穿衣歌

挑一个简单的旋律（比如，"睡衣，睡衣，脱掉，脱掉，脱掉"），或者你也可以替换熟悉歌曲中的歌词（比如，你可以将"小兔子乖乖"改成"换尿布乖乖"），并且将它作为穿衣服或换尿布这一常规的一部分。如果你的宝贝喜欢这首歌，你就可以开始唱，当他看向其他地方的时候，暂停，等他跟你有眼神接触之后再继续唱。

看看妈妈！

当你给宝贝换衣服或尿布时，跟他玩一些涉及脸和创造预期的简单游戏。比如，鼓起你的腮帮子，轻轻地拿着宝贝的手放到你的脸颊上，就好像他在给你的脸"放气"。你可以让他轻轻挤压你的脸颊，将气都放出来，或者你可以让他轻轻戳你的脸颊，每次戳，你都吐出一口气。你可以往他脸、肚子等地方吹气。接着你可以利用他的脚将气体从你的脸颊中挤出来，你可以往他的脚上吹气。通过暂停和等眼神接触后才继续游戏的方式，来强化孩子的眼神接触。

好吃的宝宝

将脖子和下巴缩到衣服领子里，双手在眼睛周围做出圆形手势（为开始游戏提供一些视觉线索），用有趣的声音跟孩子说，如可以用滑稽的饼干怪的声音说："我是宝宝怪，我要吃宝宝的手指，全部吃完啦！Mmm，真好吃！我来吃宝宝的脚趾头，全部吃完啦！Mmm，真好吃！"如果你的宝贝喜欢这个游戏，给予他你已经变成怪兽的视觉线索，等他跟你进行眼神接触之后才开始游戏。

洗澡时间

彩虹澡

拿两根可用于浴室的色素条，让宝宝选择其中一根扔到水中，最好溅出水花来。你可以看着它在水中渐渐融化，让宝宝拿个勺子在水中"搅拌"，看着水慢慢改变颜色。（你可以再次使用简单的说唱式的语言，如"搅拌，搅拌，在浴缸里搅拌！"）。

浴缸里画画

用发泡肥皂、剃须膏或浴室蜡笔在浴缸壁上乱涂一些不同的形状。在你指出每个形状的名称之后，让你的宝宝用毛巾或者喷水瓶将它们抹掉。她清理的时候，你可以唱《洗刷刷》这首歌。你也可以试试写字母——在浴缸壁上用泡泡画一些字母，一次画一个，重复练习发音。当你夸张地发出"Ahhh, Aaaah, Aaaaah"和"Baaa, baaa, baaa"等语音的时候，给宝贝看你的嘴形。你以这种方式发字母表中的音，暂停的时候给予孩子尝试发音的机会。如果她愿意尝试，给予她大量的表扬。当然，她现在还太小，无法学习字母，但这是个模仿发音的好机会。

一起去钓鱼

接下来的几年中，钓鱼都会是浴缸中最有趣的游戏。给宝宝一些玩具鱼，或者用铝箔纸或彩色泡沫板剪一些小鱼。后两者你可以在手工店买到。再配上一个带手柄的网。跟挠痒游戏一样，使用相同的语言，当你在网兜里抓鱼的时候，你可以说："我来抓你了……我抓到你了！"当宝贝准备好了，手把手地帮助他捉鱼，当他想自己捉的时候也可以让他试试。

装满和倒空

这个游戏可以教你的宝贝将容器装满和倒空。很简单，你要做的就是找到不同形状和大小的容器，教她如何用水装满容器，或是把着她的手在水龙头下接水，或是将容器没到浴缸的水中。当你的宝贝这么做的时候，你这样说："装满……"（用升调。）接着向她演示如何将水倒空，你说："倒空！"在洗澡时间玩水轮也十分有趣。向你的宝贝演示如何将水灌到水轮上，让它转动起来——这是教授因果关系很好的一课。

戳泡泡

在洗澡的时候吹几个泡泡，孩子会很喜欢追逐这些泡泡。现在你可以让他来吹泡泡，戳泡泡。用泡泡棒抓个泡泡，放到他手边。当孩子把泡泡戳破的时候，你就说："戳破！"在戳破几个泡泡之后，你可以将泡泡棒拿到自己脸边，等他跟你进行眼神接触后才让他戳破泡泡。

有趣的冰块

只要天气和水温都还暖和，试着制作"滑稽冰块"。比如，拿不同形状的塑料容器，在里面放入小玩具或小人偶，再用水装满，滴上几滴食物色素，最后再冻上一个晚上。当宝贝洗澡的时候，放入一块"滑滑冰块"，她会好奇地去触摸（"冷！"），试着抓住它（"滑！哦，它逃走了！"），看着它融化（"它在变得越来越小！"），最后救出冻在里面的小人（"你做到了！"）。由于用的是小件玩具，请随时留心，以防宝贝将它们忽然放入口中引发意外。

外出 / 散步

 宝宝手语

本书第17章中介绍了一些常用简单词汇的宝宝手语，你可以在带着宝宝散步的时候使用这些手语，还可以在网上搜索一些你经常使用的词汇的手语。如果你能够做到每次都一致，你还可以自己编一些手语。当你指点这些看到的事物时，你不仅可以用嘴巴说，还可以将它们与视觉输入联系起来，这不仅可以帮助孩子更快地学习，还可以帮助她尽早用词汇交流。例如，宝贝在能准确说出"花"这个词之前，通常就已经学会用鼻子嗅来表示花了（花的手语）。

家务劳动

 洗衣服啦

你可以让宝贝坐在洗衣机上或者洗衣机旁，或者扶着他，你把衣服递给宝贝，让他帮你扔进洗衣机。当然，即使孩子能独立坐，当他坐着时，你也要扶一把，或者你可以让他坐在能够到洗衣机门的宝宝椅上。每次他把东西扔进洗衣机的时候，你可以说："进去！"或者你可以说出每件衣物的名称："进去啦，蓝色衬衣"或"彩虹袜子，进去！"放了几件衣物之后，暂停，等待孩子跟你进行眼神接触，随后再递给他衣物。如果有必要，你

可以将衣物放在脸边来提示孩子跟你进行眼神接触。

帮妈妈做菜

当你做菜的时候，给宝贝一口锅和一个勺子玩。她可能使用它们发出些声音，而这可能是她帮助做菜的开端。

游戏时间

动物挠痒或亲亲

将宝贝放在房间的一边，确保他的安全之后，你走到房间的另一边，说："青蛙来挠痒啦！"一边跳一边说"呱呱"，直到跳到宝宝身边才停下，然后给他挠痒痒。你说："鸭子来挠痒啦！"一边蹒跚着走到孩子身边，一边嘎嘎叫，直到走到宝宝身边后才停下来给他挠痒痒。你说："蝴蝶亲亲啦！"拍拍你的翅膀飞到他身边，在他的脸颊上亲一口。你还可以像虫子一样爬，像老鹰一样飞，像蜗牛一样扭动，等等。通过玩这个游戏，你就可以教孩子动物是怎么叫的，它们是怎么走路的。（当他大一些的时候，他可能会喜欢说出想要给他挠痒的动物的名称。）如果宝贝喜欢这个游戏，先等待他跟你进行眼神接触，接着才扮演下一个动物，或者在眼神接触之后才给他挠痒或亲吻。

啊啊啊啊，嘭——

这个年龄段的宝贝喜欢简单的预期游戏。比如，把你的头往前倾，慢慢靠近宝贝的脑袋，说："啊啊啊啊……"当你俩的脑袋撞在一起时，你说："嘭！"

坐飞机

让宝宝坐在枕头上，牢牢地扶住她。你可以让这架枕头飞机在跑道上越跑越快,接着慢慢起飞,在房间里飞。你可以将洗衣篮变成小船或小火车,大声叫着:"起航啦!"一边推着宝贝走,一边发出"咔嚓咔嚓,呜呜呜"的声音。你还可以将洗衣篮放在蓝色的毯子上面,左右摇晃一下,假装小船在波浪里颠簸。(唱几首有关小船或小火车的歌,这可以让游戏更加欢乐!)别跑得太快或举得太高,特别是当孩子感到害怕的时候,确保孩子的安全;如果你的洗衣篮容易倾斜,用手扶住。

现在它……(大/小,长/短,开/关等)

宝宝喜欢看物品形状的变化,他们在积极学习因果关系。找一个能够变大变小、变长变短的玩具(比如气球、弹性管或弹力球),这些会非常吸引孩子。有时候甚至像雨伞这种打开和收拢看起来截然不同的生活用品也会让孩子着迷。尽量使用简单的语言,比如:"现在它小了……现在它变大了。"用不了几个月,你就可以只说:"现在它……"等待孩子来填空!跟其他游戏一样,如果她喜欢开和关,在几轮之后等待孩子跟你眼神接触,随后才继续玩。

感知盒

你可以买,也可以自己制作这样的盒子。在空的燕麦罐子上套一个剪断的长筒袜或者护膝,或者在鞋盒上剪一个小洞。该游戏重要的一点是,孩子能够感受和触摸里面的东西,却看不见它们。这能够加强她的触觉能力。每天,你都可以往里面放入不同的东西。当宝贝和你伸手在里面摸的时候,用简单的语言,如"我感觉……"来解说,当你们把东西拿出来的时候,可以说:"我看到了……"或者当她伸手进去的时候,你说"这是什么",当她把东西拿出来的时候说:"哦,这是球!"

纸巾卷轴游戏

空的纸巾卷轴或其他类似的东西可以成为客体永恒性游戏的绝佳材

料。在宝贝面前将汽车和球送入卷轴，它们会从另一边出来，你可以用简单的语言，如"再见，汽车！你好，汽车！"你还可以在卷轴中塞入丝巾和纸巾，接着帮助宝宝将它们拉出来。真神奇！当他把东西拉出的时候，你要表现得热情高涨，等眼神接触之后才将下一个东西塞进去。如果有必要，将你的脸置于孩子容易看到的位置，在脸边挥动一下丝巾或纸巾。当跟他眼神接触之后，你可以这样说："太棒啦！我们再来一遍！"接着将下一件东西塞进去。（当你把东西从卷轴里拿出来之后，试着拿卷轴当喇叭讲话，看看宝贝会不会觉得你这样做很有趣！）

音乐制作人

如果你有宝宝能安全使用的乐器，那么就让你的宝贝探索一下吧！这简直太棒了！如果没有，拿一些小的塑料盒或其他对孩子而言安全的盒子，在里面装上米、干豆子、硬币、铃铛等。带有旋转式盖子的空塑料水瓶也非常适用于这个游戏。让你的孩子每个都摇一摇，听听不同的声音。试着在这个游戏里示范不同的节奏，说："左边摇一摇，右边摇一摇。快快摇，慢慢摇！"或者"摇得快。摇得慢。举高摇一摇，下面摇一摇！"你可以练习轮流，摇一摇，等待眼神接触，接着把它递给宝贝，如果需要帮助她摇一摇。

玩球！

你可以拿球做很多事情。比如，收集不同大小的球。不同类型的球可以教孩子关注颜色之外的属性，如形状和功能。此外，他还可能喜欢上不同球滚动的不同方式。第一次玩抓住物体的游戏时，你跟孩子面对面坐着，双腿分开，来回滚动物体。你可以用球、圆柱体（空的塑料罐或杯子，装燕麦、烘焙苏打、葡萄干等的罐子，等等）或者其他形状的日常用品。每次就拿一个物品，试着让它们在地板上滚。当它滚起来的时候，说"滚！"如果无法滚起来，就说："哎呀！不能滚！"这可能是孩子的第一次科学实验！或者把空的苏打罐子或其他轻的物体立起来，放在离宝贝坐的地方几步远处，你俩轮流滚东西过去将它们"击倒"。由于你俩面对面坐着，因此这是眼神接触的好机会，如果有必要的话，你可以将球在脸边晃一下，以此来帮助孩子。你还可以说："一，二，三！"数到三的时候把球滚出去。在他学会这个之后，你可以说："一，二……"接着暂停一下，等孩子跟你眼神接触之后再说"三"，与此同时将球滚出去。

动起来

有时候鼓励孩子爬很简单，你只需要拿个她想要的东西放在她面前就行了。比如，你可以将球或者带轮子的滚动玩具放在孩子没法伸手够到的地方，让她爬过去拿。当她碰到东西的时候，她可能会轻轻推一下，那样她就需要再爬一段去抓。类似的，你可以将杂志上的画贴到空的燕麦罐子上，她会很有兴趣地去抓这些滚动着的图片。做一个隧道，宝宝喜欢快速走过或爬过隧道。你可以站在孩子面前，双腿分立，做个"妈妈隧道"；或者你可以把两把椅子并排靠近放着，上面盖个毯子；或者将游戏垫折成倒V型放着，或者将大纸板箱的两边底都打开横着放。将不同的隧道组合起来，里面放个枕头山，这就成了一个障碍爬行隧道了。请你必须记住一点：每个宝宝开始爬的年龄都不同，逼迫宝贝去做她还没准备好的事，比如爬或者走，只会让你俩都感到沮丧。如果你不确定孩子什么时候准备好开始爬，你可以问问医生。

宝宝去哪儿了？

一个简单又有趣的游戏是假装找不到宝贝了。假装看向其他地方，沙发底下，或者窗户外面，你可以说："____ 去哪儿了？他去哪儿了？"在这之后，你才将目光落到他身上，笑着说"你在这儿"并给他一个亲亲。这个游戏的变式是用毛绒动物或玩具来替代，用毯子把它们盖住一部分，说："____ 去哪儿了？"一旦孩子逐渐擅长玩这个游戏，你就可以将它们全部盖起来，藏在你背后，藏在衣服下面，藏在手里。

🅱🅰 跳出来啦！

拨一下杆子或者按一下按钮就会从下面或门后面蹦出来一个小动物或小人的玩具，通常广受孩子欢迎。通常情况下，宝贝会做的第一件事就是关门。你可以将开门和跟小动物打招呼（"你好，长颈鹿！你好，熊猫！"）设计成一个轮流游戏，接着让宝贝把门关上，她一边关你一边说："再见，长颈鹿！再见，熊猫！"你和宝贝可以若有其事地跟它们挥手说再见，甚至可以送上飞吻。接着你就夸张地摊开手说："它们去哪儿了？"你还可以通过到处寻找小动物，或者摇一摇玩具、敲敲门来扩展这个游戏。当然，你也可以立即去把门打开，跟动物们打招呼。随着宝宝精细动作的发展，这可以帮助她学会开门或按开关，这样她就能自己玩这个游戏中的两个角色了。

🅱🅰 寻找声音

找到能够持续发出声音的玩具或物件——音乐播放器、滴答响的闹钟，等等。把这些玩具藏到宝宝看不见的地方，然后教宝宝循着声音去找玩具。开始的时候，藏在容易找到的地方（比如将它们放在孩子面前的毯子下），以后慢慢增加找的难度。

🅱🅰 大拇指在哪里？

唱《大拇指在哪里》这首歌，用不同的音高给左右手唱歌（比如，用高音给右手唱歌，用低音给左手唱歌）。一旦宝贝学会了这首歌是怎么唱的，你可以暂停一下，等待她跟你眼神接触或她发出想要你继续的手势，然后才结束这首歌。

镜子游戏

镜子游戏能够很好地鼓励年龄小的孩子进行眼神接触（它也能促进自我意识）。一些孩子会觉得跟镜子来个眼神接触比面对面的眼神接触要简单。如果你的孩子是这种情况，你可以想更多与镜子有关的游戏，抓住机会鼓励孩子进行眼神接触，给予他最大的表扬。当孩子面对镜子坐在你大腿上的时候，你可以鼓励她跟你进行眼神接触，鼓励她模仿你的面部表情，做鬼脸，发出滑稽的声音，比如动物的叫声、擤鼻涕的声音、咳嗽声或者打嗝声。你还可以拿可擦洗的马克笔在镜子上画图形，鼓励孩子拿着马克笔在镜子上乱涂。当然，你还可以练习做出不同的表情，有些书上有关于宝宝表情和怪相的图片，你可以在镜子前模仿这些表情。你也可以在镜子前练习不同的动作，如高举双手，把手放在脑袋上。你还可以给予孩子简单又搞笑的奖励——将贴纸贴在你脸上，接着，当孩子模仿得好的时候，你就拿个镜子给他看，当然不要忘了表扬和抱抱他。

婴儿和学步儿童都喜欢在镜子中看到自己的着装改变。因此，试着在镜子边放上多种滑稽的帽子，甚至是一些小丑戴的假发。这样，你就可以在镜子边上玩一个穿戴帽子和假发的游戏。（记住：这个游戏需要我们投入大量情感，因此每次孩子拿掉帽子的时候，你可以说："你把你的帽子拿掉啦，天啊！"鼓鼓掌，给孩子一阵欢呼。）宝贝们还喜欢从镜子里看到你从背后"偷偷接近"他们，从背后给他们挠痒痒和亲亲。你还可以朝着镜子吹泡泡，看着它们撞上镜子，最后爆破！

第 16 章

9—12 个月

大部分9—12个月的宝贝都准备好爬行了，往后退着快速爬，四肢着地爬，双腿伸直用手臂爬。当然，他们还没有危险意识，放任自己的好奇心尽情探索世界，因此，是时候在家里装上安全装备了。他们用双手和嘴巴探索世界，跟人互动，会对他人说话给予大量注意。

9—12个月的孩子在学些什么

发出更带有目的性的声音和动作来沟通

9—12个月的宝贝已经知道更多你用的词汇的意义了。比如，当你说"不"的时候，他会用暂停来回应你（尽管暂停仅仅能维持1—2秒钟）。当你叫他名字的时候，他会转头。即使不会说"爸爸"、"妈妈"，他也应该能认出这两个词。当听到父母的名字时，会转头看他们（或者其他照料者）。到12个月的时候，你的宝贝应该能听懂"挥手再见"、"亲一个"这样的简单指令。9—12个月的时候，你的宝贝会更多地用身体语言跟你沟通。比如，当他高兴的时候，或者认为你们高兴的时候，他会拍手；当你给他吃他不想吃的食物时，他会摇头表示"不"。他开始举起想要给你看的玩具，因为他喜欢这些玩具，希望跟你分享他的欢乐。他还会向你示好，给你抱抱或亲亲，给你拍拍或依偎在你怀里。他的声音更具识别性，你可能会听到他开始试着模仿你的语言,特别是"爸爸"、"妈妈"、"大大"这样的词汇。他开始用食指指点有趣的东西或者他想要的东西,虽然他可能只能够指点离他很近的东西。

发展幽默感

婴儿一般在6—12月之间发展出幽默感。比如,6个月大的婴儿看荒谬事件的时间比平常事件的时间要长,如果照料者笑的话,他们也会笑。到1岁的时候,看到荒谬事件,即使照料者不笑,宝宝也会哈哈大笑。你可以通过故意扮傻或哈哈大笑来帮助孩子发展幽默感。比如,当你将他最喜爱的歌曲的歌词改得很滑稽时,孩子可能会感到很惊讶,或者觉得很可笑。例如,你可以唱"王老先生有块地,他在车上养小鸡,叽叽叽叽",然后暂停一下,说:"等一等!车上养小鸡?不对不对!那太傻了!"

很多宝贝认为东西"很难吃"这一点很有趣!你可以试着尝尝孩子的每个手指和脚趾,发现有一些很美味("像草莓一样!"),但另一些很难吃("像球芽甘蓝一样!")。将孩子的鞋子努力穿在自己脚上,或者戴他的帽子,这样错得离谱的事也会引得孩子咯咯笑。

看着你,寻求情感和信息共享

你的宝贝开始意识到你是她通往世界的向导,因此你要留心她是否会看你的反应,并以此作为判断新的人和新玩具的依据。在这个年龄,她开始举起东西展示给你看,好让你跟她一起兴奋。如果她没有这样做,那么你常常将你的脸置于她的视线内,向她展示你对这些东西的感受(兴奋、开心、惊讶、紧张等)。

使用工具

在6—15个月之间的宝贝使用"工具"变得越来越熟练。从用玩具人偶敲钉子到用魔术松紧扎带钓玩具鱼,再到用勺子将食物送到嘴里,这些都是发展里程碑上的重要进步。在这几个月里,你要多多鼓励这些行为。

假装游戏的开端

宝贝刚刚开始理解假装游戏这一概念。这个年龄段十分适合给孩子一些玩具日常用品,最好是她看到你经常在用的那些,比如玩具吸尘器,玩具割草机,玩具电话等。假装游戏是孩子学习和排演成人行为的方式。然而,假装游戏的另一个重要功能是帮助孩子加工和应用用于形容正发生于他们身上的事情的对应词汇。引入假装游戏的一个好方法是"立即扮演"刚刚发生或引发宝贝强烈情绪反应的事件。当奶奶突然跳出来并大声叫"波"的时候,宝宝被吓哭了。你得形容宝贝当下的情绪("你很害怕!"或"害怕!"),接着你立即跳出来大叫"波",把泰迪熊吓哭("害怕!")。如果他喜欢被抛到空中,接着让他看着你把泰迪熊抛到空中,让泰迪熊假装还要玩空中抛。

另一个鼓励孩子玩假装游戏的方法是当孩子在做事情的时候,让洋娃娃在一边也假装做一样的事情。例如,当孩子在吃饭的时候,你可以在桌子上给洋娃娃或毛绒动物也安个位置,假装喂它吃饭。在你假装从她的盘子里舀了一勺食物喂给娃娃之后,把玩具勺子递给孩子,看看她会不会愿意轮流给这个娃娃喂吃的。假装给娃娃喂饭、换尿布、哄他入睡都值得让孩子试试,因为这些事情孩子"经验丰富",也非常熟悉。相同的,开车和煮饭是孩子经常看见你做的成人行为。出于这个原因,用洗衣篮当车子,飞盘当方向盘假装开车,或者用玩具锅和勺子假装烧菜,也可以用你厨房里的小奶锅和木勺。以上这些都是适合这个年龄段孩子的假装游戏。

分离焦虑

年幼的婴儿更容易与父母分离,因为那时候他们"眼不见,心不念",而大一些的宝贝开始变得很难与照料者分离,这很正常。下面我们为处理这个难题提供了一些建议。

首先，不要偷偷从孩子身边溜走，一定要坚持说"再见"，告诉她你还会回来，要不然她会开始担心你出其不意地离开，这会让宝贝十分焦虑。第二，让她有充足的时间适应新环境、新的地方、新的人，并且有你的陪伴。她会根据你提供的线索判断是否要喜欢这个人或者这个地方，并且她也会感到更安心。第三，给她一个过渡物——代表你和意味着你会回来的某个东西，可以是一块特殊的毯子，一只毛绒动物，印着你照片的枕头。如果入睡时间的分离也变得困难，那些闻起来像你的东西，比如你穿过的T恤也会有用。

需要留心的事

每个孩子都按照自己的节奏发展，但如果12个月大的孩子出现了以下情况，你必须咨询医生：

- 似乎失去了她先前已经掌握的技能。
- 不常微笑并且通常看起来板着个脸。
- 似乎对人缺乏兴趣，不看你的眼睛。
- 不用任何手势，如指点或摇头表示不。
- 拒绝亲密接触或拥抱。
- 无法安慰的时间超过30分钟。
- 不会试着模仿你的任何动作或声音。

如何帮助9—12个月的宝贝学习

下面是一些基本原则：

- 继续前一阶段孩子喜欢参与的活动。
- 在镜子前面玩游戏，鼓励宝贝发展自我意识。
- 给孩子与他人和动物接触的机会，这样他会慢慢掌握某个事物是否是生命体的概念。你还希望他了解生命体是有情感的，因此你可以这样跟他说:"小狗喜欢你轻轻地摸它"或者"小狗真的很喜欢你,它希望你去轻轻拍它一下"。
- 找机会指给孩子看他会感兴趣的事物,如去农场、动物园或水族馆,或者去操场上看其他小孩。
- 为孩子制作个性化的小人书,就像我们在第二部分中介绍的那些(如《宝宝穿什么?》《宝宝吃什么?》)。
- 尽管玩这个游戏还小了些,但你还是可以开始教孩子分类。比如,你可以告诉孩子这是"葡萄"、"起司"、"甜甜圈",再告诉他"它们都很美味",或者"它们都是吃的"。
- 这个阶段正适合着手教宝贝做选择,拿出两个东西,如葡萄和薄脆饼,或者红袜子和蓝袜子,问:"哪个?"或者"你要哪个?"他要哪个就给他哪个。
- 现在你可以在唱他最喜欢的歌曲的最后一个词之前暂停一下,在说游戏脚本的最后一个词之前暂停(比如,"预备,……"),在阅读的书之前暂停,等待宝贝去"填空"。你还可以开始用图片去代表真实世界的事物,让宝贝看着图片菜单做选择,做任何事物的选择,从食物到摇篮曲(见下文涉及选择的内容)。
- 通过给予大量关注,表现得很开心,给他想要的东西等,来强化他跟你沟通的意愿(眼神接触,类似语言的发生,跟你牙牙学语,微笑,指点他想要的或想要你看的东西)。

以下是一些你可以在白天跟宝贝玩的活动。

起床 / 入睡

起床了？

当你起床去看宝宝，在抱起她之前，问："起床了？"同时双掌向上，等着宝宝伸手要你抱。这样做就是在教授她词汇和手语可以代表相同的意义。强化宝贝任何一种沟通意愿，比如双臂向上伸，如果可能的话，在你抱她之前要求她看你。如果有必要的话，蹲或者站在她面前，让她更容易看你。

大家都起床！

跟孩子的毛绒动物问早安，跟它们说："该起床了！"依次唤醒宝贝的动物们。当你和宝贝让动物们跳出小床时，你们要说："起床了，艾摩。起床了，泰迪！"在屋子里到处转转，帮助孩子将房间的灯打开，说："起床啦！客厅！起床啦，厨房！"当开灯的时候，如果孩子需要帮助就帮助他，然后用表扬强化（"你做到了，你打开了电灯！"），即使他需要帮助。

晚安曲

画一幅画（纸板是最好的，你也可以把它塑封或者把纸粘在塑料板上）来代表宝宝最喜欢的三首摇篮曲。首先，你要向她说明，比如，在唱《小星星》的时候给她看星星的图片，在唱《你是我的阳光》时给他看太阳的图片，唱《摇啊摇，摇到外婆桥》时给她看摇篮床（见图16-1）。刚开始的时候，只给孩子两张图片，让她选择。拿起星星和太阳的图片问："你要'一闪一闪'（边说边抖动星星的图片）还是'你是我的阳光'（边说边抖动太阳的图片）？"如果她伸手来拿其中一个，你可以说："好的，'一闪一闪小星星'！"并把图片给她，同时开始唱歌。如果她没有做出选择，那么你就要选择一个并递给她，唱图片代表的歌曲。一旦她理解了，她会自己选。一旦她掌握了二选一，你可以让她试试三选一。

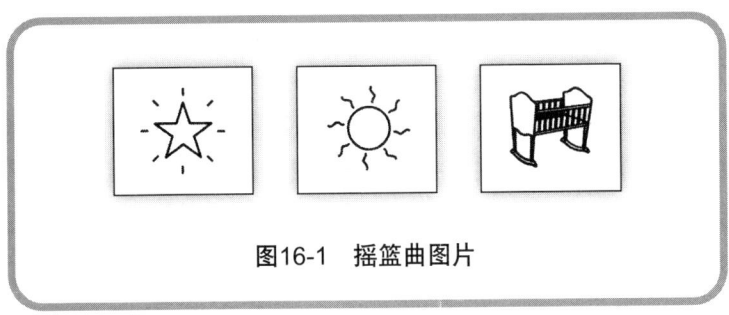

图16-1　摇篮曲图片

晚安，泰迪！

在睡觉之前跟宝贝的所有毛绒动物道晚安。当你俩将泰迪放到宝贝的小床里或小床边时，给它盖上毯子，跟它说："晚安，泰迪！"这可以帮助宝贝发展假装游戏这一概念，帮助他理解你正在假装泰迪是一只真的动物或一个真的小孩。如果他可以给泰迪一个吻或者给泰迪盖上一条毯子（可以是一张纸巾，一块毛巾，一张纸尿布），你就要给予他大量的表扬。（"真是个好妈妈/爸爸！你把泰迪放到床上啦！"）

睡前阅读

拿起两本书，一手一本，让你的宝宝去拿她想要的那本。在这个年龄段，你的宝贝也许能够记住一些她的书，可能还会说一些词或发出类似词汇的声音。尽管很多孩子需要到1岁才能发展出语言，但现在你也可以在阅读中暂停，等待她"填空"。比如，"现在是时候拍拍……"，接着就指点兔子。如果她能够发出一些声音，那么她很可能就是在说"兔子"，你就点点头，表扬她："兔子！对，你好！兔子！"你还可以围绕她的第一个词汇问她简单的问题，比如："那是谁？"等待她做出回应（"对啦！是兔子！"）。

这一年龄段的孩子会要你反反复复地读固定的一些书，这会让你感到无聊。尽管这对你来说有些烦人，但这是帮助孩子练习记忆发展的绝佳途径。

宝宝自己的书

　　自己给孩子制作一些个性化的书本。比如，你可以在十元商店买小的塑料相册，里面装上一些孩子生活中常见物品的照片。你可以制作《谁爱宝宝？》这样一本书，每一页都放上生活中的重要人物。你可以制作《宝宝吃什么？》，每一页都放上她最喜爱的食物的照片。你还可以制作《宝宝去哪儿？》，每一页都放你经常去的地方的照片（公园、超市等）。

　　你还可以为一个熟悉的常规制作一本书。如果你做饼干，可以在制作的每一步都拍个照片，每一步制作成一页，这样宝贝就可以重温和回忆每个步骤（"首先我们把面粉都舀出来，接着我们……"）。你还可以将这个方法应用于你俩遇到困难的常规，比如在日间照料中心跟孩子告别，当离开房间时跟孩子说晚安。如果你这么做，孩子就有机会安全地躺在你的臂弯里去加工这些困难常规中涉及的情感和步骤。你可以在放松的时间里或真实事件发生之前给孩子温习这些步骤，这样可以提醒孩子该期待些什么。

　　还有可以录音的电子相册，它可以让你在每一页上录一小段语音。让朋友和亲戚，如爷爷奶奶，都录一段信息，并配在他们的照片上，这样宝宝就可以在看的时候按按钮听到他们的声音。这也让相册变成了一个精妙的教学玩具。

　　每当宝贝做一些新的事情或特别的事情时，如参加亲子会或去新的游乐场，给他拍一些照片，并用它们制作一本回忆录。之后，你们就可以看着书，说说书上的内容，谈谈接下来的日子将会发生的事。

就餐

每个人的饮料

当你给宝宝拿奶瓶的时候,你可以说:"奶是宝宝的饮料。"当你给自己拿咖啡的时候,可以说:"咖啡是妈妈的饮料。"接着到处给植物浇水,说:"水是___植物的饮料。"

妈妈/爸爸嘟嘟叫

这是个当你和孩子面对面坐在桌子或宝宝椅上时可以玩的滑稽游戏(在这一游戏中,你始终如一地根据孩子的行为做出固定的反应)。帮助你的宝贝用他的手指推你的鼻子。当他这样做的时候,伸出你的舌头。希望他这时会咯咯发笑,并继续按"按钮"来让你的舌头吐出来。当他感到无聊时,变化一下。每当他推你的鼻子时,发出"嘟"的声音。这个游戏上的这种变化是无穷的,关键在于帮助他理解他的行为会带来可预期的结果。

欢乐的食物,喷射,喷射!

让你的宝贝用双手玩不同质地的食物。比如,她可能喜欢在指间喷射果冻块或者用布丁和酸奶画画。

它躲在哪儿?

当你有块小饼干的时候,在宝贝面前将它藏在你的一只手中,然后将你的手藏在背后,最后将双手变成拳头呈现在孩子面前。如果宝贝触摸了其中一只手,或者伸手去拿其中一只,打开拳头。如果是空的,他会转向另一个拳头。如果里面有东西,他就可以拿到饼干。如果他喜欢这个游戏,试着有个简单的规律,比如先藏在左手,再右手,接着又是左手。看看他是否会明白你是在按这个规律藏东西。（问题解决！）

宝宝的第一个词

如果你在重点教某些词，那么你可以将每个词对应的图片贴在宝宝椅的台面上或换尿布的台子上。接着，在进行这些常规活动时，抓住机会说这些词，用指尖碰触的方法指点这些图片并同时做出这个词对应的手语（举例来说，当碰触花朵图片的时候，说"花朵"，并做出嗅的动作）。这一活动不仅可以极大地促进语言发展，还能教授孩子指点的重要意义。

每当你在她面前拿出刀切东西的时候，切一刀说一声"切"。你可以将东西切成不同大小的切片，这样你就可以举起其中两片，问："要大的那片还是小的那片？哦！你要大的那片——给你吧！"你可以一次给她几片，一边数一边放到孩子面前，说："这是两片，一，二。"请在第17章中查阅适合最先教授的词汇。

一起来玩假装游戏

用香蕉或杯子来玩"电话游戏"。发出"叮铃铃"的声音，拿起"电话"说："喂？哦！是爷爷啊！宝贝，找你的（把"电话"给他）。"接着提示他说："你好！爷爷！"（或仅仅是发出类似 ba-ba-ba、da-da-da 的咕哝声。）讲电话通常是孩子最先学到的假装游戏。

我们要哪个？

现在你的宝贝可能已经能学着做选择了。制作一份"宝宝菜单"，菜单上贴着她最喜爱的三样早餐（见图16-2）。问问她要哪个。如果她不指点其中任何一个，你就轻轻拿起她的食指，碰触其中一个图片，比如说"谷物圈"，紧接着给她一些谷物圈。

图16-2 简单的菜单图片

我会自己吃饭

通过给孩子一些小颗粒的食物（不会引发窒息的食物），如豌豆、炒扁豆等来鼓励孩子练习精细动作。向宝贝展示如何一次拿一粒豆子。

换尿布和换衣服

我能要一块尿布吗？

将孩子带到放尿布的地方，指给他看放尿布的抽屉，说："你能拿一些尿布吗？"接着你可以摊开双手，充满期待地看着他说："爸爸能要一个吗？"将两三块尿布或一块尿布放到孩子可以轻易拿到的地方，让活动尽量变得简单些。如果他没有反应，你可以将尿布放到他手上，再帮助他将尿布递给你，你再给他一个大大的感谢。

哪只袜子？

当你正在给宝贝换衣服时，拿起两条裤子或是两只袜子问："你想要哪个？"当她伸手来拿时，你就说："哦！你想要蓝色的那个！"如果她没伸手拿，你可以轻轻地拉着她的手，让小手碰到其中一个选项，接着说："哦，你想要蓝色的这个！"（随着不断练习，她会明白手碰到的那个就是她会得到的那个。）

穿上衣服，脱下衣服

当你给宝贝穿衣服的时候，可以这样说："T恤穿上了。"接着把它脱掉："T恤脱掉了！看，这是你的小肚子！我爱你的小肚子！"（亲亲肚子。）"袜子穿上了……袜子脱掉了……哦，看，这是你的小脚！我爱你的小脚！"（亲亲小脚。）如果你的宝贝喜欢这个游戏，你可以暂停，等待孩子跟你眼神接触之后，你再给他亲亲。

宝宝的手臂在哪里？

当给宝贝穿衣服的时候，跟他的身体部位玩捉迷藏。当你将T恤套到他的头上时，说："宝贝的头在哪里？"当你将T恤从头上套进去之后，说："在这儿！"当手臂和腿脚伸进袖子和裤脚的时候也可以这样玩。

尿布歌

当给孩子换尿布的时候唱首她喜欢的歌，一旦孩子注意涣散你就停止唱歌。当她一跟你有眼神接触时，你就再次唱歌。这是宝贝的眼神接触会让游戏继续的其中一种游戏。

滑稽的妈妈／爸爸

总是寻找机会做点滑稽的事跟孩子分享快乐。在换尿布或穿衣服的时候，可以将孩子小小的脚放进你大大的鞋子里，或者假装你不小心将鞋子错当成帽子了。

洗澡

妈妈／爸爸说

这个游戏有些类似"西蒙说"（西蒙说是一个正说反做的游戏，如一个人说往前走，另一人需要按相反的意思做，即往后退）——然而，这个游戏是婴幼儿版的。你可别胡闹，别让孩子按着相反的意思做。选几个孩子已经会做的动作（比如，拍手，摸头，在浴缸里摔杯子），说："妈妈说摸摸头。"边说边摸自己的脑袋。一旦宝贝也摸了自己的脑袋，你说："呀！妈妈说摔杯子。"边说边做这个动作。如果他并没有试着模仿你，轻轻地拿起他的手，做这个动作，接着热情地表扬他（"你做到了！耶！"），可以让他拍拍水，如果他喜欢也可以给他挠痒痒。

用脚拍水

试着教你的宝贝用不同的身体部位"拍水"。抓着孩子的脚，让她在水中轻轻踢，说："用脚拍水。"抓着她的手说："用手拍水。"接下来，你可以拿一支蜡笔，在浴缸一边的壁上画一些小人或小动物，向她展示如何"拍小狗狗"，"拍小兔子"等。在你示范之后，再次给予指令，如"再见，小狗狗"。接着帮助孩子擦掉图案，给予她必要的帮助，如指点小狗图案或将孩子的手引向小狗。当她擦掉的时候，不论她需要多少帮助，你都要热情地表扬她。

如果你有小的浴缸玩具动物，可以在浴缸边上将它们排成一队，让它们一个一个跳到水中，说："跳，水花四溅！"接着再来一次，加上动物的名字："青蛙，跳，水花四溅；鸭子，跳，水花四溅。"

预备，开始，出发！

如果你有适合洗澡时玩的发条玩具，你可以用它们来教授短语："预备，开始，出发！"控制好发条旋钮，让小船或鸭子在说到"出发"的时候才出发。接着用简单的短语来描述正在发生的事情："鸭子正在游泳，小船正在远航。"如果你的宝贝正在发出一些类似词汇的声音或者已经会说一些词，你可以这样反复几次，接着拧紧发条说："预备，开始……"等待孩子尝试说出"出发"或"chu"，再让发条玩具出发。

里和外

如果你有个幼儿篮球网袋或一只收纳浴室玩具的网袋,试着将不同的浴室玩具放在网袋里,配上"里面"这个词(当第二次这么做的时候,你可以说出物品的名称——"球,里面,杯子,里面"等)。如果有些东西太大,说:"哎呀!太大了!"接着问问孩子是否要把它们拿到外面来("青蛙,外面?好的,青蛙拿外面!")。像杯子这样可以叠起来的东西是教授"里"和"外"的好东西,因为你可以将一个杯子放在另一个杯子里面,接着又可以将杯子拿到外面。

干和湿

当你刚把宝贝放到浴缸时,他身体的大部分还是干的。再次利用简单和重复性的短语来教这些概念:"现在宝贝的肚子是干的……(接着,泼一点水在肚子上)现在湿了!"你可以用相同的短语来展示毛巾和海绵的湿和干(海绵是很好的教具,因为它弄湿之后很快就会干)。

粘上了/粘不上

有很多泡沫字母/交通工具/动物能够粘到浴缸的内壁,你可以教宝贝将它们粘到浴缸壁上,说:"它粘上了!"你还可以混入一些不能粘上的普通玩具。当你的宝贝试着粘到浴缸壁上的时候,说"粘不上"或"哦,掉下来了!"(当玩具撞击水面的时候你就哈哈大笑——任何令你发笑的都能更好地吸引孩子的注意力。)把东西递给她,让她自己把玩具粘到浴缸壁上,给予她必要的帮助。

身体部位

利用泡泡浴或沐浴液(跟剃须膏的活动原理一样),将泡泡放在你和孩子的身体上,命名说:"妈妈的鼻子,宝宝的鼻子。"并提供选择,"我是放到你的手上还是肚子上？"指点后将它擦掉说："都不见了！"等待孩子通过指点或触摸来暗示一些身体部位；如果他没有这样做，你就帮助他触摸某个身体部位，如肚子。当你给孩子的身体擦肥皂的时候，用熟悉的调子唱有关身体的歌（比如用 The Wheels on the Bus 的调子唱"我在洗宝宝的脚，宝宝的脚，宝宝的脚"），在冲洗、擦干和涂身体乳的时候，你可以继续唱这样的歌。你可以在结束时给孩子挠挠痒或亲亲每个身体部位。

假装游戏

跟上一个活动一样做，但这个游戏是用防水动物玩具或人物玩具玩，因此你的宝贝可以看到艾摩也这样洗澡，也有机会再次听到刚才说过的词汇。再次问她想要洗哪个身体部位（"艾摩的脚还是艾摩的肚子？"），将毛巾放在她指点或触摸的任何一个地方。如果她没有选择任何一个身体部位，通过将她的手或手指放在艾摩的身上，帮助她选择一个身体部位："你想要肚子！好的，我们一去洗艾摩的肚子。"如果她继续选择相同的身体部位，这也没关系，你就继续洗她选择的身体部位。

沉和浮

拿一筐不同的物品，让宝贝把它们扔到浴缸里，观察它们是"沉"还是"浮"。还有一个办法是用铝箔制作一只小船（"浮"），看看到底要多少小人偶或浴缸字母或数字才能让小船"沉"下去（"沉"）。

颜色

在洗澡的时候，一滴食用色素或一些彩色浴片都能让洗澡变得充满欢乐。抓住任何机会让宝贝做选择，因此，举起两片不同颜色的浴片，当他伸手拿其中一个的时候说："哦，你要红色的这个。"将浴片或食用色素滴到浴缸里，给宝贝一个大木勺去搅拌。（重复性歌曲更容易吸引孩子的注意力——可以这样唱"搅拌，搅拌，搅拌，直到浴缸，浴缸，浴缸，全都变红色,红色,红色!")接着表扬他——"哇!你做到了!你把浴缸变成红色的了!"——寻找更多的方法去强化红色这一概念,如将红色和非红色物品分开。"我要所有红色的浴缸玩具,这个是红的,放进浴缸里,哎呀!不是红的(放一边)。红的,不红的。"接着,当你洗完澡的时候,看看你是否可以通过寻找红色毯子、红色毛巾、红色的睡衣等继续当前的这个活动。你的宝贝还太小,无法学习有关颜色的词,但你可以给他起个头,吸引他对相似的颜色进行关注或选择不同的颜色。

外出 / 散步

帮妈妈 / 爸爸购物

当你去便利店买东西的时候,将东西递给孩子,一边说"放进去",一边让他放到购物车里。当你这样做的时候,你可以说出物品的名称或谈论它们:"苹果——你喜欢苹果!""这些罐子好重!"强化孩子想要帮助你的意图(即使你需要手把手帮助他将东西放到购物车里):"真是个好帮手!谢谢你!"

你要哪一个?

拿起两个选择项给孩子看,比如两种不同的谷物或苹果,说:"你要哪一个?"让她将喜欢的那个放到购物车里。这是个做选择和进行沟通的绝佳练习机会。在她掌握了这个之后,如果她接近1岁,你可以鼓励她开始指点她想要的那个,或用食指去触碰想要的那个,而不是直接伸手去拿。如果是你可以打开的,给她一小片(如谷物圈),这就更好了!这是做选择的好机会。

一天的主题词

每次你推着推车带孩子散步,试着想出你要重点教授的词或概念。你是要"快快"地推车还是"慢慢"地推车？是要指出所有红色的东西吗？指出各种各样的圣诞灯？每一条狗？（请注意，这些也可以在其他情境中教授，如在某一天寻找很多可以挤压的东西，在另一天寻找很多可以推的东西。参见第3章"主题日"。）

家务劳动

洗衣以及帮妈妈做饭

"洗衣"和"帮妈妈做饭"（见第15章）可能对这个年龄段的孩子而言更有趣。你可以尝试给孩子不同形状与大小的木勺和小锅。你还可以给孩子一些他喜欢的又不会引发窒息的食物（比如谷物圈），鼓励他将食物扔到锅里并搅拌一下。

洗车

如果你在院子里伺候花草或洗车，给宝贝一个洒水壶让她帮你浇水，或者给她一桶水或一些防水的人偶或动物玩具，让她给它们"洗澡"。或者你可以给她一桶水、一块海绵和一辆玩具汽车，这样在你洗车的时候，她可以在一边给玩具车洗车。当然，你也可以让她帮你一起来洗车。向她示范如何用海绵擦车，来来回回擦圆形。表扬她任何愿意帮你洗车的意愿。

刷房子

当你在院子里忙活的时候，另一个能让孩子保持愉快的活动是给她一个刷子、一桶水，让她给房子、地面和车道刷油漆。这个活动能够让孩子有事做，也能加强她模仿成人的概念。给予她大量的表扬，偶尔给她一个亲吻和拥抱。你还可以给她一个塑料玩具耙子，让她在你身边工作，耙地，捡起小木棍放到水桶里，尽她所能模仿你的动作。

我听到了什么？

当你打开任何带声音的东西，如水龙头、搅拌机、吸尘器、咖啡机等时，你都可以用手在耳朵边做成杯状，说："我听到了_____！"你可以将一个有声玩具放到孩子的宝宝椅上或孩子的游戏区内，这样你就可以继续这个活动，告诉孩子："我听到了钢琴声！我听到了尖叫鸭的声音！"当你在打扫的时候，你可以继续制造不同的声音，如擤鼻涕声、咳嗽声、哈欠声，每次都告诉孩子"我听到了____"。你也可以选择录下一系列不同的孩子熟悉的声音，然后在你煮饭或洗衣的时候依次播放录音，说："我听到了奶牛，我听到了猫！我听到了花洒声！我听到了汽车声！我听到了电话声！"

游戏时间

一起来画画！

宝贝开始喜欢上你一边解说一边画画。比如："圆圈，圆圈，圆圈，眼睛鼻子嘴……看，是个雪人！"可以用蜡笔、马克笔在镜子或白板上画。他们很快就想要自己在纸上用蜡笔涂鸦。

在密封袋里放上一些手指画颜料，将它们放在孩子的宝宝椅上或地板上，向孩子展示如何用他们的手指画画，如何从袋子里将颜料挤压出来。或者，你也可以在长方体的塑料食物储存罐底放上一张白纸，喷上一些颜料，丢进两个大理石块，接着盖上盖子，让宝贝通过摇和滚动大理石来作画。这个有趣的视觉效应会成为参与这个活动的自然强化物。

一起来聊天！

一旦孩子开始咕哝着说话，你就可以通过朝着咖啡杯或纸巾卷轴，或者其他能够发出有趣音效的东西发声，来鼓励他模仿你。你们可以先对着汤姆猫录咕哝声,然后慢慢转向清晰的语词声。这种模仿你发声和说话的方法令孩子着迷。你可以在玩具中录下你的声音,再播放,然后让她也试试。你的目标是让她能够更为准确地模仿你的语音和词汇。如果你的宝贝有最喜欢的人、玩具、食物或书本,她可能会认为从练习说这些词汇开始会更有趣。表扬孩子试图模仿你发音的尝试。

宝宝篮球

开始的时候,将大篮子如洗衣篮放在孩子面前,再放上一水桶的球。你还可以向孩子示范如何通过把纸揉皱做成球(这本身就很开心)。向宝贝展示你如何将球投进洗衣篮,说:"他投球了!他投球了!"或"哎哎呀!"双掌向上摊开,要他把球拿给你。他可以把球追回来并把它们拿给你,如果必要的话,就帮助他。你可以通过说"准备,开始,出发"和将篮子移"近"、移"远"来让孩子预期将要发生的事情。如果他开始说话了,你可以在"准备,开始"之后暂停,等待他试着说"出发"。如果宝贝对此感兴趣,帮助他把球扔进他正前方的篮子里。随着他长大,你可以通过将篮子移得远一些,以让这个游戏更具挑战性。

气球

请千万注意:永远别让孩子在没人监视的情况下独自接近气球,因为气球会引发窒息。你可以吹个气球,一边说"准备,开始,出发",一边松开手让气球在房间里飞。如果你的宝贝觉得这很有趣,令人兴奋,那么就多玩几次。然后在"准备,开始……"之后暂停,等待她尝试说"出发"或仅仅是发出声音并看你一眼,你再说"出发",让气球飞起来!如果她将气球捡起来,就让她把气球递给你,将这当成是她要你再玩一次,但你得确保自己在她身边,以免她将气球放入口中。一些孩子会觉得这个游戏令人害怕。如果是这样,你就别把气球吹太大,这样它就不会飞太快或太远,同时你也需要在离她远一些的地方玩。如果她还是害怕或哭泣,那就玩点其他的游戏。如果有氢气球，试着放几只气球在盒子里，让她把盒子关上再打开，把气球放出来，这样它们就能飞向天花板。接着，你可以将气球收回来再玩一次。用简单的语言来描述正在发生的事情："看，气球正在往上，上，上，上！现在把气球拉下来，下……"暂停，看看你的宝贝会不会说"ha"，因为这个年龄的孩子还不会说话。如果她没有试着发出词语的第一个音，那么你就帮她补上。

你的鼻子在哪里？

首先问问宝贝："你的鼻子在哪里？"接着亲亲他的鼻子，说："在这里。亲亲鼻子。"其他身体部位你也可以这么做，如耳朵、脸颊、下巴、头发、前额、手臂、手，最后以"你的肚子在哪里？"作为结尾。你可以给他的肚子挠挠痒，说："在这儿！"随着宝贝对这个游戏越来越熟悉，在你提问之后，你可以帮助他指点对应的身体部位。你也可以问："我的鼻子在哪里？"帮助宝贝指点你的鼻子，或将鼻子凑到宝贝的嘴唇边上让他亲一亲。如果他不能正确指点，你就帮助他指点正确的部位，接着像他能独立完成一样表扬他。在你提问"你的肚子在哪里"后给孩子肚子挠痒痒，是这个游戏的奖励或强化物。这个活动的乐趣在于，宝贝不知道你接下来会问到哪个问题。

没有什么会出错

Raffi 有首歌这样唱："Nothing can go wrongo. I am in the Cango"。你可以一边唱一边敲打任何能发出声音的东西，如地板。如果你越唱越快，你就敲打得越快。接下来，你也可以根据宝宝的节奏来。当宝宝敲得慢时，你就唱得慢，当她敲得快时，你就唱得快。当然，你也可以编自己喜欢的节奏。

一起打开

如果你手头有额外的打包纸,试着将宝贝的一些玩具轻轻地包起来,让他享受一下打开包装或撕下包装纸的快乐。可以这样说:"嗯——里面会是什么?哦!这是个＿＿＿!"纸巾特别适用于这个游戏,因为它很好撕。当你的宝贝收到生日礼物或其他特别的礼物时,就有独立打开礼物的经验了!

爸爸/妈妈在哪儿?

这是个追踪声音的游戏。一旦你的宝贝能够到处爬或走一点了,通过往前爬或者往后退着爬,试着把自己藏起来(在椅子、墙或窗帘背后,在毯子底下等),你一边不断地说"妈妈在哪里?",一边让她循着你的声音来找你。当然,确保你能看到她在哪里,在做什么。

粘住了,没粘住

拿一些胶带纸,上面粘一些孩子的玩具,贴在地板上。接着在它的旁边,在地板上直接放上一些孩子的其他玩具。当孩子拿粘在胶带纸上的玩具时,说:"粘住了!"当他拿放在地板上的玩具时,说:"没粘住!"你还可以在这个活动中增加其他简单的语言,如:"这太难!"和"这很简单!"找一个磁性表面(如冰箱或者洗碗机),收集一些磁性和非磁性的物品。轮流将这些东西粘上去,当粘住时,说:"粘住了!"当没粘住掉下来的时候,说:"没粘住!"

沙盘或沙箱

你可以将玩偶藏在沙中,说:"＿＿＿哪儿去了?"你可以假装到处寻找,接着帮助宝贝将玩偶从沙中挖出来,说:"哦!在这儿!"这可以帮助他建立客体永恒性的概念(事物从视线中消失后它仍然存在)。找到藏在沙中的玩具是寻找过程的自然强化，因此确保让孩子在玩一会儿后能找到玩具。在室内的时候，你也可以利用米桶和放豆子或扁豆的桶来玩这个游戏。去海滩边玩沙玩水是孩子很喜欢的事情。帮宝贝堆个蛋糕，插上几根棍子当作蜡烛，唱《生日快乐》歌，还有"吹蜡烛"。请注意，在这个年龄，你可以多问孩子几个问题，即使你得自问自答。假装你们在烤饼干，问："你做的是什么味道的？巧克力的吗？嗯！"

堆套环、积木和拼图

当堆这些东西的时候指出它们的颜色，练习词汇"上"和"下"。戴上套环当手镯，戴上套环当帽子，这会很滑稽。轮流和宝贝用积木和套环来堆高和推倒，以此教宝贝"堆上来……推倒！"这也是个引入两三片拼图的好时机。尝试用简单的语言，如"合适"或"哦！不合适！"

拉锯战

拿块小毯子，卷起来，宝宝在一边拉，你在另一边拉。在假装"嘭"地摔倒之前来来回回拉上一会儿，这会让孩子咯咯发笑。孩子咯咯笑的时候，你要正面面对孩子，这样孩子很容易跟你进行眼神接触。

一起荡秋千

荡秋千是个教眼神接触的好活动。宝宝秋千可以很好地固定住宝贝，你可以从前面给孩子推秋千，接着控制秋千不动，等到孩子看你之后才继续给他推。

另一个可以在你给孩子荡秋千时玩的游戏是让他的脚碰到你，假装他撞到了你，你夸张地往后倒，说："哎哟！"或者当他荡向你的时候，你可以像鸭子一样蹒跚后退，假装每次都是差点要撞到你。

当你给宝贝推秋千的时候，你可以跟他玩躲猫猫。轻轻地推开他，用双手或一块布遮住脸，当他荡向你的时候，你就露出脸说："我在这儿！"

这对他来说可能很有趣,也能帮助他关注你的脸。

图16-3 如果你的宝贝在荡秋千的过程中没跟你进行眼神接触,你要拉住秋千,靠近孩子,直到宝贝跟你眼神接触后才继续给他推秋千。

促进大脑发展的常见因素

除了教学和玩耍之外,还有几个影响孩子大脑发展的因素是你可以控制的。首先,锻炼和阳光不仅有利于宝贝的睡眠周期,还能促进"脑内神经驱动因素"这类化学物质的产生,它可以促进已有神经元的存活,促进新神经元和突触的生长和分化。此外,充分摄入蛋白质、多种维生素和矿物质(从铁到维生素D)可以影响认知发展,乃至心境形成等方方面面。当宝贝开始吃固体食物时,你要确保给他含有蛋白质的食物,如牛奶、酸奶或少量肉、水果或蔬菜(最好两者都有),以保证维生素的摄入。如果你对孩子是否营养充足或他是否有过敏或感觉敏感存在疑问,请咨询医生。

寻宝

寻找同一类物品的不同样例。比如，找到孩子游戏区里所有的球，找到所有的书、所有杯子或所有玩具鸭子。每一个都给予命名。这可以帮助你的宝贝形成分类的概念——换言之，学习杯子不仅是那个蓝色的、他最爱的宝宝吸水杯，有相似形状的都可以称为杯子。你甚至可以试着拿两个不同的盒子或容器，帮助孩子弄清楚东西该放哪里。（这是球还是书？我该放哪里？）

你可以拿不同颜色的垫子、衣服、玻璃纸来帮助宝贝寻找房间里可以"配对"的东西。比如，你可以放下一张黄色的纸片，然后再在厨房里寻找一些其他黄色的东西。（嗯……什么是黄色？苹果是黄色的吗？不是。勺子是黄色的吗？不是。香蕉是黄色的吗？是的！）接着将香蕉拿回来，将它放到纸上，说："黄色！匹配！"接着在浴室里寻找黄色的东西，找到一只黄色的香蕉鸭子，将它带回来，如此等等。当她把物品放在正确的地方时，给予孩子她所需要的帮助，接着表扬她匹配得好，不论她需要多少帮助。绕口令游戏垫（将不同的物品放在匹配颜色的圈圈里）也可以这样玩。

第四部分

更多的建议和工具

第 17 章

几个要教的词汇、短语、手势和手语

在本章中我们将介绍很多孩子在语言发展早期要学习和掌握的几类词汇与短语，同时也会在每一类词汇中给出相关例子。我们也会谈到一些孩子用双手可以完成的手势或手语（想要了解更多，你可以上网搜索）。如果你在家中经常用到的词汇或短语没有列在本章中，那么请你自己添加。如果本章中的一些词汇或短语你的孩子很少听到，那么请你忽略它们，我们给出的只是建议。

儿童从使用单词开始，这些词常常是它们经常听到的，可能是对他们而言非常重要的物品名称或人名，常常使用这些词可以鼓励孩子学习这些词汇。经常使用同一个词，指点或展示它们所指代的物品。如果孩子试图使用他们常听的歌词，请立即予以回应（即使他们说得并不像）。这些都是使用列表的好方法。

一旦孩子掌握了几个单词，他们会将这些词组合成简单的短语来进行沟通，表达想要某物或是拒绝某物。这也是为什么孩子的第一个短语通常是"还要＿＿"或"不要＿＿"。（这两个词的手语在本章后面会提及。）

本书讨论的策略对教授词汇和短语都有帮助，常常使用你想教的词汇，这样孩子会慢慢明白这个词是什么意思。更重要的是，当孩子试着沟通的时候，你要立即回应，如此，你便是在教授孩子语言是一种工具，同时又教会了他新的词汇与短语。

> **"还要"手语的使用**
>
> 如果教孩子"还要"的手语,你要谨记一点:尽管早期干预中会教授这个手语,但一些孩子是在他们想要某个东西的时候学会这一手语的。但问题是成人可能并不知道孩子到底要什么,这对沟通的双方来说都会带来挫败感。此外,这还可能导致他不愿意学习其他更有效的沟通方式,如指点想要的东西,说出词语的第一个音。因此,如果你决定教"还要"这个手语,试着只在孩子想要你继续欢乐的游戏,或者想要你正在给他的东西时进行教授。你还要鼓励他进行明确的沟通,通过指点他想要的,说出词语的第一个音,或打出词语的手语,如"吃"等(见本章后续内容)。

理解与表达

当你教孩子说词语的时候,一般会用到的方法就是清晰地示范发音和强调词语,如"香蕉",同时向孩子展示香蕉或香蕉的图片。如果她模仿你,你要热情地表扬她使用简单词汇这一行为,比如,"说得好!这是香蕉!"从教授孩子最喜欢的事物的名称着手可以增强她说话的动机。教孩子使用词语来请求他们想要的东西,接着立即给予他们索求的东西,这是向孩子证实"说话是强有力的工具"的绝佳方法。记住:强化孩子说词语所做出的努力。如果她只能非常模糊地发出词语的近似音,比如用"jia"或"jiu"来表示"香蕉",或用"pao"或"pa"来表示"泡泡"——这都行——你想要奖赏的是孩子做出的努力以及孩子发出的近似音。孩子越是想要和渴望说词语,她就越有机会练习清晰地发音,那么她的发音也就会越来越好。

相较于判断孩子是否会发出某个词,判断孩子是否理解了这个词汇显得更为困难。这是因为你可以听到他说这个词汇或该词汇的近似音,孩子对某个物品是否有某个固定称谓很容易明确(用"jia"或"jiu"来表示"香蕉",用"pao"或"pa"来表示"泡泡")。然而,当孩子看起来似乎懂得你说的是什么时,他可能是利用情境和上下文来理解,而不是真正理解了这个词。比如,当你拿起香蕉说:"你要香蕉吗?"他理解的是你要给他香蕉,他会伸手拿,如果他不想要会把它推开,而不是真的理解了"香蕉"这个词语。

在第二部分那些以语言为目标技能的一日常规活动中,我们为你提供了大量的活动样例,你可以利用这些样例来教孩子理解简单的词汇和短语。(你可以利用索引或附录来寻找以语言为目标的特定活动。)在本章中我们列出了一些简单的词汇和短语,你可以在活动中引入这些词汇,最终孩子可能会理解并说出它们。跟你教其他东西一样,别一次教太多。最好只在每一类中选出几个词汇,给孩子大量听这些词汇的机会,如果有可能,多说这些词汇。

词汇

动物

很多孩子在很早的时候就学习了动物的名称,有时还学习动物发出的声音。以下是一些常见的词汇:

猫(或小猫)(喵喵)	奶牛(哞哞)
狗(或小狗)(汪汪)	猪(哼哼)
鸟	鱼
马(嘶嘶)	鸭子(嘎嘎)
羊(咩咩)	小鸡

交通工具

说出孩子经常乘坐、经常看到或有玩具模型(如玩具卡车)的交通工具的名称或声音:

汽车(滴滴)	飞机
卡车	公共汽车

火车（呜呜）　　　　　　　　船

玩具

使用孩子熟悉的玩具名称，你也可以在下面的词汇表中自行添加孩子喜爱的玩具。孩子最喜欢的玩具是最好的玩具。

球　　　　　　　　　　　　泰迪熊
拼图　　　　　　　　　　　玩具
书

身体部位

肚子（肚皮或任何你用的昵称）　头
眼睛　　　　　　　　　　　头发
鼻子　　　　　　　　　　　手臂
嘴巴　　　　　　　　　　　脚
耳朵　　　　　　　　　　　膝盖
手　　　　　　　　　　　　腿

衣物

夹克衫　　　　　　　　　　帽子
衬衫　　　　　　　　　　　手套
裤子　　　　　　　　　　　毛巾
连衣裙　　　　　　　　　　睡衣
袜子　　　　　　　　　　　尿布
鞋子

感受

高兴　　　　　　　　　　　害怕

伤心 傻 / 滑稽
生气（或愤怒）

户外

秋千 汽车（如果他更常乘坐公交车或
滑梯 　　火车，也可以是公交车或火车）
操场 外出
回家 公园
商店

人物

请使用任何你指代人的称呼。

妈妈 奶奶
爸爸 爷爷
孩子兄弟姐妹的名字 孩子经常见到的朋友或邻居
其他亲戚的名字（比如苏姑姑，　　（大人或小孩）的名字
　　山姆表弟）。如果有老师，
　　老师的名字

食物

由于每个家庭的食物各不相同，这里的词汇也有所不同。使用孩子经常能够看到的食品与饮料名称。试着用简单的词汇。下面是一些例子，但你需要选择适合你家实际情况的词汇。

牛奶 水果（蓝莓、苹果、梨、李子等）
果汁 蔬菜（胡萝卜、豆子等）
水 谷物圈（或者孩子喜欢的某种麦片）
苹果醋 薄饼

酸奶	饼干
奶酪	薯条
果冻	面包
米饭	意大利面

房间里的东西

勺子	毯子
碗	摇篮
盘子	床
杯子	枕头
瓶子	电话
毛巾	椅子
锅	桌子
管子	门
梳子或刷子	窗户
牙刷	沙发

日常活动

洗澡	再见（或拜拜）
打扫	午睡（或睡午觉）
午饭、早饭、晚饭、正餐	躲猫猫、捉迷藏（或其他喜爱的游戏）
晚安	
你好	换尿布
穿衣服	

形容词和其他词汇

大	关

| 第17章 几个要教的词汇、短语、手势和手语

小	哎呀
软	难吃
硬	好吃
冷	湿
热	干
红、绿、蓝等	下
快	上
慢	是
上	不

动词

跑	擦	喂
走	停	煮
坐	去	荡
站	开	洗
推	关	烘干
抱	骑	阅读
亲	吃	说
扔	喝	摸
抓	给	

短语

完成了（可以单独使用，也可以与其他词汇一起使用，如洗完澡了，吃完饭了）	拿出
	放入
	摔倒
还要（最好与其他词汇一起	某人的 ___ （妈妈的杯子或妈妈

使用，如还要谷物圈，还要泡泡）

请 _____（"请，谷物圈""请，泡泡"）

去，___（去车上，去操场，去外面，去便便，去睡觉）

杯子，妈妈的车或妈妈车，哥哥的书或哥哥书）

请给我 _____（请给我谷物圈，请给我泡泡）

妈妈在哪儿？（书本在哪儿？苹果在哪儿？）"哪儿"和"什么"通常是孩子首先学会提问的疑问词，但"哪儿"更容易教。

手势

指点

给我（伸出双手说"给我"，表扬孩子将东西放到你手上）

挥手再见

假装给洋娃娃或毛绒动物喝水

假装给洋娃娃或毛绒动物换尿布或穿衣服

伸出手臂要人抱

假装讲电话（将电话放在耳边说个词或者发出咕哝声）

假装从空瓶子里喝水

亲吻洋娃娃或毛绒动物

假装把毛绒动物放到床上睡觉

推玩具车

手语

你可以用以下手语教孩子作出必要的请求。有些可以在网上找到，它是宝宝手语的一部分，另一些是美国手语的修正版本。正如我们在第18章中所说，当孩子还不会说话时，教孩子用这些手语来表达需求和愿望可以减轻孩子的沮丧心情，减少孩子的问题行为。第18章介绍了强化孩子可以掌握的沟通方式的方法，也提供了除短语和词汇外的替代沟通方式。

第17章
几个要教的词汇、短语、手势和手语

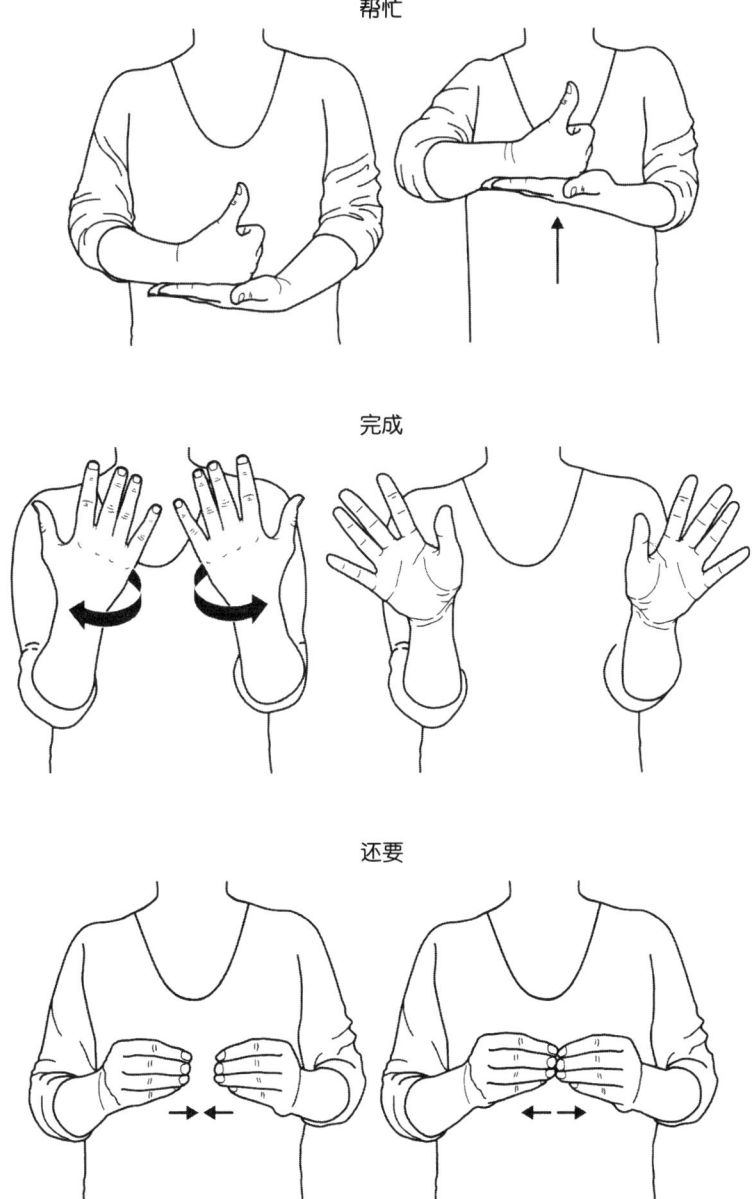

帮忙

完成

还要

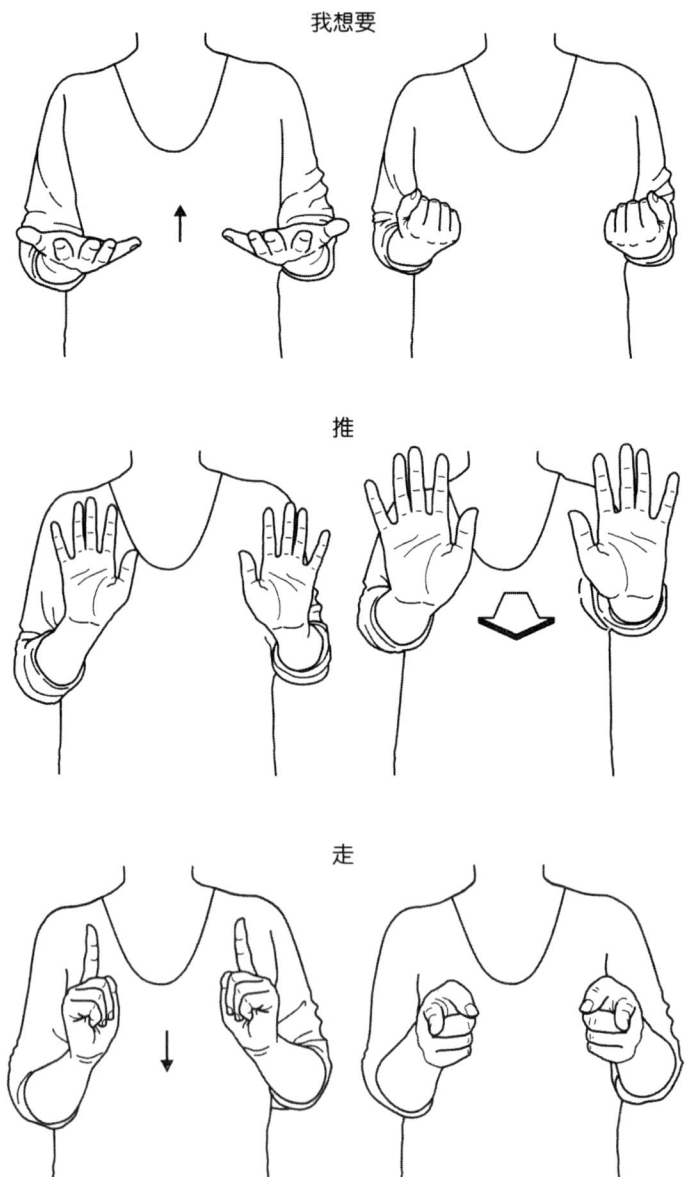

第17章
几个要教的词汇、短语、手势和手语

259

花

宝宝

不要

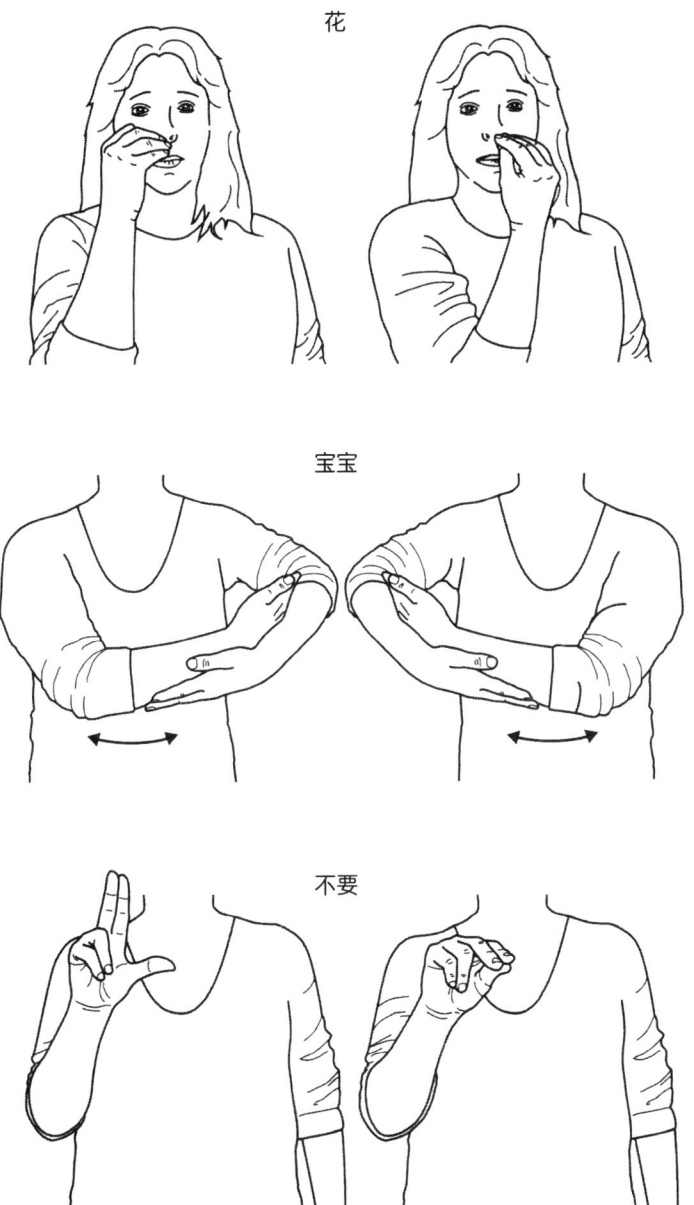

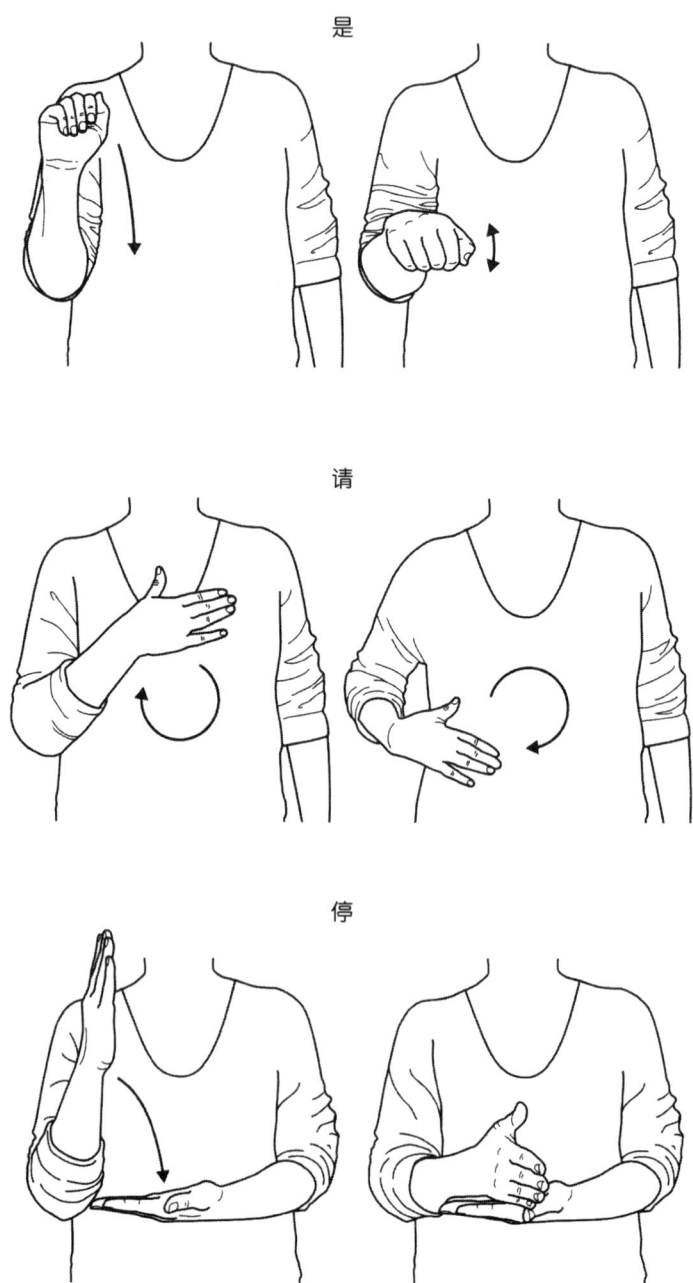

第17章 几个要教的词汇、短语、手势和手语

图17-1 各种手语

教宝贝指点

在本书中我们经常提及指点的重要性，现在我们再次回顾教授指点的基本步骤。如果你的宝贝会指点她想要的东西，那么这就是她发展沟通技能的一大步。当她哭泣或感到烦躁时，她可能想表达自己感到不开心，饿了或者不舒服——但是，如果她指点她想要的饼干或害怕的狗，那么她在明确沟通某个需求或愿望。这不仅是沟通发展上的重要进步，也可以预防孩子因为不会沟通需求和愿望而产生问题行为。

你可以从孩子无法拿到的好吃的食物或非常有趣的活动着手。比如，你可以将玩具放在孩子能看到的架子上，或是让宝宝坐在宝宝椅上，你拿着玩具或零食在他够不到但看得清楚的地方逗他。当孩子伸手来拿玩具或零食时，用你的另一只手轻轻地帮助他做出指点的动作，让手差不多触

到他想要的东西（见图17-2），然后立即说："哦，你想要饼干（或玩具），给你。"把东西拿给他。如果这是个可使用的东西，把它掰成小片，这样即使你反复练习几次，孩子也不会对这个奖励感到厌烦。如果是个玩具，最好从由几个部分组成的玩具着手，这样你就不必将玩具从孩子手中拿走去创设另一个练习指点的机会。像拼图、积木、套环、套杯、形状分类、土豆先生的脑袋，或其他孩子喜欢的组装玩具就很合适。当他每次指点想要的东西时，就立即强化这一行为，表扬他，给他他所指点的东西。

图17-2 手把手帮助指点

跟其他的行为教学一样，请尽快逐步消退你的身体辅助。比如，在你几次用身体辅助给孩子指点她想要的东西之后，试着暂停几秒，看看她会不会自己指点。给予她刚好能帮助她指点的帮助。如果她开始伸出手指，但是并没有收拢其他手指形成准确的指点动作，那么表扬她作出的尝试，同时帮助她完成指点。在她能够自己伸出食指触碰想要的东西之后，你可以让她离开一段距离指点物品。当她正在指点还未碰及物品时，抓住她的手，一边递给她奖励物，一边说："指点得真棒！"或"哦！你想要饼干！"

请保持耐心。尽管很多孩子在1岁左右就学会了指点，但也有些孩子在掌握指点的方法上存在很大困难，不过他们最终也能慢慢学会。每一天都要给予孩子多次练习的机会，确保给予孩子他想要的食物或玩具作为奖励，这样孩子才会有动力去获得它们。但是在孩子感到烦躁或无聊时，你要转换一下活动或让他休息一会儿。

你可以通过指点孩子喜欢的东西、找到她喜欢的东西和引导她的注意，来帮助孩子理解指点是多么有用。你可以鼓励她指点给你看，或鼓励她用指点来请求。不论孩子指点给你看的是什么，即使她还需要你的帮助才能指点，你都要热情地回应。这不仅可以帮助孩子用沟通来获得想要的东西，还可以帮助她分享经验，爱上并注意他人正在做的事情。

第18章

问题行为的预防

如果你的孩子有严重的行为问题，如自伤行为，故意伤害他人或动物，故意损毁他人物件（非2岁孩子的偶然发脾气），或连续几个小时发脾气，那么你最好寻求专业人员的帮助，为孩子建立和管理行为项目。问问孩子的医生，让他推荐当地可以帮到你的干预项目。越早开始高质量的干预项目，干预的后期效果越好。但是，一些孩子的问题行为并没有那么严重——只是偶尔发脾气时摔倒在地上，尖叫，踢人，打滚，哭泣，甚至比这还要轻，只是抽泣，朝地上扔东西或是拒绝任务。如果是这种情况，试着寻找替代沟通的方法，这可能会有帮助。进一步讲，以这样的方式看待孩子的问题行为，可以在一开始就预防问题行为变得严重，这也是我们的重心所在。

几乎所有宝贝都通过发脾气和哭泣（还有微笑和咕哝）来沟通，这是孩子表达他们需要某物的唯一方式。随着他们开始学习用更为成熟和有效的方式沟通，如指点，使用其他手势（伸开手臂要人抱），或使用语言，他们发脾气和哭泣的次数也就少了。

但是那些很难学会有效沟通方式的孩子怎么办呢？他们有什么感受呢？哭闹和发脾气常常成为这些孩子可以使用的唯一沟通方式。当他们无法明确表达自己的需求时，他们可能会感到非常沮丧。此外，一些孩子是"慢热"的性格，对环境中的变化过度敏感，当碰到新的而不是熟悉的食物，或看到家中发生改变时会变得非常难受。参考下文，学习如何引入新事物。

> ### 改变，不怕不怕啦！
>
> 如果你的孩子抗拒新事物，那么你就要帮助她适应改变，这很重要。以下方法可能对你有帮助：
>
> （1）试着在两个旧的、孩子喜欢的事物中间引入一个新的事物。比如一首新歌或一本新书，并且这个活动要在孩子无法逃脱时进行，如在浴缸里或车座上。
>
> （2）你可以将改变与孩子喜欢的安全事物搭配在一起。比如，挪动客厅里的一件家具之后，立刻坐下，让孩子和他喜欢的人依偎在一起，或给他点好吃的，或是在柜子里放个特别的玩具，当有新的人来家里时就拿出来给他玩，在吃了口新食物之后就给他一大勺最爱的食物。
>
> （3）给孩子额外的时间去喜欢新的或过度的刺激。比如，你可以让儿科医生先给你听听心音，然后给泰迪熊听心音，最后才将听筒放在孩子胸上听心音。或者你可以将新的玩具在客厅中央放几天，每次都简短地向孩子介绍怎么玩。她最终会接受它，试着玩。

大多数孩子随着年龄的渐长，哭泣的次数会减少，会试着用其他方式沟通。那些学习语言和沟通有困难的孩子可能会学着哭得更多，当他们无法得到想要的东西或他们的需求没有被满足时，他们会哇哇地哭起来。当然，他们也会学会其他表达不开心或烦躁的行为，如尖叫、撞击、踢人、扔东西。当孩子这么做的时候，他们的父母会冲过去弄清孩子需要什么，并给予他们。这样一来，哭闹就成为一种伴有强化的沟通方式，孩子就没法学习、练习其他的沟通方式，这些沟通方式也无法得到强化。如果你已经了解了强化程序如何增强其前面的行为，那你也就不难理解问题行为的发展，即使这发生在2—3岁的孩子身上。

教孩子表达他需要什么

在这种情况下你该怎么做？最主要的解决方案是厘清孩子想要沟通的是什么，教他更好的沟通方式。预防问题行为时，最应教给孩子的技能是如何有效沟通自己的需求和愿望。当父母能够理解孩子需要什么时，问题行为也就失去了赖以滋生的土壤。但你要引起重视的一点是：当孩子感到沮丧时，他很难发出请求，尽管他可能具备这一技能。特别是孩子刚学会请求的技能时，此时发出请求还需要他付出大量的努力和注意。出于这一考虑，你最好在孩子刚表现出沮丧或烦躁的苗头时就提示孩子发出请求，这样他就不必因为等太久而变得烦躁。

你可以这样做：

- 你可以让孩子向你展示他想要的东西（使用指点或手势）。
- 如果你的孩子用图片沟通，你可以递给她带有她的图片选项的沟通板，说："指给我看，你要什么？"或者，如果你认为自己知道她要什么，你可以递给她你认为她想要的东西，说："你是要这个吗？"接着她可以用图片发出请求，如果有必要的话，轻轻给予辅助。如果你的孩子还不会说话，不知道怎么用图片表达她的需求和愿望，你可以教她使用图片沟通系统（Picture Exchange Communication System），通常称为 PECS 项目。本书的资源部分介绍了 PECS 的有关联系方式。
- 如果你的孩子能说一点点，你可以辅助他："说'我要……'"并让他自己把句子补充完整。

即使你可能知道孩子要什么，也最好辅助他表达请求，而非直接给他东西。这也是为什么我们建议你将他喜欢的经常使用的东西放在他能看到但够不到的地方。这样一来，他就有更多练习请求的机会。

这儿还有个例子：假设你在超市里，孩子坐在购物车里。当你走向零食货架，去拿他最喜欢的谷物圈时，你的孩子会微笑，会越来越兴奋。当你拿着盒子又不递给他，他来抓却抓不到时，他会皱起眉头。当你把谷物圈的盒子放到他身后的购物车里，他会仔细观察你的行动，他可能会去拿盒子，但是当他拿不到时，他又会皱起眉头，甚至发火。他第一次去拿盒子时，你便要打断他，辅助他用指点的方式发出请求，此时是最好的时机。但是，即使你错过了最初的机会，一旦你意识到他确实是要这个东西，你也可以辅助他用指点盒子并看着你的方式来发出请求。当然，你还得给他几片谷物圈来强化。即使有时你并不想让他吃谷物圈，比如你们在购物的时候，但这也仍然是个好方法。

即使当时孩子很沮丧，他还是要学习索要他想要的东西，这一点非常重要。接下来，你可以教他如何等待或教他理解"首先……接着……"这类两步指令（见本章的最后部分）。但在他理解这些之前，你最好打开麦片给他吃一点，避免他因为无法有效表达自己的需求而感到沮丧。当孩子沮丧的时候，你要视其为一个教授请求的好机会，这一技能非常重要。但是，要求他指点盒子或以其他合理的方式发出请求，看看你（你可以通过拿着盒子在脸边，有必要的话手把手地帮助指点），之后你才给他麦片，否则你强化的会是孩子发脾气的行为。

这儿还有个例子可供参考：你和孩子在公园里，她坐在推车上。她看到另一个孩子给池里的鸭子喂了一口面包。她对鸭子非常感兴趣，着急地想从推车上下来。尽管你知道她要干什么，你仍然可以将这个作为学习的机会。你可以辅助她指点鸭子，然后看看你。或者你可以辅助她用手势来沟通她想要从推车里出来——两手臂朝你张开并跟你眼神接触。你也可以给她一张鸭子的图片，如果你带着，引导她把这张图片给你。用自然的手势教学，在自然的情景中教学，在自带强化的程序中教学，是多么美妙的事情！将孩子从推车里抱出来就是对她请求行为的自然且强有力的强化。毕竟，这是她此刻最想做的事情。

当孩子不想要某个东西时，教他进行沟通

另一个预防孩子问题行为发生的方法是：当他不想要的时候教他说"不"，如何友好地请求"帮助"或要求"休息"，或者在"完成"某个活动后停下来。如果你认为孩子的问题行为是沟通的一种迫不得已的最后的方法，那么教孩子恰当地说"不，谢谢"就非常重要。即使你非常想要孩子做他不想做的事情，让他说"不"也比让他用问题行为来表达要好得多。请记住一点：当你开始教孩子用合理的方式表达"不，谢谢"的时候，你要尽可能尊重和承认孩子的表达。最终，当孩子擅长利用词语、手势、手语或一张"不，谢谢"的图片，或要求休息一会儿时，你就有机会教他不能想干什么就干什么，也不能总是想休息就休息。在刚开始的时候，当他学着请求"休息""帮助""完成"的时候，强化每一次请求非常重要，只要有可能，就给予他想要的东西。

"完成"

在教这一技能之前，先回想一下孩子试图逃离或回避的情境。餐桌是孩子经常要逃离的地方，当孩子吃完之后，他们通常会感到无聊，开始抽泣和苦恼，想要离开餐桌，对那些坐在宝宝椅上的孩子来说尤其如此。如果你的孩子有这样的表现，你可以教她指点或使用手势，比如做出伸出双臂要人抱的动作，来表达她想要离开宝宝椅的意愿。

另一个方法是在桌子或宝宝椅的台面上，她能够得到的地方放上一张"完成"的图片（见图18-1）。当你看到孩子已经吃完，开始扭动身体时，你就可以通过帮她捡起图片放在你手上来提示她将"完成"图片递给你，随后立即将她带离餐桌。随着时间的推移，逐渐减少辅助，直到她能独立递给你"完成"图片，或比划"完成"的手语，或说出"完成"二字。阅读以下文，了解更多关于图片沟通的策略。

如果你愿意，还可以教孩子比划"完成"的手语。这个方法的一个优点是：不论图片是否在身边，他都能随时表达（另一方面，对他人而言，图片的意义可能更明确）。"完成"的手语如图18-1所示。

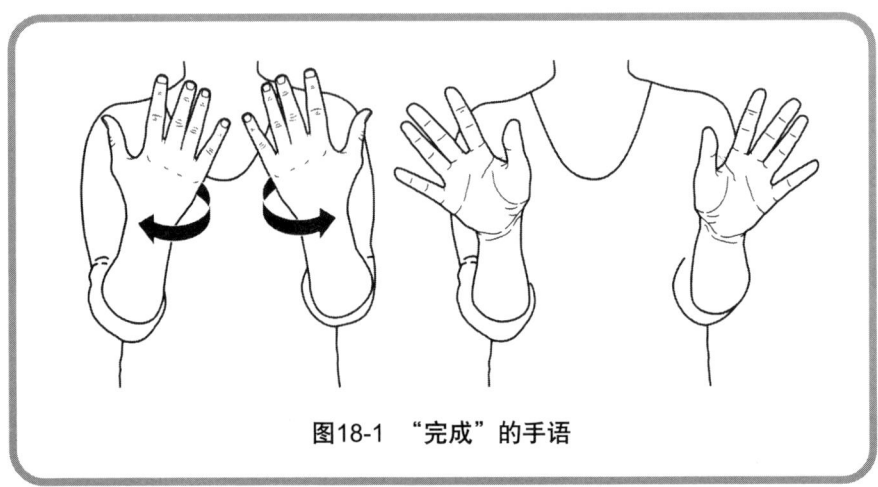

图18-1 "完成"的手语

开始的时候，教授这个手语的方法是一边说"完成"，一边示范怎么打手语。接着你一边再次说"完成"，一边手把手教孩子打"完成"的手语。随后立刻帮助她结束活动（如离开宝宝椅），或者拿开她不再想要的食物、玩具或其他东西。如果你注意到她开始独立打手语，或你刚开始帮她，她就能自己一次完成，那么你就要减少给予帮助，直到她能独立完成。如果在50—100次练习之后，她还没有表现出自己能独立完成的手势，那么你就将她的手摆成初始手势，看看她能不能自己接着独立完成。如果她能够打出"完成"的手势或类似完成的手势，你就说"你完成了"，并立刻帮她结束。如果她没有自己打出手语，那么你就继续帮助她成功表达她想要结束的意愿，时不时延迟给予的帮助，看看她能不能自己大致地完成手语。一旦她做到了，你就应该逐步消退辅助，直到她能自己完成。还有一点，如果你认为手语对你的孩子太难，那么你可以自己设计简单的手语来教孩子。

为孩子的沟通创作图片

教孩子用手语或手势来表达"是"、"不是"和"完成"等重要需求和回答,是非常重要的,因为这些手势是孩子可以随身携带的。但是,你可能会发现从代表这些含义的图片入手教授会容易一些。你可以用以上提到的PECS的方法(见资源部分)。如果你决定这样做,你需要谨记的一点是:图片要简单,每一张都区别明显,在颜色、图案或形状等方面有明显差异。比如,你可以通过将你的手做出的"停止"动作的轮廓画在纸上,来创作一张"不"或"停止"的图片(想象一下交警做出的停的动作),接着用红色的马克笔描框。或者你可以用鲜红色的蜡笔或马克笔画上一个大"X"。你还可以在手上或下面写上加粗的"不",但词语不一定要加(你的孩子不一定要会读,只要能在练习后认出图片就可以)。对年幼的儿童来说,每一张图片都要尽可能不同,因此你可以用鲜绿色的马克笔来制作"是"的图片。

要教孩子用图片来沟通,你要辅助她拿图片,最好是从某个物体表面而不是你的手上,接着再递给你。比如当你在喂宝贝的时候,将"不"的图片放在宝宝椅的托盘上。你可以问:"还要蛋吗?"当宝贝看向别处或显得有些沮丧时,你就立刻用另一只手辅助他捡起"不"的图片,并放到你的手上。一开始时最好两个成人一起做———一个在背后辅助孩子,另一个接受图片并说:"哦,不,谢谢!好的,不要蛋了!"接着把勺子移开。开始的时候,辅助可能是手把手的,但随着时间的推移,你可以让辅助消退,只是轻推孩子的手臂,最后等待孩子自己来完成。

"不"

"不"是一个要重点教授的词语或手势。毕竟,当别人给我们提供了我们不喜欢的食物,或邀请我们参与不喜欢的活动,或我们没有心情参与该活动时,我们都有权利说:"谢谢,不!"当你给孩子提供一些东西或问他喜不喜欢某个事物时,时时留意他突然跑掉、尖叫或快速转头的情况。等到他再次冷静下来,你才再次提供,但这次你要立刻辅助他摇头表示不,做出"不"的手势或打出"不"的手语(见图18-2)。如果宝贝的小手无法打出这个手语,试着教孩子摇头表示"不",或者用上代表"不"的图片。

一旦他开始做出手势,说:"谢谢!不!"你就立刻拿开提供的物件。吃饭是练习这一技能的好机会。你可以给孩子提供一些你明知他不会喜欢的食物,辅助他拿出"不,谢谢!"的图片或做出"不"的手势,接着拿开食物。

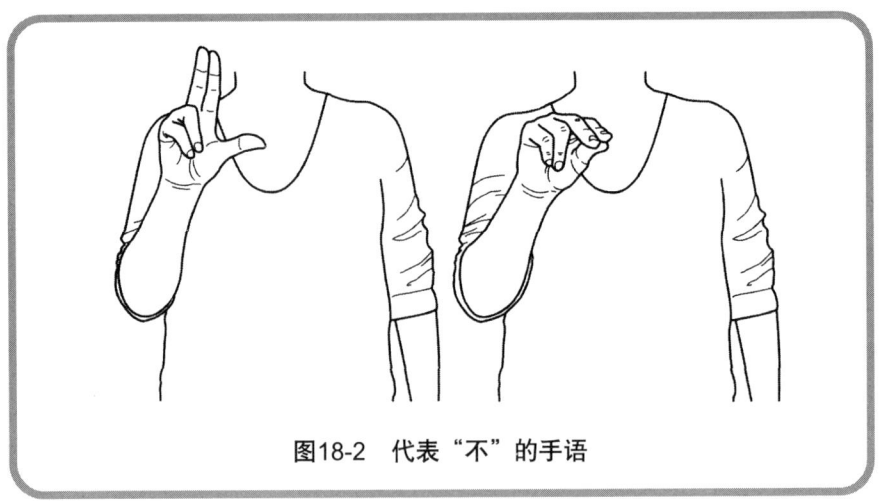

图18-2 代表"不"的手语

"帮忙"

最后,"帮忙"也是一个要重点教的词语。你的孩子越是会通过拿图片寻求帮助就越好。通常"帮忙"的图片是一张手竖直向上的轮廓,下面写着"帮忙"二字。或者你可以教孩子使用手语(见图18-3)。同样的,你要寻找孩子需要帮忙的情境。你还可以创设一些孩子需要你帮忙的情境。比如,将孩子喜欢的东西放进小而透明且带有紧盖子的容器里,这样孩子可以看到但拿不到东西。一旦你看到他试着打开盒子或表现出一些沮丧,就辅助他将"帮助"图片拿给你,或用身体辅助孩子做出"帮助"的手语。当孩子做出手势或递给你图片时,你就说"帮助",并立即帮助他。

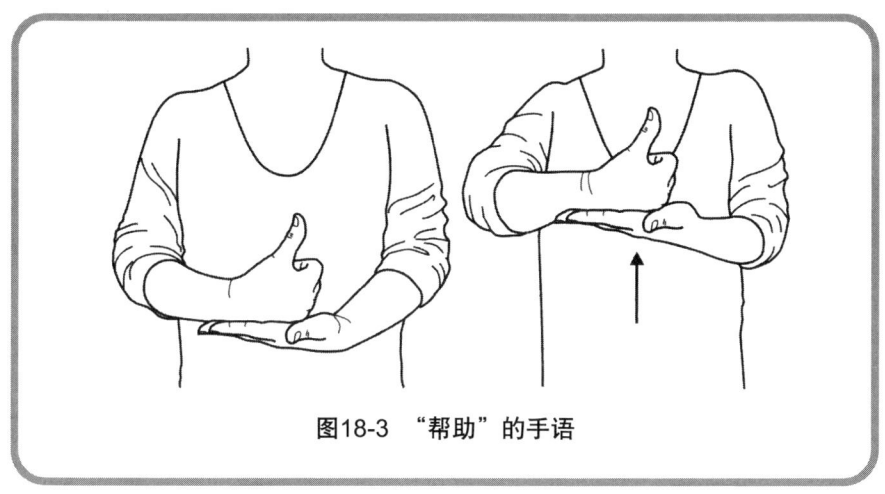

图18-3 "帮助"的手语

辅助说话

我们已经讨论过如何在避免哭闹、抽泣、表现出问题行为的情况下,帮助无语言的孩子(也就是那些不会说话的孩子)表达他们的愿望或拒绝,如完成、休息、不、帮助、想要某物等。如果你的孩子能够说话,或者擅长模仿声音或词语,当然,你也可以使用词语去辅助孩子说"不"或"不,谢谢"。如果她能做到的话,你还可以辅助她说"完成"或"休息",或者"我想要休息"或"帮助",或者任何你想让她学习的词汇,以避免孩子感到沮丧或烦躁。

在孩子不觉得沮丧时,你越是给孩子练习发请求的机会,他就越容易表达自己的需求,不论是指点、打手语,还是图片或词语。越是简单,孩子在刚感到沮丧时就越会去用,这就可以减少问题行为。

首先……接着……

另一个可以帮助孩子容忍沮丧情绪的方法是使用"首先……接着……"沟通板。向孩子展示两三张按顺序发生的图片,可以帮助他更耐心地等待自己想要的活动。这一方法对那些理解语言有困难的孩子来说非常重要。

这儿有个如何使用的例子。比如，你要先去银行，接着去操场玩。你的孩子喜欢去操场，并且已经把一些他喜欢的操场玩具放进了车里。为了防止他因为你没有直接开车去操场而感到沮丧，你可以在出发前这么做：首先给他看两张图片，一张是银行，一张是操场，粘到一张带有雌雄贴的纸板上（见图18-4）。当你第一次指点的时候，你告诉孩子图上是什么："首先，银行，接着，操场。"这样反复几次。接着在车里的时候让他拿出图片（如果他喜欢的话）。当你到达银行的时候，提醒他"首先，银行，接着，操场"。尽量将待在银行的时间缩短一些（在你去取钱的时候练习，而不是在办贷款时）。接着，当你回到车里的时候，指点银行的图片，说："银行，结束。"拿走银行的图片，指点操场的图片，说："现在，去操场，呀，耐心等待！"

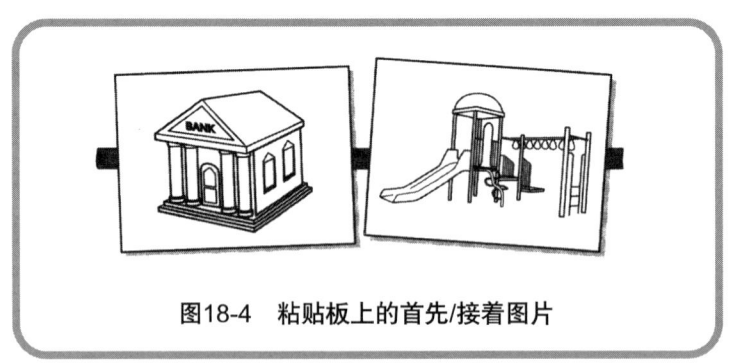

图18-4　粘贴板上的首先/接着图片

我们希望本章中的这些策略可以让简单沟通取代问题行为，减少或预防问题行为。如果这些技术不起作用，如果你需要更多引导才能有效实施，或者孩子的问题行为比同龄孩子更严重，请咨询儿科医生以获取专业帮助。

附 录
活 动 目 录

你可能会觉得将这些活动列表复制一份会很有用,将它们放在你经常进行日常活动的地方以便随时查看。你可以随意复印。很多父母发现将这些列表塑封起来会更好用。

起床和入睡

婴儿

0—3 个月

早上好，脚趾头！
晚安，脚趾头！

3—6 个月

起床常规
伸懒腰
早上好！
一起阅读
正好相反
儿歌与摇篮曲
说晚安

6—9 个月

起床了，宝贝！
昏昏欲睡的时候
一起读故事

9—12 个月

起床了？
大家都起床！
晚安曲
晚安，泰迪！
睡前阅读
宝宝自己的书

学步儿童

1. 早上好，艾摩！　语言
2. 爸爸，晚安—晚安！　语言 / 社会交往
3. 起来，起来，走喽！　语言 / 非言语沟通 / 社会交往 / 眼神接触
4. 毯子游戏　社会交往 / 语言
5. 让我们走得快。让我们走得慢。　语言 / 非言语沟通
6. 关灯！　语言
7. 睡前故事　语言 / 社会交往
8. 自制书本　语言
9. 记住这一天：快乐的回忆　语言 / 思维
10. 摇篮曲和晚安　社会交往 / 非言语沟通

穿衣，脱衣和换尿布

婴儿

0—3 个月

感觉超棒！

哇，成功啦！

我看到了什么？

肚子咚咚敲

3—6 个月

给宝贝按摩

开始，停！

接下来是什么？

妈妈在哪儿？

滑稽的妈妈！

脱袜子！

6—9 个月

躲猫猫

穿衣歌

看看妈妈！

好吃的宝宝

9—12 个月

我能要一块尿布吗？

哪只袜子？

穿上衣服，脱下衣服

宝宝的手臂在哪里？

尿布歌

滑稽的妈妈/爸爸

学步儿童

1. 你好——再见　语言/假装游戏/模仿

2. 躲猫猫游戏　眼神接触/社会交往/思维

3. 黏的，湿的，开，关　语言

4. 尿布歌　语言/社会交往

5. 红衬衣还是蓝衬衣？　语言/非言语沟通

6. 给泰迪先生穿衣服　假装游戏/模仿

7. 穿袜子，脱袜子　社会交往/语言

8. 宝宝去哪儿了？　社会交往/语言/思维

9. 拿裤子　语言/思维

10. 妈妈的衬衣，宝宝的衬衣　**语言 / 模仿 / 思维**
11. 滑稽的穿衣　**社会交往 / 思维**

就餐

婴儿

0—3 个月

袋鼠抱
宝宝摇啊摇
看着宝宝
变一变！
宝宝需要什么？

3—6 个月

袋鼠抱
你做，我也做！
挠几下痒？
摸一摸！

6—9 个月

好吃 / 难吃

飞机来了
喂妈妈？
它去哪儿了？

9—12 个月

每个人的饮料
妈妈 / 爸爸嘟嘟叫
欢乐的食物，喷射，喷射！
它躲在哪儿？
宝宝的第一个词
一起来玩假装游戏
我们要哪个？
我会自己吃饭

学步儿童

1. 请给更多奶酪　非言语沟通 / 眼神接触
2. 葡萄还是蓝莓?　非言语沟通
3. 用图片来请求　非言语沟通 / 眼神接触
4. 图片菜单　非言语沟通
5. 勺子来啦!　眼神接触
6. 傻妈妈!　非言语沟通 / 语言
7. 烫和冷　语言
8. "切","大"和"小"　语言
9. 用食物数数　语言
10. 教有关颜色的词汇　语言
11. 厨房中的言语模仿　语言 / 模仿
12. 米堆藏宝　语言 / 思维
13. 合不合适　语言 / 思维
14. 假装给娃娃喂饭　假装游戏 / 模仿
15. 假装烧饭　假装游戏 / 模仿 / 语言
16. 好吃 / 难吃的食物　语言 / 思维
17. 美味的牙膏,恶心的牙膏　语言
18. 准备刷牙　语言 / 模仿
19. 给娃娃刷牙　模仿 / 假装游戏
20. 欢乐的食物　行为 / 假装游戏 / 思维 / 模仿

洗澡

婴儿

0—3个月

刚刚好！
看着我！
我看到了什么？
我感觉到了什么？

3—6个月

一起吹泡泡
惊讶袋
泡泡浴
排列起来，再推倒
毛巾游戏

6—9个月

彩虹澡
浴缸里画画

一起去钓鱼
装满和倒空
戳泡泡
有趣的冰块

9—12个月

妈妈/爸爸说
用脚拍水
预备，开始，出发！
里和外
干和湿
粘上了/粘不上
身体部位
假装游戏
沉和浮
颜色

学步儿童

1. 湿和干，头和肚子　**语言**
2. 我拍，你也拍　**模仿**
3. 身上的泡泡　**语言**
4. 在浴缸里做一些选择　**非言语沟通**
5. 洗澡歌　**语言**
6. 娃娃洗澡　**装扮游戏/语言**

7. 用手和脚拍水　**语言**

8. 跳，拍水，喷射　**语言**

9. 整理玩具　**语言 / 非言语沟通**

10. 粘住了吗？　**语言 / 思维**

11. 浮和沉　**语言 / 思维**

12. 浴缸里的颜色　**语言 / 思维**

13. 装水和倒水　**思维 / 语言**

14. 擦干歌　**语言 / 社会交往**

家务劳动

婴儿

0—3 个月

一起来洗衣服吧！

我闻到了肉桂味！

3—6 个月

帮妈妈煮饭

打扫卫生真滑稽

6—9 个月

洗衣服啦

帮妈妈做菜

9—12 个月

洗衣以及帮妈妈做饭

洗车

刷房子

我听到了什么？

学步儿童

1. 开车去洗衣机那儿　**非言语沟通 / 语言 / 假装游戏**

2. 洗衣服　**眼神接触 / 非言语沟通**

3. 洗衣语言　**语言**

4. 洗衣配对　**语言 / 思维**

5. 这个放哪里？ *思维*

6. 整理歌 *思维 / 行为*

7. 分类整理 *思维*

8. 整理餐具 *思维*

9. 擦桌子 *模仿*

10. 扫地，扫地，扫地！ *模仿*

外出

婴儿

0—3 个月

我们乘车出门去！

我们去散步！

一起来运动！

3—6 个月

我们去散步

"ba" 和 "da"

帮妈妈购物

6—9 个月

宝宝手语

9—12 个月

帮妈妈 / 爸爸购物

你要哪一个？

一天的主题词

学步儿童

1. 挥手再见 *非言语沟通 / 眼神接触 / 模仿*

2. 车里唱的歌 *语言*

3. 颜色游戏 *思维*

4. 乘着"私家车"或"公交车"去旅行 *假装游戏*

5. 停和走 *语言*

6. 图片日程表——我们要去的地方 *思维 / 语言*

7. 外出之歌 *语言 / 思维*

8. 记住图片中的地方　**语言 / 思维**

9. 耐心等待　**行为 / 思维**

10. 和我待在一起　**行为**

11. 从匹配到视觉购物单　**思维 / 语言 / 行为**

12. 宝宝去哪里？　**语言**

13. 有多少橘子？　**语言 / 思维 / 眼神接触**

游戏时间

婴儿

0—3 个月

宝宝的儿歌与顺口溜

真的吗？继续说！

在房子里四处走走

动起来！

一起看！

摸一摸！

听一听！

俯卧时间

3—6 个月

我能坐

我能伸手，我会滚

真实世界的玩具

躲猫猫和捉迷藏

我就跟你这样做

我能移动东西

家庭相册

风车

小毛驴

弹跳时间

高高飞

氢气球

伪装你的脸

挥手歌

6—9 个月

动物挠痒或亲亲

啊啊啊啊，嘭——

坐飞机

现在它……（大 / 小，长 / 短，开 / 关等）

感知盒

纸巾卷轴游戏

音乐制作人

玩球！

动起来

宝宝去哪儿了？

跳出来啦！

寻找声音

大拇指在哪里？

大拇指在哪里？

镜子游戏

9—12个月

一起来画画！

一起来聊天！

宝宝篮球

气球

你的鼻子在哪里？

什么都不会有错

一起打开

爸爸/妈妈在哪儿？

粘住了，没粘住

沙盘或沙箱

堆套环、积木和拼图

拉锯战

一起荡秋千

寻宝

学步儿童

室内游戏

1. 颜色匹配和颜色词　语言/思维
2. 拼图寻宝游戏　语言/思维/非言语沟通
3. 看我看的地方　非言语沟通/社会交往
4. 它还在那儿　语言/思维
5. 搭建积木塔　语言
6. 玩气球　语言/动作协调/眼神接触
7. 一起来玩球　非言语沟通/眼神接触/动作协调/社会交往
8. 寻找音乐　思维
9. 创作音乐　非言语沟通/语言
10. 跟着音乐跳舞　眼神接触/语言/社会交往
11. 会唱歌的布偶　社会交往

12. 给布偶喂饭　*模仿 / 假装游戏*

13. 动物时间　*语言 / 假装游戏*

14. 大龙球　*语言 / 眼神接触 / 社会交往*

15. 我要那个！　*非言语沟通 / 眼神接触*

户外活动

1. 一起滑滑梯！　*语言*

2. 和朋友滑滑梯　*社会交往 / 行为*

3. 一起荡秋千　*眼神接触 / 非言语沟通 / 语言*

4. 用粉笔画画　*模仿 / 思维 / 动作*

5. 泡泡，泡泡，泡泡！　*眼神接触 / 非言语沟通 / 模仿 / 动作技能*

6. 沙和水　*语言 / 思维 / 眼神接触 / 非言语沟通*

7. 在水杯或水池里混合颜色　*思维 / 非言语沟通*

8. 更多与水有关的游戏　*语言 / 模仿*

9. 用水瓶洒水　*语言*

10. 滑板车，手推车，三轮车，玩具汽车　*语言 / 眼神接触*

资　　源

读给年幼孩子听的书

给年幼的孩子读书是教授和强化早期概念的好方法，也是分享和一起欢笑的好时光。

Leslie Patricelli 写了一系列关于单一概念的书，是教授年幼孩子概念的好媒介。

Yummy Yucky	*Big Little*
Happy Sad?	*No No Yes Yes*
Quiet Loud	*Higher Higher*
Faster Faster	*Huggy Kissy*
Tickle	*Potty*
Tubby	

Bill Martin, Jr 和 Eric Carle（其中一些是由 Eric Carle 单独创作）创作了一系列语言简单、重复的绘本。

Brown Bear, Brown Bear, What Do You See?
Polar Bear, Polar Bear, What Do You Hear?
Panda Bear, Panda Bear, What Do You See?

Does a Kangaroo Have a Mother Too?

The Very Hungry Caterpillar

Fiona Watts 也写了一系列可爱的感知触摸书，着重形容词：

That's Not My Dinosaur

That's Not My Puppy

That's Not My Train

That's Not My Snowman

That's Not My Teddy

That's Not My Monkey

That's Not My Pig

That's Not My Lamb

That's Not My Truck

That's Not My Dragon

Karen Kates 写了一系列用于教授身体部位、方位和简单词汇的书：

Where Is Baby's Belly Button?

Toes, Ears, and Nose?

Excuse Me?

What Does Baby Say?

What Does Baby Love?

How Does Baby Feel?

Where Is Baby's Mommy?

Baby's Colors

I Can Share!?

A Potty for Me?

The Babies on the Bus

Baby Loves Winter

Baby Loves Spring

Baby Loves Summer

Baby Loves Fall

DK 出版社也出版了一些折叠躲猫猫书，非常适用于教授简单词汇和"哪儿"这一概念：

Baby Faces Peekaboo?

Eyes, Noes, and Toes Peekaboo

Bedtime Peekaboo?Farm Peekaboo

Rainbow Colors Peekaboo

Bathtime Peekaboo

Playtime Peekaboo?

Dress Up Peekaboo

Sandra Boynton 写了一系列轻松欢乐的绘本，聚焦于早期概念，如情感、衣物、数数、翻译和字母等：

Happy Hippo Angry Duck

Blue Hat Green Hat?

A to Z?

Opposites

One, Two, Three

Are You a Cow??

Horns to Toes and in Between

Bath Time?

Pajama Time?

Tickle Time

其他在本书中提及的经典早期儿童读物

Goodnight Moon by Margaret Wise Brown

Jesse Bear, What Will You Wear? by Nancy White Carlstrom

能启发家长教学和游戏的思路的书籍

如何让孩子在游戏和日常活动中保持注意力呢？以下书籍提供了很多的好方法，同时也提供了很多早期学习策略。

The Encyclopedia of Infant and Toddler Activities for Children Birth to 3 by Kathy Charner, Maureen Murphy, and Charlie Clark (Gryphon House, 2006).

The Toddler's Busy Book: 365 Creative Games and Activities to Keep Your 1½- to 3-Year-Old Busy by Trish Kuffner (Meadowbrook, 1999).

The Eentsy Weentsy Spider: Fingerplays and Action Rhymes by Joanna Cole and Stephanie Calmensonn (HarperCollins, 1991).

Funny Food: 365 Fun, Silly, Healthy Creative Breakfasts by Bill Wurtzel and Claire Wurtzel (Welcome Books, 2012).

Snacktivities: 50 Edible Activities for Parents and Young Children by MaryAnn F. Kohl (Gryphon House, 2001).

有关自闭症的书籍

Behavioral Intervention for Young Children with Autism: A Manual for Parents and Professionals by Catherine Maurice (ProEd, 1996).

A Work in Progress: Behavior Management Strategies and a Curriculum for Intensive Behavioral Treatment of Autism by Ron Leaf and John McEachin (DRL Books, 1999).

An Early Start for Your Child with Autism: Using Everyday Activities to Help Kids Connect, Communicate, and Learn by Sally J. Rogers, Geraldine Dawson, and Laurie A. Vismara (Guilford Press, 2012).

101 Games and Activities for Children with Autism, Asperger's, and Sensory Processing Disorders by T. Delaney (McGraw-Hill, 2009).

Does My Child Have Autism? A Parent's Guide to Early Detection and Intervention in Autism Spectrum Disorders by Wendy L. Stone and Theresa Foy DiGeronimo (Jossey-Bass, 2006).

My friend with Autism: A Coloring Book for Peers and Siblings by Beverly Bishop (Future Horizons, 2003).

Autism Solutions: How to Create a Healthy and Meaningful Life for Your Child by Ricki Robinson (Harlequin, 2011).

Reaching Out, Joining In: Teaching Social Skills to young Children with Autism and Other Developmental Disabilities by Mary Jane Weiss and Sandra Harris (Woodbine House, 2001).

Siblings of Children with Autism: A Guide for Families by Sandra Harris and Beth Glasberg (Woodbine House, 3rd Edition, 2012).

Autism 24/7: A Family Guide to Learning at Home and in the Community by Andy Bondy and Lori Frost (Woodbine House, 2008).

有关特定主题的书籍

When Children Don't Sleep Well: Interventions for Pediatric Sleep Disorders: Parent Workbook by Mark V. Durand (Oxford University Press, 2008).

Married with Special Needs Children: A Couple's Guide to Keeping Connected by Laura Marshak and Fran P. Prezant (Woodbine House, 2007).

Uncommon Father: Reflections on Raising a Child with a Disability by Donald J. Meyer (Woodbine House, 1995).

Toilet Training in Less Than a Day by Nathan Azrin and Richard Foxx (Pocket Books, 1989).

Toilet Training for Individuals with Autism or Other Developmental Disabilities by Maria Wheeler (Future Horizons, 2nd Edition, 2007).

Let's Talk Together—Home Activities for Early Speech and Language Development by Cory Poland and Amy Chouinard (Talking Child, 2008).

图片交换沟通系统

图片交换沟通系统是帮助障碍个体沟通的一种替代/扩大沟通系统。有大量研究表明，它在帮助障碍孩子发起沟通和更为复杂的沟通能力发展上非常有效。

网络资源

Help Me Grow

Help Me Grow 给发展危机的儿童介绍了他们所需服务的相关信息。

Early Head Start

Early Head Start 为低收入家庭的婴幼儿和学步儿童以及他们的家庭，还有孕妇和她们的家庭提供了早期的、连续的、密集而全面的儿童发展与家庭支持服务。

Easter Seals

Easter Seals 为障碍儿童提供了大量信息和服务，特别是"Make the

First Five Count",这一项目提高了人们对具有不同类型发展障碍儿童的意识。这里你可以找到诸如 The Ages 和 Stages Questionnaire 等资源,这些免费的筛查工具能够帮助父母追踪孩子的发展里程碑。

Parent to Parent USA
这一组织符合每一个寻求信息的家长,将他们与有特殊儿童的经验丰富的家长配对。

Sibling Support Project
这个网站提供了教育障碍儿童的兄弟姐妹以及帮助他们与障碍儿童建立联结的工作坊、会议、出版物的相关信息。

Child Law Center
这一网站为父母提供了照料障碍儿童的资源,也提供了美国障碍儿童法案以及与儿童特殊需求相关的法律信息。

Zero to Three
这个网站包含了很多有关照料0—3岁儿童的资源,包括早期发展里程碑的完整列表以及支持和扩大儿童早期发展的方法。

有关自闭症的网站

Autism Speaks
这个网站为家庭提供了全面的信息,包括各州当地的资源与服务,提供了一个完整的100天干预方案,来帮助家庭度过诊断后的头一个100天,也为父母提供了新近自闭症研究的新进展,为刚被诊断为自闭症的孩子的父母提供建议和工具。

Autism Society

这个网站介绍了各州的自闭症团体,这些团体在当地有资源、干预者和活动,也经常为父母提供网络支持团体。

Families for Effective Autism Treatment

这个网站将个体和家庭与其所在州的有效自闭症干预机构联系起来,这些机构在当地具有资源、干预人员以及相关活动,还为父母提供面对面或网络支持团体。这个网站也为父母提供其他联系与分享资源的途径。

Children's Disabilities Information

这一网站为自闭症父母团体提供支持。

Autism Science Foundation

ASF 为自闭症研究提供支持,也为自闭症孩子的父母提供循证干预的建议。

Rethink

这个网站提供以网络为平台的 ABA(应用行为分析)教学,教学互动的录像,教学目标,每月均可订阅。

美国大多数州都为具有发展危机儿童的家长提供服务。这包括发展迟缓儿童的早期干预服务和家庭支持服务,如家庭资源中心或养育家庭网络。

行为分析师委员会也列出了注册行为分析师的所在区域,以打包文件的形式供大家下载。